NZZ **Libro**

Benedikt Weibel

Von der Schublade ins Hirn

Checklisten
für wirkungsvolles Management

Verlag Neue Zürcher Zeitung

Bibliografische Information der Deutschen Nationalbibliothek
Die Deutsche Nationalbibliothek verzeichnet diese Publikation
in der Deutschen Nationalbibliografie; detaillierte bibliografische Daten
sind im Internet über http://dnb.d-nb.de abrufbar.

3. Auflage 2012
© 2012 Verlag Neue Zürcher Zeitung, Zürich

Lektorat: Ingrid Kunz Graf, Schaffhausen
Gestaltung und Satz: Atelier Mühlberg, Basel
Titelbild: Michael Stahl
Umschlag: büroblau, Zürich
Druck, Einband: Kösel GmbH, Altusried-Krugzell

Dieses Werk ist urheberrechtlich geschützt. Die dadurch begründeten Rechte, insbesondere die der Übersetzung, des Nachdrucks, des Vortrags, der Entnahme von Abbildungen und Tabellen, der Funksendung, der Mikroverfilmung oder der Vervielfältigung auf andern Wegen und der Speicherung in Datenverarbeitungsanlagen, bleiben, auch bei nur auszugsweiser Verwertung, vorbehalten. Eine Vervielfältigung dieses Werkes oder von Teilen dieses Werkes ist auch im Einzelfall nur in den Grenzen der gesetzlichen Bestimmungen des Urheberrechtsgesetzes in der jeweils geltenden Fassung zulässig. Sie ist grundsätzlich vergütungspflichtig. Zuwiderhandlungen unterliegen den Strafbestimmungen des Urheberrechts.

ISBN 978-3-03823-778-5

www.nzz-libro.ch
NZZ Libro ist ein Imprint der Neuen Zürcher Zeitung

Inhaltsverzeichnis

Warum dieses Buch?	8

Kapitel 1
Wohin? Positionierung, strategische Ziele, Strategie — 11

1. Die Positionierung — 14
   Checkliste Positionierung — 14
2. Die strategischen Ziele — 19
3. Die Strategie — 20
   Checkliste zur Überprüfung einer Strategie — 34

Kapitel 2
Die Gesamtaufgabe strukturieren: Organisation — 39

1. Die Bedeutung der Organisation — 41
2. Das organisatorische Grundvokabular — 42
3. Die organisatorischen Gliederungsprinzipien — 43
4. Die Kriterien einer zweckmässigen Organisation — 44
   Checkliste Organisation — 44

Kapitel 3
Das Kerngeschäft des Managers: Entscheiden — 53

1. Der Ausgangspunkt: Das Problem — 55
2. Der rationale Entscheidungsprozess — 56
   Checkliste Entscheiden — 56

Kapitel 4
Die Wege zur Perfektion und Innovation — 67

1. Der Weg zur Perfektion: Der Regelkreis — 69
   Checkliste Regelkreis — 70
2. Der Weg zur Innovation: Das Projekt — 75
   Checkliste Projekte — 77

Kapitel 5
Das Management des Unerwarteten — 85

1. Die kreativste und schwierigste Managementaufgabe: Die Antizipation — 87
   Checkliste Risikomanagement — 89
2. Der ultimative Test für das Management: Die Krise — 96
   Checkliste Krisenkommunikation — 99

Kapitel 6
Über das Gewicht von Unternehmungskulturen und den Umgang damit — 107

1. Das Phänomen (Unternehmungs-)Kultur — 109
2. Der Umgang mit Unternehmungskulturen — 111
   Checkliste Unternehmungskultur — 112

Kapitel 7
Auf dem langen Weg: Die Führung — 117

1. Der Stellenwert der Führung — 119
2. Was ist gute Führung? — 121
3. Der Führungsstil — 127
4. Anstelle eines Führungshandbuchs — 133
   Checkliste Führung — 134
5. Die Führungsinstrumente — 140

Kapitel 8
Ausflug in die Spieltheorie: Verhandeln — 151

Checkliste Verhandeln — 153

Kapitel 9
Wahrnehmung ist Realität: Die Kommunikation ist alles — 163

1. Die Medien verstehen — 166
   Checkliste für den Umgang mit den Medien — 172
2. Die Kommunikation von Institutionen — 177
   Checkliste interne Kommunikation — 181
   Checkliste Sprache — 196
   Checkliste externe Kommunikation — 201
3. Der persönliche Auftritt — 204
   Checkliste Vorbereitung einer Rede — 210
   Checkliste Debatte — 215

Kapitel 10
Sich selber managen — 219

1. Der Regelkreis «Persönliche Belastung» — 222
2. Ihr Schlüssel zum Erfolg — 229

Nachwort — 231

Anmerkungen — 235

Anhang	241
1. Kompass SBB	243
2. Projektstruktur Euro 2008	244
3. Projektstruktur Euro 2008, Teilprojekt «Verkehr»	245
4. Reporting	246
5. Risikomap Bahn 2000	247
6. Risikolandschaft	248
7. Kommunikationskonzept für die Euro 2008	249
8. Kommunikationskonzept für den Final Draw der Euro 2008	251
9. Passive Sprachregelung	252
10. Medienmitteilung	253
11. Register	254

Warum dieses Buch?

Den Stein ins Rollen brachten die Führungsrichtlinien der Schweizerischen Bundesbahnen (SBB), über die sie wie jede andere solide Unternehmung verfügten. Ein eindrückliches Werk, in einem langwierigen Prozess erarbeitet, umfassend gelehrt und dann in den Schubladen verstaubend. Trotz grosser Bemühungen entwickelte sich keine einheitliche Führungskultur, und Fehlverhalten in der Führung war nicht selten.

Wir beschlossen, den Anspruch auf die vollständige Umsetzung aufzugeben und uns auf die wesentlichen Aspekte zu konzentrieren. Lieber 20 Prozent im Hirn und damit 80 Prozent der Wirkung als 100 Prozent wirkungslos in der Schublade. Die Führungsrichtlinien wurden auf fünf Punkte reduziert. Die haben wir unablässig repetiert, Beispiele zum Lernen gab es ja zuhauf. Desgleichen im Bereich der Strategie. Die wesentlichen Grundsätze haben wir in einem «Kompass» auf eine Seite konzentriert und in allen Büros prominent an die Wand genagelt.

Seit der Beendigung meines Engagements bei den SBB lehre ich an der Universität Bern «Praktisches Management». Der Anspruch ist derselbe geblieben. Ich versuche, den Studentinnen und Studenten Denkstrukturen für verschiedene Situationen zu vermitteln, das äusserst komplexe wirtschaftliche Geschehen vereinfacht darzustellen, ohne es zu simplifizieren. So können in nützlicher Frist sachgerechte Entscheide gefällt werden. Jedes Thema wird nach ausführlicher Erörterung auf eine Checkliste verdichtet. Das ist keine Garantie für Unfehlbarkeit. Die Komplexität bleibt, die Unsicherheit, oft Ungewissheit auch. Das Risiko fundamentaler Irrtümer sollte sich indessen mit einer systematischen Verwendung dieser Listen reduzieren lassen.

Als Professor an der Universität habe ich eine neue Erfahrung gemacht. Meine Arbeit wird vom Auditorium mit einem umfangreichen Fragebogen bewertet. Da lese ich immer wieder die gleichen Bemerkungen: «Endlich etwas aus der Praxis» und «Hilfreich für die berufliche Zukunft». Auch bei vielen Auftritten vor unterschiedlichstem Publikum und in Podiumsgesprächen habe ich in den letzten Jahren einzelne Themen aus diesem Gesamtkomplex behandelt. Dabei zeigt sich, wie gross das Bedürfnis nach «Hands-on-Management» ist, und zwar bei Institutionen jeglicher Art, von der Unternehmung über die Verwaltung bis zur Non-Profit-Organisation. Das hat mich dazu motiviert, meinen Lehrstoff einem breiteren Publikum zugänglich zu machen.

Gegenstand dieses Buches ist «Management». Ich folge Fredmund Maliks These: «Management ist die wichtigste Funktion in der Gesellschaft. Es liegt am Management, ob eine Gesellschaft funktioniert oder nicht. Erst Management transformiert Ressourcen in Resultate.»[1] Letztlich sind die Anforderungen an den Beruf des Managers überall die gleichen, unabhängig vom spezifischen Kontext einer Institution.

Jedes Thema ist mit persönlichen Erfahrungen unterlegt. Vierzehn Jahre als Chef der SBB und die Tätigkeit als Delegierter des Bundesrates für die Fussball-Europameisterschaft Euro 2008 haben mir unzählige Fallbeispiele beschert. Beim Schreiben ist mir so richtig bewusst geworden, wie oft ich Gelegenheit hatte, aus Niederlagen und Krisen zu lernen.

Das Buch befasst sich mit allen Aspekten des Managements, mit Ausnahme der «technischen» Disziplinen wie Marketing und Rechnungswesen. Die Logik des Aufbaus folgt der Aufteilung einer Managementaufgabe in einen theoretisch-konzeptionellen und einen praktischen Bereich der Umsetzung. Diese beiden Bereiche sind nicht scharf abgegrenzt und durchdringen sich wechselseitig. Der theoretisch-konzeptionelle Teil beginnt mit der Festlegung der Marschrichtung und behandelt anschliessend die Themen Organisation, Entscheiden, Regelkreis, Projekt und Management des Unerwarteten. Es folgen die Elemente der Umsetzung: Kultur, Führung, Verhandeln und Kommunikation. Es ist Ausdruck unseres Medienzeitalters, dass das Kapitel über die Kommunikation am umfangreichsten ist. Abgeschlossen wird das Buch mit dem immer wichtiger werdenden Thema: sich selber managen.

Lehrbücher in Bücherregalen und Schubladen sind gut, vor allem, wenn sie gelesen sind. Noch besser ist es, wenn die wesentlichen Strukturen dieses Wissens im Gehirn eingeprägt oder zumindest in konzentrierter Form jederzeit greifbar sind.

Wohin? Positionierung, strategische Ziele, Strategie

1

Als ich 1978 zu den SBB kam, herrschte die grosse Depression. Der Erdölschock und die dadurch ausgelöste Rezession hatten den Güterverkehr, damals noch das Hauptgeschäft der SBB, in eine tiefe Krise gestürzt, von der er sich bis heute nie erholt hat. Die Unternehmung rutschte tief in die roten Zahlen. Die 1980er-Jahre wurden (wegen des befürchteten Waldsterbens) zu einem ökologischen Jahrzehnt. Sie brachten den SBB das Halbtaxabonnement zu hundert Franken und das Konzept Bahn 2000. Die 1990er-Jahre wurden mit der 91/440 eingeläutet, der Richtlinie der Europäischen Union (EU) über die Zukunft der Eisenbahnunternehmungen. Die überall auf dem Kontinent in grossen Schwierigkeiten steckenden Bahnunternehmungen sollten saniert und die Schiene für den Wettbewerb geöffnet werden. Für die SBB wurde ein umfassendes Gesetzespaket geschnürt und als Bahnreform 1999 in Kraft gesetzt. Wie alle Unternehmungen haben die SBB wiederholt massive Veränderungen in ihrem Umfeld erlebt.

Jede Institution, von der Wirtschaftsunternehmung über die Non-Profit-Organisation bis zum Verband, ist immer durch drei Faktoren geprägt:

- Den Geschäftszweck, der in der Regel in den Statuten formuliert ist
- Den spezifischen Kontext oder das Umfeld
- Das wirtschaftliche Prinzip

Geschäftszweck und Kontext sind je nach Art der Institution sehr unterschiedlich. Das wirtschaftliche Prinzip ist hingegen für jede Art von Organisation grundsätzlich gleich bedeutend. Es besagt, dass ein bestimmter Output mit einem Minimum an Input erbracht wird oder mit einem bestimmten Input ein maximaler Output, um eine optimale Input-Output-Kombination zu erzielen.

Die Liste der Faktoren, die einen spezifischen Kontext prägen, ist vielfältig:

- Die Zielgruppe (Kunden, Mitglieder, breite Öffentlichkeit)
- Die Konkurrenz
- Die technologische Entwicklung
- Die soziale Entwicklung
- Das regulatorische Umfeld im eigenen Land, in Europa, weltweit
- Gewerkschaften, Personalverbände
- Interessengruppen

Dies ist der Rahmen, in dem die prioritäre Frage jeder Institution beantwortet werden muss: Wohin und auf welchem Weg? Eine umfassende Antwort hat in den drei Kategorien Positionierung, strategische Ziele und Strategie zu erfolgen.

In der Praxis wird der erste Punkt oft nicht explizit behandelt – eine Unterlassung, die Folgen haben kann. Tatsache ist, dass jede Institution auf irgendeine Weise positioniert ist. Die Frage ist nur, ob man diese Positionierung bewusst steuert oder nicht.

Dieser Prozess des Path Finding verläuft nicht linear von der Positionierung über die strategischen Ziele bis zur Strategie. Entscheidend ist die Kohärenz des Ganzen, was einen sogenannten iterativen Prozess erfordert.

1 DIE POSITIONIERUNG

1999 wurden die SBB als (spezialgesetzliche) Aktiengesellschaft umfirmiert. Es war eine Zeit glänzenden Wachstums, der New Economy («entweder wird man zur e-Company oder man wird keine Company mehr sein») und der allgemeinen Euphorie. In diesem Umfeld setzten wir uns mit der Neupositionierung der SBB auseinander und kreierten Wortschöpfungen wie «Die SBB ist eine ganz normale Unternehmung» und «Wir wollen eine e-Company sein», sprachen gar von «Kapitalmarktfähigkeit». Im Nachhinein waren das alles monumentale Fehleinschätzungen. Natürlich waren auch Brand-Spezialisten am Werk. Sie empfahlen uns eine Umfirmierung in Swiss Rail. Selbst die Bahnhöfe sollten vom neuen Slang nicht verschont bleiben. Die grossen Bahnhöfe wurden zu Rail Cities und die kleineren Stationen sollten Rail Points heissen. Der Crash der Swissair und das Platzen der Dotcom-Blase setzten der Euphorie ein jähes Ende. Das brachte uns auf den Boden der Realität zurück. Es wurde uns bewusst, welch grosses Vakuum die Swissair hinterlassen hatte und dass da ein Raum für eine andere typisch schweizerische Firma frei wurde. Dieser Raum schien wie geschaffen für die SBB. Auf dieser Basis definierten wir unsere Positionierung neu.

Der Begriff Positionierung stammt ursprünglich aus dem Marketing und «räumt dem Produkt eine klare, wünschenswerte und trennscharfe Position in der Vorstellung der Zielkunden und im Vergleich zu Konkurrenzprodukten ein».[2]

Die Positionierung einer Institution beantwortet die Frage nach ihrer Differenzierung in Bezug auf andere Anbieter und Institutionen.

Die folgende Checkliste umfasst die möglichen Dimensionen einer Positionierung im Sinne eines Maximalprogramms. Nicht jede Dimension ist für jede Institution relevant.

> **Checkliste Positionierung**
> 1. Unique Selling Proposition (USP)
> 2. Commodity – individualisiertes Produkt
> 3. Preis/Leistung (Qualität)
> 4. Konstanz – Mode
> 5. Psychologische Positionierung
> 6. Werte
> 7. Kohärenz

Ad 1 *USP*

Der marketingtechnische Ausdruck für die Differenzierung heisst Unique Selling Proposition (USP). Jede Organisation muss sich der Frage nach ihrer USP, nach der Einzigartigkeit ihrer Leistungen, immer wieder stellen. Die Abgrenzung gegenüber andern Bewerbern und Institutionen hat eine materielle sowie eine psychologische Dimension.

Die Möglichkeiten einer solchen Differenzierung sind vielfältig:

- Besser sein: z. B. die Versicherungsgesellschaft, die definiert: Wir sind die Besten in der Schadenserledigung
- Anders sein: z. B. die Firma Apple mit all ihren Produkten
- Modisch sein: z. B. die Erfinder des Kickboards
- Billiger sein: z. B. Aldi und Lidl
- Nicht kopierbar sein: z. B. die Firma, die im Markt komplexer Beschichtungsverfahren ein Quasimonopol hat
- Neues anbieten: z. B. Doodle
- Neue Vertriebskanäle anbieten: z. B. ein Sockenabonnement via Internet

Die Antwort auf die Frage, worin man sich von den Mitbewerbern unterscheidet, ist ein Schlüssel im gesamten Strategieprozess. Sie basiert auf vielen Faktoren: den eigenen Fähigkeiten, dem Image, der Reputation, der Stellung der Konkurrenten …

Die USP einer Bahn lässt sich auf die Faktoren «ins Zentrum, planbar, produktiv nutzbare Reisezeit» komprimieren.

Ad 2 *Commodity – individualisiertes Produkt*

Hier geht es um die Frage: Massenfertigung oder Massanfertigung? Eine Commodity ist ein Gut des täglichen Bedarfs ohne exklusiven Anspruch.

Die Produkte einer Bahn sind ausgesprochene Massenware, eine Commodity eben. Trotzdem hat es immer wieder Versuche gegeben, einzelne Produkte zu individualisieren und damit höher zu positionieren. So wurde in den 1950er-Jahren der Transeuropa Express TEE als Premiumprodukt positioniert, ohne Erfolg. Auch der Luxuszug der Deutschen Bahn «Metropolitan» überlebte nicht lange. Die Lehre: Man muss zu dem stehen, was man ist.

Dass es möglich ist, Masse und Exklusivität anzunähern und dabei preiswert zu bleiben, zeigt H&M mit der Positionierung «billig und chic». Ein Beispiel dafür, wie ein Gut des täglichen Bedarfs individualisiert und mit einer gewissen exklusiven Note versehen werden kann, sind die Moleskine-Notizbücher.

Ad 3 *Preis/Leistung (Qualität)*

Grundsätzlich gibt es drei Möglichkeiten: billig – mittelpreisig – teuer. Im angloamerikanischen Sprachraum spricht man von Low-End-, Mid-End- und High-End-Artikeln.

Der Entscheid hierfür hängt eng mit Punkt 1.2 zusammen. Eine Commodity macht die Marge über die verkaufte Menge, ein individualisiertes, exklusives Produkt über den Preis. Swatch oder Rolex? Oder dazwischen, im mittleren Preissegment? Das ist hier die Frage. Gerade die Uhrenindustrie zeigt, dass man in allen Segmenten gut leben kann.

Vor allem die Positionierung «billig» hat manche Märkte tüchtig durcheinandergewirbelt. Zum Beispiel in der Luftfahrt. Eine interessante Attacke auf den etablierten Markt ist gegenwärtig mit dem Projekt Nano von Tata Motors zu beobachten. Dieses Auto für den indischen Markt soll weniger als 2000 Euro kosten.

Ad 4 *Konstanz – Mode*

Vor einigen Jahrzehnten war Orange die dominierende Modefarbe, und die Unternehmungen des öffentlichen Nahverkehrs beschlossen, ihre Fahrzeuge mit dieser Farbe auszustatten. Als die Fahrzeuge endlich umgefärbt waren, war diese Mode längst vorbei, und die orangen Busse und Regionalzüge wirkten nur noch altmodisch. Bis sie aus dem Verkehr verschwanden, dauerte es Jahre.

Moden verlaufen nach dem immer gleichen Muster: Avantgarde – Mainstream – Altmode. Wer sich bewusst modisch positioniert, muss sich der Schnelllebigkeit des Geschäftes bewusst sein. In langfristig angelegten Geschäften hüte man sich vor modischen Strömungen, «weil Mode immer mit Trends zusammenhängt, und entweder macht man die oder man rennt ihnen nach. Das Erste beherrschen nur ganz, ganz wenige...»[3]

Rolex demonstriert die Gegenposition zum modischen Produkt: «Konservativ, eigenartig, ja skurril: In ihrer traditionellen Art bestätigt Rolex die Einsicht, dass der Trend zu einem zurückkehrt, wenn man nur lange genug stehen bleibt... Das erdbebensichere Qualitätsversprechen verbindet sich mit einer Absage an Moden und Trends.»[4]

Selbst bei einem so extravertierten Produkt wie dem Auto ist Zurückhaltung geboten. «Autos sollen nicht modisch sein. Sie müssen modern sein und zugleich zeitlos.»[5]

Ad 5 *Psychologische Positionierung*
Welche Assoziationen soll eine Institution, eine Marke oder ein Produkt bei einer bestimmten Zielgruppe auslösen? Der Begriff stammt ursprünglich aus der Konsumgüterindustrie, wo diese Positionierung bewusst eingesetzt und gemessen wird. Faktisch positioniert sich aber jede Institution in ihrem Ausstrahlungsbereich psychologisch, ob diese Institution nun Pro Juventute, Jungwacht oder Nestlé heisst. «Jedes Fahrzeug muss... seine eigene Persönlichkeit besitzen... Wenn es beliebig wird, kommen die Probleme wie bei Opel oder Ford. Die Marken sind gegeneinander austauschbar geworden.»[6]

Die Messsysteme für die Erfassung tatsächlicher Positionierungen sind vielfältig. Gebräuchlich sind Koordinatensysteme, die eine Einordnung aufgrund der Ausprägungen progressiv – konservativ und innengeleitet – aussengeleitet vornehmen. McKinsey hat vor einigen Jahren im Auftrag des Magazins *Folio* eine Positionierung von Ländern aufgrund der Koordinaten Vernunft versus Lust und Kraft versus Geist vorgenommen und zur Illustration auch Persönlichkeiten des öffentlichen Lebens positioniert. Es ist nicht erstaunlich, dass die Schweiz ganz nahe bei der Vernunft und bei Richard von Weizsäcker placiert war, Italien in der Nähe von Lust und Robbie Williams.[7]

Ein perfektes Beispiel für eine gelungene psychologische Positionierung sind die erwähnten Moleskine-Notizbücher. Sie haben ihre Aura mit einer grossartigen Geschichte aufgebaut. Künstler und Denker wie van Gogh und Picasso sollen sie benutzt haben. Und Hemingway. Sehen Sie das Bild vor Ihrem inneren Auge? Hemingway in Kuba am Strand, in der einen Hand seinen Daiquiri-Drink, in der andern den Stift, mit dem er seine Bemerkungen ins Moleskine schreibt, der alte Mann und das Meer... Und da ist Bruce Chatwin, der in Australien die letzten verfügbaren Moleskine aufgekauft hat, bevor er nach Patagonien aufbrach. Man muss es anerkennen: grossartige Legendenbildung. «Mittlerweile ist Moleskine Synonym für Kultur, Reise, Erinnerung, Phantasie und persönliche Identität» (Eigenwerbung).

Die psychologische Positionierung hängt eng mit den Punkten 1.2 und 1.3 zusammen. Wer als Commodity im Billigsegment positioniert ist, hat Schwierigkeiten, sich in einem höheren Segment zu etablieren. Nokia ist eher im mittleren und unteren Preissegment angesiedelt und hat zurzeit Mühe, sich im obersten Preissegment, das von Blackberry und Apples iPhone dominiert ist, zu positionieren.

Ad 6 *Werte*
Der Begriff Wert hat Hochkonjunktur. Wer hat nicht schon an langen Seminartagen über den Werten seiner Firma gebrütet? Was dabei herauskommt, ist in vielen Fällen erstens das Immergleiche (und damit kein Mittel für die Differenzierung) und zweitens derart allgemein, dass daraus kaum gültige Handlungsanweisungen hergeleitet werden können. All die Begriffe wie Nachhaltigkeit, Respekt, Vertrauen, Transparenz, Innovation, Kundenfokus, Verantwortungsbewusstsein, Fairness... bleiben blutleer. Kommt dazu, dass sich Werte nicht einfach deklarieren lassen, sie sind meist recht

stabile Bestandteile einer Unternehmungskultur (s. Kapitel 6). Häufiger ist es umgekehrt: Zentrale Werte werden ohne explizite Auseinandersetzung fundamental verschoben. So geschehen innerhalb kürzester Zeit bei den Schweizer Grossbanken durch eine tief greifende Amerikanisierung. «Mit der schleichenden Amerikanisierung verschwanden auch firmenintern Werte und Prinzipien, die jahrzehntelang das Swiss Banking definiert hatten.»[8]

Das Beispiel zeigt, dass eine explizite Festlegung und Durchsetzung von zentralen, auf die Strategie abgestimmten Werten für die Positionierung von grosser Bedeutung ist.

Die Ernüchterung nach der Euphorie der Jahrtausendwende und das durch den Fall der Swissair hervorgerufene Vakuum haben bei den SBB zur Definition von vier zentralen Werten geführt: schweizerisch, pünktlich, sauber, sicher. Jeder dieser Werte wurde präzise definiert und gemessen (das Schweizerische ermöglichte endlich eine wirksame Bekämpfung der Anglizismus-Seuche).

Also keine Hochglanzbroschüren mit langen Listen von Werten, die im schlechteren Fall doch nicht gelebt werden. Besser wenige, prägnant definierte, messbare, vor allem aber umgesetzte Werte! Man hüte sich vor überrissenen Festlegungen wie «die beste Armee der Welt» – so erweckt man den Eindruck, dass man diese Institution nicht ganz ernst nehmen kann.

Toyota hat sich auf der eher langweiligen Seite positioniert. Der zentrale Wert ist die Zuverlässigkeit. Über Jahre demonstriert dieser Autobauer beispielhaft, wie dieser Wert umgesetzt wird und in welchem Masse man damit Erfolg haben kann. Toyota musste nicht einmal selber messen, das haben die Automobilclubs mit ihren Pannenstatistiken getan. Und plötzlich hat ausgerechnet diese Unternehmung riesige Qualitätsprobleme. Das zeigt, dass das Einlösen des Wertversprechens eine tägliche Herausforderung ist.

Zusammenfassend: Die Definition von Werten macht dann Sinn, wenn sie in Gebote und damit klare Handlungsanweisungen übersetzt werden. In der Bibel gibt es ja auch die Zehn Gebote und nicht die zehn Werte.

Ad 7

Kohärenz

Die Checkliste zur Positionierung lässt sich nicht einfach abarbeiten. Zwischen Positionierung und Strategie gibt es Wechselwirkungen. Wichtig ist immer, dass das Verhältnis zwischen den einzelnen Punkten kohärent, das heisst logisch und nachvollziehbar, ist. Dieser Zusammenhang muss zwischen den einzelnen Festlegungen zur Positionierung und zwischen Positionierung und Strategie gesichert werden. Wer sich beispielsweise High End positioniert, muss verhindern, dass sein Produkt über irgendeinen Distributionskanal mit Tiefpreisen vertrieben wird. Und wer auf einer psychologischen Landkarte als unaufgeregtes Massenprodukt positioniert ist, sollte sich vor dem Abenteuer High End hüten. Ausgerechnet Volkswagen – ein Markenname, der Programm ist – hat sich mit dem exklusiven Modell Phaeton in dieses Abenteuer gewagt und verloren.

Die systematische Auseinandersetzung mit der Positionierung einer Institution ergibt eine Soll- und eine Ist-Positionierung, die im Idealfall identisch sind. Die Soll-Positionierung wirkt auf den Strategieprozess (mit allfälliger Rückkoppelung) und gibt die Grundrichtung in der Unternehmungs- und Marketingkommunikation vor. Wenn Soll und Ist in allzu hohem Masse voneinander abweichen, dann deutet das auf ein substanzielles Problem hin. Ein solches kann mit einem reinen Kommunikationsansatz kaum gelöst werden.

2 DIE STRATEGISCHEN ZIELE

Ein Ziel ist ein angestrebter Zustand. Quintessenz dieser knappen Definition ist die Messbarkeit der Zielerreichung, mindestens auf einer Ja/Nein-Skala.

Ich habe mich immer wieder gewundert, wie vage Ziele formuliert werden. So habe ich im Nachhaltigkeitskonzept für die Euro 2008 unter dem Titel «Abfallbewirtschaftung» das Ziel «Minimales Abfallaufkommen in Stadien und Fanzonen» gefunden – absolut unbrauchbar, weil nicht messbar. Der nächste Anlauf war bemerkenswert: «Reduktion der Abfallmenge gegenüber einer Referenzmenge um 25 Prozent.» Grosser Fortschritt, dumm nur, dass keine Referenzgrösse als Vergleichsmassstab existierte. So hiess es schliesslich: «Jedes Stadion und jede Fanzone haben ein Abfallbewirtschaftungskonzept.»

Ganz oben auf einer Zielhierarchie befinden sich die strategischen Ziele, die immer langfristiger Natur sind und sich auf die vier folgenden Bereiche mit ihren je eigenen Messgrössen beziehen:

Bereich	Messgrössen
Markt	Marktanteil in Prozent oder eine Position im Ranking, allenfalls geografisch differenziert
Finanzen	Marge, Rentabilität, Liquidität, Umsatz
Einflusspotenzial (Beherrschung, Unabhängigkeit)	Kapitalanteil
Reputation	Umfrageergebnis

In den vergangenen Jahren des scheinbar grenzenlosen Wachstums und des Shareholder-Values standen Marktziele (Nummer 1) und die Eigenkapitalrentabilität (25 Prozent bei den Banken) im Vordergrund. Im Bankensektor löste die Eigenkapitalrentabilität die Bilanzsumme, die vorher jahrzehntelang als Massstab gegolten hatte, als oberstes strategisches Ziel ab.

Die Fixierung eines strategischen Zieles ist ein heikler Optimierungsprozess. Ist es zu bescheiden angesetzt, so führt es zu Genügsamkeit. Ein zu ehrgeiziges Ziel ist ebenso risikobehaftet. Es kann zu einer Übergewichtung einer kurzfristigen Optik und generell zu höheren Risiken führen. So kam es durch das überaus ehrgeizige Eigenkapitalrendite-Ziel bei den Banken zu einer Reduktion des Eigenkapitalanteils und damit zur Erhöhung des Risikos. Nach der Bankenkrise hat die UBS neue strategische Ziele verkündet: Sie will wieder der führende Vermögensverwalter der Welt werden und ihre Position als führende Universalbank der Schweiz verteidigen.

Als sich Anfang der 1990er-Jahre die Liberalisierung beim Bahn-Güterverkehr abzeichnete, gingen wir davon aus, dass neben ein paar Nischenanbietern nur noch drei universelle Güterverkehrsanbieter verbleiben würden. Wir formulierten als strategisches Ziel, dass wir zu einem dieser drei Anbieter gehören wollten.

3 DIE STRATEGIE

Ich habe bei Kaderanlässen der SBB, oft auch bei analogen Veranstaltungen in andern Firmen, immer wieder die Frage gestellt, was denn eigentlich eine Strategie sei. Die Antworten waren immer überaus vage. Bei einer grossen Schweizer Firma wollte ich wissen, wie denn ihre Strategie konkret aussehe. Die Antwort war: «Wir wollen immer am billigsten sein.» Das ist gar keine Strategie, sondern ein strategisches Ziel. Als ich das später dem CEO dieser Firma erzählte, meinte er: «Und das ist erst noch falsch.»

3.1 Zum Begriff Strategie

Der Begriff Strategie hat heute im wirtschaftlichen und politischen Kontext eine überragende Bedeutung. Umso erstaunlicher, dass es diesen Strategiefokus noch gar nicht so lange gibt. In der angelsächsischen Managementlehre hat er in den 1950er-Jahren Einzug gehalten, aber erst mit der Corporate Strategy von Ansoff (1965) weitere Verbreitung gefunden. Meiner Erinnerung nach wurde der Begriff während meiner Studien- und Assistenzjahre noch kaum verwendet.

Strategie ist ein hoch abstrakter Begriff mit einem riesigen Interpretationsspielraum. Er stammt aus der griechischen Antike und wurde bis ins 20. Jahrhundert ausschliesslich im militärischen Bereich angewandt. Im alten Griechenland hatten die Strategen grösste Bedeutung. Sie wurden nicht wie die andern Amtsträger ausgelost, sondern gewählt und hatten eine strikte Rechenschaftspflicht. Für Fehlentscheidungen konnten sie zum Tod verurteilt werden. In der Neuzeit ist der Begriff vor allem mit dem Namen Clausewitz verbunden. Carl von Clausewitz war General in der preussischen Armee und Direktor der Allgemeinen Kriegsschule in Berlin. Sein 1832 publiziertes Opus magnum *Vom Kriege* ist ein monumentales Werk, von dem es heisst, es werde wie kein anderes Buch von so vielen zitiert, die es nicht gelesen hätten. Glücklicherweise hat sich das Strategieinstitut der Boston Consulting Group dieser Problematik angenommen und eine handliche und gut interpretierte Kurzfassung herausgegeben.[9] Darauf stützen sich die folgenden Ausführungen.

Der Gegenstand von Clausewitz' Werk ist die Entwicklung eines Schlachtplanes in einer Situation, die von Ungewissheit geprägt ist. Das strategische Ziel ist, einen Feldzug auf die Dauer zum Erfolg zu führen. Das sei nur möglich, meint Clausewitz, wenn man das «Wesen der Instabilität, den ‹Nebel der Ungewissheit›» begreife.[10] «Zu der Rechnung mit einer bekannten und einer unbekannten Grösse – dem eigenen und dem feindlichen Willen – treten noch dritte Faktoren, die sich vollends jeder Voraussicht entziehen, Witterung, Krankheiten und Eisenbahnunfälle, Missverständnisse und Täuschungen...»[11]

Erstaunliche Parallelen der Gedankengänge stellt man beim Vergleich von Clausewitz' *Vom Kriege* und Nassim Nicholas Talebs *Der schwarze Schwan*[12], einem Bestseller unserer Tage, fest. Dazu je zwei Zitate im direkten Vergleich:

Taleb: «Ein Fünfjahresplan: ... ein ... lächerlicher Gedanke.»[13]
Clausewitz: «Je genauer und klüger man plant, desto wahrscheinlicher scheitert man...»[14]
Oder:
Taleb: «Nicht in Vorhersagen investieren, sondern in Vorbereitetsein.»[15]
Clausewitz: «Der Zufall begünstigt nur den vorbereiteten Geist.»[16]

Dem angehenden Strategen empfiehlt Clausewitz, sich von allen Illusionen zu verabschieden: «Wer in den Gestaltungsraum der Strategie eintreten möchte, wird gemahnt, alle Hoffnung aufzugeben, je Gewissheit und Wirkungshebel zu finden, an die er sich bei anderer Tätigkeit gewöhnt hat. Er muss den Verzicht auf diese Hoffnung als einen Initiationsritus betrachten, um in den Raum des strategischen Denkens zu gelangen.»[17] Und: «Im Herzen der Strategie muss ein Herz schlagen, das weiss, wie man mit Strategie umgehen muss.»[18]

Seine Definition des Begriffs Strategie ist entsprechend komplex: «Die Kriegsführung nun ist also die Anordnung und Führung des Kampfes ... Der Kampf besteht aus einer mehr oder weniger grossen Zahl *einzelner, in sich geschlossener Akte*, die wir Gefechte nennen ... Daraus entspringt nun die ganz verschiedene Tätigkeit, diese Gefechte *in sich anzuordnen und zu führen* und sie unter sich zum Zweck des Krieges *zu verbinden*. Das eine ist die *Taktik*, das andere die *Strategie* ...»[19]

3.2 Die Dimensionen einer Strategie

Kehren wir nach diesem Exkurs in die militärischen Strategien wieder in unseren friedlicheren Kontext zurück. Was sich in fast 200 Jahren nicht verändert hat, ist der «Nebel der Ungewissheit». Wer im heutigen wirtschaftlichen und sozialen Umfeld eine Strategie definiert, muss sich bezüglich sechs Dimensionen festlegen. Wir definieren hier Strategie generell als «Marschrichtung zur Erreichung der strategischen Ziele». Konkret geht es um die Antworten auf die folgenden W-Fragen.

Die Strategie einer Unternehmung ist die Antwort auf sechs Fragen:		
3.2.1	Was?	Die Geschäftsfelder
3.2.2	Wo?	Die geografische Dimension
3.2.3	Wann?	Der zeitliche Faktor
3.2.4	Womit?	Die Ressourcen
3.2.5	Mit wem?	Die Allianzen
3.2.6	Wie?	Der Plan

3.2.1 Die Geschäftsfelder

Die Frage nach dem Inhalt eines Geschäftes ist die prioritäre strategische Festlegung. Dabei geht es immer um bestehende und um künftige Geschäftsfelder. Jack Welch, der legendäre CEO von General Electric, empfiehlt, bei bestehenden Geschäftsfeldern regelmässig die Frage zu stellen: «If you weren't already in a business, would you enter today?» Wenn dabei Zweifel entstehen, empfiehlt er sein berühmt gewordenes Rezept: «Fix it, sell it or close it.»[20]

Es gibt drei grundsätzliche Varianten der Anordnung von Geschäftsfeldern: breite oder horizontale Anordnung, tiefe oder vertikale Anordnung und Konzentration auf ein Geschäftsfeld.

Auch hier folgen sich die Moden. In den 1970er- und 1980er-Jahren stand die breite Ausrichtung – die Diversifikation – im Zentrum. Dafür sprechen zwei Gründe: Ein abgestimmtes Portfolio sorgt für einen optimalen Risikoausgleich, und zwischen den Geschäftsbereichen können Synergien ausgeschöpft werden.

Das Paradebeispiel einer breiten (und grandios gescheiterten) Ausrichtung bietet der Daimler-Konzern, wo Edzard Reuter Ende der 1980er-Jahre die Vision des «Integrierten Technologiekonzerns» verkündete.

Mit Synergie und Vision begegnen wir zwei Begriffen, die in der Strategieentwicklung eine grosse Rolle spielen. Die Nutzung von Synergien ist bei der Erarbeitung und Umsetzung einer Strategie immer ein zentrales Thema. Der Begriff Vision will eher die Weitsicht und Genialität der Strategen zum Ausdruck bringen. In der Praxis zeigt sich, dass die Visionäre eine oft gefährliche Gattung von Managern sind.

Daimler steigerte sich in einen wahren Kaufrausch und kaufte die AEG, den Raumfahrtkonzern MBB, die Flugzeugbauer Dornier und Fokker, den Triebwerkspezialisten MTU, das Systemhaus Cap Gemini.

Auch in der Schweiz wurde unter dem Namen «Allfinanz» eine Vision – die Zusammenführung von Bank- und Versicherungsgeschäft – verfolgt. Einer der abenteuerlichsten Diversifikations-Strategien hatte sich die Valora verschrieben, in deren Portefeuille neben dem Kioskgeschäft so heterogene Aktivitäten wie Fotolabors und Matratzen zu finden waren.

In den 1990er-Jahren wendete sich das Blatt, und die Konzentration aufs Kerngeschäft oder Fokussierung wurde zur dominierenden Losung. Folgerichtig verschrieb sich auch Daimler der neuen Ausrichtung und stiess sämtliche Aktivitäten ausserhalb des Autogeschäftes ab. Auch die Vision des Allfinanz-Geschäftes scheiterte schon bald, und Versicherungen wie Banken verschrieben sich wieder ihrem Kerngeschäft. Nachdem die Axa die Winterthur-Versicherung erneut in einen Versicherungskonzern zurückgeholt hatte, titelte die *Neue Zürcher Zeitung*: «Ein verlorenes Jahrzehnt».[21]

Die konsequente Ausrichtung auf das Kerngeschäft kann tatsächlich das Risiko erhöhen, wie das zurzeit die Zulieferer der Automobilproduktion schmerzlich erfahren. Die Berner Firma Ascom zeigt, was geschieht, wenn die Fokussierung allzu wörtlich genommen wird: Irgendwann bleibt nichts mehr übrig.

Ein eindrückliches Beispiel einer mutigen und erfolgreichen Fokussierung ist die Schweizer Firma Jura, die noch heute spontan mit Bügeleisen assoziiert wird. Sie hat sich aus einem breiten Sortiment von Elektrogeräten für den Haushalt verabschiedet und auf vollautomatische Kaffeemaschinen konzentriert.

Bei einer vertikalen Ausrichtung von Geschäftsfeldern geht es um die Partizipation an der gesamten Wertschöpfungskette.

Der Bahngüterverkehr tut sich fast überall schwer. Im reinen Transport ist die Konkurrenz gnadenlos, und die Margen sind entsprechend dünn, wenn überhaupt vorhanden. So lag die Idee nahe, sich an den profitableren Stufen der Wertschöpfungskette zu beteiligen. Die börsenkotierten amerikanischen Bahnen waren die ersten, die in grossem Stil Logistikunternehmungen zukauften. Nach relativ kurzer Zeit verkauften sie diese Firmen wieder. Auf meine Frage nach den Gründen erklärte mir der CEO von Union Pacific: «Because we will never beat UPS.» Nachdem sich die Amerikaner aus diesen Geschäften verabschiedet hatten, stiegen grosse Bahnen Europas ein, allen voran die Deutsche Bahn, die mit Schenker und Bax zwei Giganten im Geschäft kaufte. Die Österreichische Bundesbahn investierte in Dutzende kleinere, vor allem im Osten operierende Speditionen.

Zurzeit lässt sich bei Rohstoff- und Energiefirmen ein Trend zur Vertikalisierung feststellen. Auch Swiss Life hat mit der Akquisition von AWD einen Schritt in diese Richtung gemacht. Daran lässt sich eine Problematik der vertikalen Ausrichtung erläutern: Auf den einzelnen Stufen der Wertschöpfung ist die Konkurrenzsituation verschieden. Ein unabhängiger Finanzdienstleister ist eben, wenn er einer Versicherung gehört, nicht mehr unabhängig. Deshalb wäre, wie man in Harvard lernt, der Einstieg von Coca-Cola ins Gastrogeschäft kontraproduktiv.

Die Fluggesellschaften waren früher ausgesprochen vertikal ausgerichtet, allen voran die Swissair, mit Gate Gourmet, SR Techniques und Swisshôtels. Heute konzentrieren sich praktisch alle Fluggesellschaften auf ihre Kernkompetenz, selbst die Abfertigung wurde ausgelagert.

Als sich im Zuge der Deregulierungswelle auch die Liberalisierung des Telekommarktes abzeichnete, wurde uns bei den SBB klar, dass sich damit Opportunitäten öffneten. Wir besassen bei den SBB ein eigenes Telefonnetz und ausserdem die Möglichkeit, in den Kabelkanälen entlang der Strecken weitere Glasfaserstränge zu legen. Wir suchten Partner für ein Projekt und fanden uns in der Zusammenarbeit mit der Bankgesellschaft und der Migros. Dazu kamen mit Tele Danmark und British Telecom Partner aus der Telefonbranche. Wir gründeten die NewTelco, die später in Sunrise umfirmiert wurde. Nachdem die Unternehmung auf dem Markt Fuss gefasst hatte, verabschiedeten sich die SBB aus dem Geschäft und verkauften ihren Anteil. Sunrise ist als Tochter von Tele Danmark immer noch auf dem Schweizer Markt tätig und soll mit Orange fusioniert werden (sofern die Wettbewerbskommission zustimmt).

Dieses Beispiel zeigt, dass bei der Wahl der Geschäftsfelder auch Opportunitäten genutzt werden können.

3.2.2 Die geografische Dimension

Seit dem Ende des Kalten Krieges und den damit einhergehenden Öffnungen der Märkte ist die geografische Positionierung zu einer strategischen Schlüsselfrage geworden. Die Globalisierung ist eine Tatsache, aber auch eine Mode geworden. Was Wunder, dass Daimler den neuen Trend am konsequentesten auslebte. Mit Jürgen Schrempp kam wieder ein Visionär ans Ruder, und er verkündet die Welt AG. Wieder wurde gekauft: Mitsubishi, Hyundai und Chrysler. Es entstand ein Konzern, in dem die Sonne nie unterging. Rund zehn Jahre dauerte das Abenteuer, und dann musste man sich von all den zugekauften Firmen wieder trennen. Die beiden Visionäre von Daimler haben die unglaubliche Summe von über 100 Milliarden Euro verbrannt. Zurück auf Feld eins: Wie zu Beginn ist Mercedes wieder das einzige Geschäftsfeld. Vor 20 Jahren hat man diese Konstellation als nicht überlebensfähig betrachtet. Diese Lektion sollte man sich merken. Und die Worte des neuen Chefs von Daimler: «Der Konzern hat sich zu lange von Träumen leiten lassen und das harte Arbeiten vernachlässigt.»[22]

Es zeichnete sich ab, dass auch das Bahngeschäft immer globaler würde. Vor allem im Bereich Agglomerations- und Regionalverkehr drängten internationale Konzerne in den Markt, gefördert vor allem durch die Marktöffnung in England. Wir wussten bei den SBB, wie man bei der Bahn den Regionalverkehr betreibt. Wir waren uns aber auch bewusst, dass wir keinerlei Erfahrung hatten, wie man sich in Ausschreibungen um solche Verkehre verhält. Wir rechneten damit, dass die EU die Aus-

schreibung von Regionalverkehren in absehbarer Zeit obligatorisch erklären würde. Auf diesen Zustand wollten wir uns systematisch vorbereiten. Wir fanden einen Partner in England, die Chiltern Railways, die im schwierigen englischen Mark gut bewertete Leistungen erbrachte. Wir visierten einen 50:50-Joint-Venture an und bereiteten uns gemeinsam auf eine Ausschreibung im Südwesten Londons vor. Intern schwärmten wir von dieser Möglichkeit eines Trainingscamps für die zu erwartende Intensivierung des Wettbewerbs. Eine schlechte Kommunikation führte dazu, dass das Projekt von den Gewerkschaften öffentlichkeitswirksam bekämpft wurde (was sollen die SBB in England?). Die Politik sprang auf diesen Zug auf, und wir mussten das Projekt abbrechen. Einige Jahre später kaufte die Deutsche Bahn die Chiltern Railways.

Selbst für renommierte Grossfirmen ist die Internationalisierung eines Geschäftes eine grosse Herausforderung. Das hat sich beispielsweise beim Scheitern des Versuchs der Migros, ihr Geschäft nach Österreich zu expandieren, gezeigt.

3.2.3 Der zeitliche Faktor

Auch der Faktor Zeit hat sich den Modeströmungen nicht entziehen können. Nicht der Bessere gewinnt, sondern der Schnellere, wurde zur Devise. Fakt ist, dass es immer schneller geht und der Faktor Zeit unter Umständen eine wesentliche Rolle in einer Strategie spielen kann.

Bei der Festlegung der Strategie für den Güterverkehr der SBB (von der noch die Rede sein wird) war der Faktor Zeit von Bedeutung. Wir rechneten uns in der Konkurrenz mit der Deutschen Bahn DB auf der Nord-Süd-Achse einen Zeitvorteil aus, der allerdings wenig später durch die Kooperation der DB mit der BLS zunichte gemacht wurde.

3.2.4 Die Ressourcen

Bei einer militärischen Strategie geht es unter diesem Punkt primär um Truppenstärke und Logistik. Im Geschäftsleben stehen finanzielle und personelle Ressourcen sowie Investitionen im Vordergrund.
 Bei den Finanzen sind Liquidität, Eigenkapital und Verschuldung die wichtigen Parameter.

Auch bei den SBB haben wir uns im Dossier Güterverkehr mit den Möglichkeiten einer vertikalen Integration befasst, konkret mit dem Einstieg ins Logistik- oder allenfalls Privat-Güterwagen-Geschäft. Unsere Überlegungen verliefen allerdings immer schnell im Sand, weil klar war, dass unsere finanziellen Ressourcen dafür viel zu schmal ausgestattet waren.

3.2.5 Die Allianzen

Allianzen im Sinne von Bündnispartnern spielten auch im militärischen Rahmen immer eine wichtige Rolle. Im Wirtschaftsleben geht der Begriff der Allianz wesentlich weiter und umfasst Begriffe wie Kooperation, Joint Venture, Beteiligung, Fusion bis hin zur Übernahme einer Firma.

Die strategische Allianz wurde zum Sinnbild der Boomjahre, und wir erinnern uns an all die Bilder von Handshakes bedeutender Manager. Dabei wurde diese Fusionswelle nicht nur strategisch getrieben, sondern vor allem auch durch die Banken gefördert, die sich im Mergers-&-Acquisitions-Geschäft eine goldene Nase verdienten (1999 wickelte der Marktleader Goldman Sachs Geschäfte im Umfang von 1300 Milliarden Dollar ab!).

Mittlerweile ist empirisch belegt, dass ein grosser Teil dieser Allianzen gescheitert sind. In der Folge werden Minderheitsbeteiligungen generell infrage gestellt. Diese Auffassung ist allerdings ebenfalls widerlegt. Die BSH Hausgeräte AG beispielsweise, eine 50:50-Tochter von Bosch und Siemens, funktioniert seit 50 Jahren bestens.

Einige Jahre nach dem Scheitern der Fusion von Daimler mit Chrysler versucht es nun Fiat mit demselben Partner, ein «Pakt der Verzweiflung», meint die *Neue Zürcher Zeitung*.[23] Und dies, obwohl Fachleute die Meinung vertreten, in der Automobilindustrie seien sämtliche Fusionen gescheitert.

3.2.6 Der Plan

Die militärischen Begriffe für den Plan sind: Angriff, Verteidigung, Hinterhalt, Rückzug. Auch im zivilen Bereich sind Offensive, Halten, Defensive die grundsätzlichen Kategorien, obwohl Begriffe wie Marktpenetration, Wachsen mit dem Markt, Markterweiterung und ab und zu auch Rückzug verwendet werden. («Der geordnete Rückzug ist die höchste Stufe der Kriegskunst.» Das habe ich einmal aufgeschnappt, und das dürfte auch auf das Wirtschaftsleben übertragbar sein.) Bei einer Wachstumsstrategie gibt es zwei grundsätzliche strategische Varianten: organisches Wachsen oder Wachstum durch Zukauf.

Ein Beispiel für eine überaus offensive Strategie ist Mittal Steel, die mit der Übernahme grosser Konkurrenten (z. B. Arcelor) und vertikaler Integration eine weltweite Vormachtstellung in der Stahlproduktion erreicht hat.

Unternehmungen, die im schrumpfenden Markt der Briefpost tätig sind, können sich bestenfalls mit einer Strategie des Haltens über die Runden bringen.

Die bereits zitierte Ascom ist ein Beispiel für eine ausgesprochen defensive Strategie, die ganze Geschäftsfelder (z. B. Revenue Management) preisgegeben hat.

3.3 Die Erarbeitung einer Strategie

3.3.1 Einführung

Bereits aus diesen knappen Schilderungen der einzelnen Dimensionen einer Unternehmungsstrategie lässt sich folgern: Gefährlich wird es immer dann, wenn unreflektiert Moden übernommen werden. Wie in allen andern Disziplinen des Managements gilt auch für die Entwicklung einer Strategie: Pragmatik, aber auf hohem Niveau.

Seitdem die Strategiefrage intellektuell erörtert wird, stellt sich die Frage nach allgemeingültigen *Grundsätzen für eine wirkungsvolle Strategie*.

Clausewitz nennt folgende Elemente:[24]

- Die Überlegenheit der Zahl
- Die Konzentration der Kräfte im Raum
- Die Ökonomie der Kräfte
- Die Ökonomie der Gestaltung – Einfachheit
- Überraschung

Auch in unserem fundamental andern Kontext haben diese Grundsätze eine gewisse Gültigkeit. Insbesondere die Konzentration der Kräfte ist ein prioritäres strategisches Prinzip geblieben.

3.3.2 Verantwortung

In der Schweiz führt die Frage, wer in einer Unternehmung für die Entwicklung, Genehmigung und Umsetzung einer Strategie zuständig ist, immer wieder zu Diskussionen. Das hängt mit einer sehr allgemeinen Umschreibung der Verantwortlichkeiten im Obligationenrecht zusammen. Artikel 716 über die unübertragbaren Aufgaben des Verwaltungsrates erwähnt den Begriff Strategie nicht. Die *Genehmigung* einer Strategie lässt sich unter den in diesem Artikel zentralen Begriff der Oberleitung subsumieren und liegt in der Verantwortung des Verwaltungsrates. Die *Entwicklung* einer Strategie, allenfalls in Varianten, ist in der Regel Angelegenheit des CEO mit seinem Managementteam. Dieses Team ist wesentlich näher am Geschäft als der Verwaltungsrat und daher prädestiniert, solide Entscheidungsgrundlagen erarbeiten zu können.

3.3.3 Anleitung zum Strategiedesign

Die Herleitung einer Strategie basiert auf einer Gegenüberstellung der eigenen Position mit der prospektiven Einschätzung der Entwicklung von Markt und Umfeld. Abbildung 1 stellt den iterativen Prozess der Strategieentwicklung in seinen einzelnen Schritten und Rückkoppelungen dar.

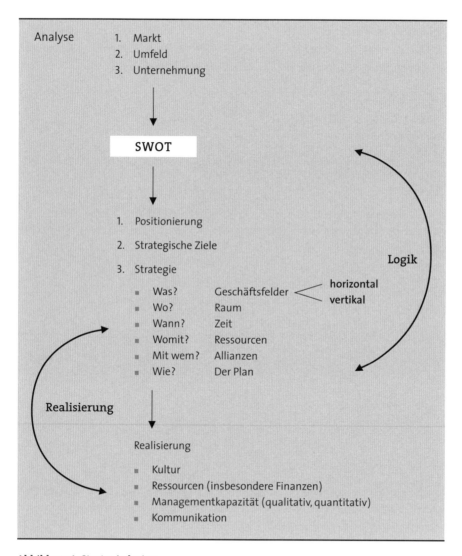

Abbildung 1: Strategiedesign

Der Strategieprozess beginnt mit einer umfassenden Analyse und folgt einem den Gesetzen der Logik folgenden Prozess. In einem nächsten Schritt muss die so entwickelte Strategie auf ihre Realisierbarkeit hin überprüft werden. Damit wird dem Nebel der Ungewissheit und den zu erwartenden Friktionen Rechnung getragen.

Die Strategie

Am Anfang des Prozesses steht die Analyse der Ausgangslage. Die Qualität dieser Analyse determiniert das Ergebnis in entscheidendem Mass, und es gilt das Wort des grossen Managementlehrers Peter Drucker: «But once the problem is correctly defined, the decision itself is usually pretty easy.»[25]

In Basel hat man die beiden Rheinhäfen von Basel-Stadt und Basel-Landschaft fusioniert und für die neu entstandene Firma einen neuen Verwaltungsrat eingesetzt. Als wir erstmals die Strategie diskutierten, hatte die Direktion zwei detaillierte, farbige Karten über die Häfen an die Wand gehängt. Die eine stellte die Nutzungen dar (Container, Erdölprodukte, Trockengüter, Schrott und Stahl usw.), die andere die Dauer der Baurechtsverträge mit den einzelnen Nutzern. Beide Darstellungen zeigten auf den ersten Blick ein chaotisches Patchwork, und die ersten beiden strategischen Festlegungen lagen auf der Hand: Konzentration der Nutzungen und Harmonisierung der Baurechtsverträge.

Die grösste Schwierigkeit für den Strategen liegt in der Prognose der Umfeldentwicklungen und deren Auswirkungen auf die Märkte. Wir befinden uns hier im Kern des Phänomens der Unsicherheit oder gar Ungewissheit. Das gilt insbesondere in Bezug auf technologische Entwicklungen, neue Geschäftsmodelle und Deregulierung von Märkten. Kaiser Wilhelm II. wird die Aussage zugeschrieben: «Die Zukunft gehört dem Pferd, das Automobil ist nur eine vorübergehende Erscheinung.» In den frühen 1990er-Jahren des letzten Jahrhunderts gab es einen weitgehenden Konsens, dass die Deregulierung zu einem massiven Konzentrationsprozess führen würde, der nur noch wenige sehr grosse Anbieter und eine Reihe von Nischenanbietern übrig liesse. In der Luftfahrt war man sich einig, dass in Europa nur noch Lufthansa, British Airways und Air France überleben würden. Dass ein neues Geschäftsmodell mit den No Frills Airlines den Markt fundamental verändern könnte, war nicht zu erkennen. In der Automobilindustrie ging man im gleichen Zeitpunkt davon aus, dass sechs Anbieter den Konzentrationsprozess überstehen würden. Auch diese Einschätzung hat sich nicht erfüllt.

Bezüglich der Entwicklung der Luftfahrt gibt es zwei Thesen. Die eine geht von einer konsequenten Entwicklung nach dem System von Hub and Spoke aus. Die starken Verkehrsströme werden zwischen den grossen Flughäfen abgewickelt und von dort aus feinverteilt. Das würde eine immer grössere Sitzplatzkapazität der Flugzeuge erfordern. Die andere These nimmt an, dass dieses Hub-and-Spoke-System an seine Kapazitätsgrenze stossen wird. Folge davon wäre eine starke Zunahme von Punkt-zu-Punkt-Verbindungen auch von kleineren Flughäfen, was wesentlich kleinere Flugzeuge erfordern würde.

1984 bestellten die SBB eine Studie über den Reisewagen der Zukunft. Diese wurde mit der damals hochaktuellen Delphi-Methode erarbeitet. Dazu wurden führende Experten eingeladen, die in der Lage schienen, langfristige Trends zu erkennen. Auf der Liste der so ermittelten künftigen Anforderungen stand zuoberst: Telefon im Zug. Es folgten Kiosk im IC-Wagen, Radio mit Kopfhörern, Bürowagen.

Nicht im Traum hätte sich damals jemand vorstellen können, dass einmal jeder Kindergärtler mit einem mobilen Telefon herumlaufen würde. Oder gar, dass dereinst jedermann mit seinem Laptop, seinem mobilen Büro, per Internet mit der ganzen Welt verbunden, im Zug sitzen würde. Hätten sich die SBB damals auf die Prognose ihrer Experten verlassen, hätten sie Hunderte Reisewagen mit Telefonkabinen ausgerüstet (Prototypen gab es bereits) und dafür Millionen ausgegeben. Fazit: Die Zukunft ist nur begrenzt zu erkennen. Dem kann man Rechnung tragen, indem man reale Trends frühzeitig erkennt und sich auch strategisch Flexibilität bewahrt.

Die Essenz der Lageanalyse wird in den Kategorien Strengths – Weaknesses – Opportunities – Threats (SWOT) zusammengefasst.

Als wir uns 1996 mit der Strategie für den SBB-Güterverkehr befassten, war das Umfeld durch die von der EU beschlossene Marktöffnung, eine schlechte Qualität im grenzüberschreitenden Güterverkehr und zunehmenden Druck der Kunden geprägt. Die Kunden wollten zwischen verschiedenen Anbietern auswählen und akzeptierten nur noch einen Vertragspartner für einen grenzüberschreitenden Transport. Die SWOT-Analyse ergab folgende Schlüsse:

Strengths:	Flächendeckung in der Schweiz dank vielen Anschlussgleisen, starker Brand SBB, Kultur (Qualitätsbewusstsein, Sprachen), hoher Marktanteil, starke Position im alpenquerenden Verkehr
Weaknesses:	Finanzielle Performance (Marge, Kapitalausstattung), schwache Position als Transitland (der Kunde befindet sich auf dem Territorium des potenziellen Konkurrenten), relativ geringe Unternehmungsgrösse, hohe Kosten
Opportunities:	Neue Märkte, Erweiterung der Wertschöpfungskette, Wachstum des Gesamtmarktes
Threats:	Neue Konkurrenten, ruinöse Konkurrenz durch Railion, der Güterverkehrstochter der Deutschen Bahn DB

Aus dieser Analyse lassen sich erste Festlegungen in Bezug auf die Positionierung und die strategischen Ziele herleiten.

Wir positionierten uns aufgrund dieser Analyse als Qualitätsanbieter. Als strategisches Ziel formulierten wir: Wir wollen zu den drei den Konzentrationsprozess überlebenden Anbietern gehören, mit einer Beteiligung von mindestens 50 Prozent.

Im nächsten Schritt folgt die Bestimmung der sechs strategischen Dimensionen, allenfalls mit Alternativen.

Wir legten uns nach einem intensiven Prozess auf folgende Eckwerte einer Güterverkehrsstrategie fest:

Geschäftsfelder:	Wagenladungsverkehr, Ganzzüge, kombinierter Verkehr, logistische Dienstleistungen
Aktivitätsraum:	Europa
Zeit:	Ab 2000 – der Zeitvorsprung wurde als entscheidend angesehen
Ressourcen:	Vor allem Investitionen in Mehrsystem-Lokomotiven
Allianzen:	Joint Venture mit der Trenitalia
Plan:	Offensive, quantitativ und qualitativ

Der Angelpunkt dieser Strategie war die Absicht eines 50:50-Joint-Venture mit der Trenitalia, der Güterverkehrstochter der Italienischen Staatsbahn. Das war eine logische Folgerung aus den Annahmen und dem strategischen Ziel. Aufgrund der geografischen Position der SBB in einem Transitland auf dem zentralen Nord-Süd-Korridor kamen als Partner für eine Allianz nur zwei Bahngesellschaften infrage, die Railion im Norden oder die Trenitalia im Süden. Der Grössenunterschied zwischen SBB und Railion war aber so gross, dass eine 50:50-Partnerschaft eine Illusion bleiben musste. Blieb also die Trenitalia.

Ähnlich war die strategische Ausgangslage seinerzeit bei der Swissair. Ihre Strategie trug den Namen Alcazar und basierte auf einer Fusion mit der holländischen KLM, der skandinavischen SAS und der österreichischen AUA. Die Beteiligung der Swissair an der neuen Gesellschaft hätte noch 30 Prozent betragen.

Wir haben oben die zwei Thesen über die generelle Entwicklung der Systeme in der Luftfahrt erläutert. Airbus basiert auf der ersten These und hat dafür das Grossraumflugzeug Airbus 380 entwickelt. Boeing setzt auf die Boeing 787, den Dreamliner, viel kleiner und dank der Verwendung von Kunststoffen leicht und energieeffizient.

Gemäss dem Schema «Strategiedesign» gilt es, die Realisierbarkeit einer Strategie bereits bei der Erarbeitung zu berücksichtigen. Auf diesen Prozess folgt die Überprüfung eines Strategieentwurfs (z.B. durch den Verwaltungsrat).

Die Erfahrung zeigt, dass es vor allem vier Faktoren sind, welche die Realisierung von Strategien scheitern lassen.

- Die Unternehmungskultur(en)

Wir befassen uns in Kapitel 6 mit dem Phänomen der Unternehmungskultur. Diese spielt insbesondere bei Unternehmungszusammenschlüssen eine zentrale Rolle und führt immer wieder dazu, dass die Integration von Unternehmungen scheitert. So hat die Bankenwelt das Amalgam von angelsächsischer und kontinentaleuropäischer Kultur wohl noch immer nicht verdaut. Es galt beispielsweise bei der Credit Suisse das geflügelte Wort: «Wer einmal zur CSFB [CS First Boston] geht, kommt nicht mehr lebend zurück.»[26]

Nach dem Grundsatzentscheid für die Fusion des SBB-Güterverkehrs mit der italienischen Trenitalia befassten sich viele Arbeitsgruppen intensiv mit den verschiedenen Dossiers, und es wurde ein umfangreicher Fusionsvertrag erarbeitet. Dabei kam es immer wieder zu Spannungen zwischen den Teams. So beschlossen wir, einen kulturellen Check durchzuführen, und beauftragten dafür einen italienischen Professor mit einschlägiger Erfahrung und Reputation. Als er nach einer umfassenden Interviewrunde meinem italienischen Kollegen und mir Bericht erstattete, äusserte er den bemerkenswerten Satz: «There is some kind of a hostility between the Swiss and the Italians.»

Es gibt Kulturen, die nahezu inkompatibel sind. Zum Beispiel die Hunter-Kultur (oft in der angelsächsischen Kultur vertreten), die mit Entschiedenheit den raschen Erfolg, den Deal, sucht, und die Farmer-Kultur, die dem nachhaltigen Wirtschaften und dem langfristigen Erfolg verpflichtet ist.

- Die Ressourcen, insbesondere die Finanzen

Equity und Liquidität sind die unerlässlichen Voraussetzungen für den Erfolg einer Strategie. Deshalb muss ein Strategieentwurf hier unter diesem Aspekt nochmals eingehend geprüft werden, und der immer wieder gehörten Aussage «Businesspläne stimmen sowieso nie» Rechnung getragen werden.

Der Fusionsvertrag mit der Trenitalia war schon unterschrieben, und die Büros der neuen Gesellschaft Cargo SI in Milano waren bezugsbereit. Mein Kollege von der Ferrovie dello Stato und ich waren aber nach wie vor skeptisch, und diese Skepsis wurde durch den erwähnten Kulturcheck noch verstärkt. Wir beauftragten deshalb einen renommierten Unternehmungsberater, mit dem wir beide noch nie zusammengearbeitet hatten, mit der Prüfung der operativen Voraussetzungen für die Fusion. Nach kurzer Zeit war klar, dass weder die Finanz- noch die Informatiksysteme für den grossen Schritt bereit waren. Wir beschlossen, die Fusion abzublasen.

- Managementkapazität

Sind die personellen Voraussetzungen für die Realisierung einer Strategie vorhanden, quantitativ und qualitativ? Die Erfahrung zeigt, dass dieser Faktor insbesondere bei Unternehmungszusammenschlüssen und Zukäufen oft unterschätzt wird.

◆ Kommunikation

Dem Aspekt der internen und externen Kommunikation muss in einem Strategieprozess von Anfang an besondere Beachtung geschenkt werden. Stehen fundamentale Veränderungen an, so führt das intern zu grosser Verunsicherung. Grundsätzlich ist eine Strategie dann gut zu vermitteln, wenn sie auf einer überzeugenden Logik beruht. Es ist die Aufgabe der Kommunikationsprofis, parallel zur Strategieentwicklung ein Kommunikationskonzept zu entwerfen und diese Logik in überzeugenden Botschaften zu formulieren. Dabei müssen auch allfällige Stolpersteine einbezogen und antizipativ behandelt werden (s. Kapitel 9).

Es gibt viele Beispiele von Strategien, die infolge von Kommunikationsproblemen gescheitert sind. Berühmt ist das Telefon des Chefs der Credit Suisse an seinen Kollegen von der Bankgesellschaft, in dem er eine Fusion der beiden Banken vorschlug. Das Telefon gelangte durch gezielte Indiskretion an die Medien, und damit war das Projekt schon gescheitert.

Die Alcazar-Strategie der Swissair hätte zum Verlust ihrer Eigenständigkeit geführt. Mit einer 30-Prozent-Beteiligung an der neuen Gesellschaft hätte auch keine Mehrheitsposition mehr bestanden. Dies löste geharnischte Reaktionen in der Politik und in der Boulevardpresse aus, die schliesslich zum Abbruch der Übung führten. Faktisch spielte also ein von der Politik gesetztes implizites, aber nie ausdiskutiertes strategisches Ziel «Erhaltung der Unabhängigkeit» eine entscheidende Rolle. Es ist in diesem Falle fraglich, ob diese Entwicklung mit einer gezielten Kommunikation hätte vermieden werden können. «With the benefit of the hindsight», wie die Angelsachsen so schön sagen, müssen wir heute konstatieren, dass auch die Erfolg versprechendste Strategie, eine Kooperation mit der Lufthansa, von der Politik damals nie akzeptiert worden wäre. Ironie des Schicksals ist, dass die Swiss heute als 100-Prozent-Tochter der Lufthansa gut positioniert ist.

Die Erfahrung zeigt, dass die Umsetzungsprobleme bei Fusionen und Übernahmen besonders gross sind. Wenn eine Strategie solche Massnahmen vorsieht, ist der Radar besonders kritisch auf mögliche Umsetzungsprobleme zu richten. Folgende Faktoren sind dabei besonders zu beachten:

- Die Toppositionen der fusionierten Firma müssen nach Fähigkeiten und nicht proportional nach der Herkunft zugeteilt werden
- Das Integrationstempo muss hochgehalten werden
- Kostensenkungen (Stellenabbau) und Synergien werden oft überschätzt
- Kulturkonflikte werden oft unterschätzt
- Risiken werden oft unterschätzt

Das Beispiel der nicht umgesetzten Strategie im SBB-Güterverkehr zeigt eindrücklich, wie sehr sich eine scheinbar zwingende Logik und die Umsetzbarkeit widersprechen können. In diesem Falle ist die Ursache eindeutig: Diese beiden Unternehmungskulturen liessen sich ganz einfach nicht zusammenbringen.

3.4 Die Überprüfung einer Strategie

Ein Strategieentwurf lässt sich anhand von acht Kriterien überprüfen.

> **Checkliste zur Überprüfung einer Strategie**
> 1. Qualität der Lageanalyse
> 2. Logische Konsistenz
> 3. Fokus auf die Kernkompetenzen
> 4. Analyse möglicher Umsetzungsprobleme
> 5. Strategiegerechter Aktionsplan
> 6. Controlling und Risikomanagement
> 7. Kontinuität
> 8. Kommunikation

Ad 1 *Qualität der Lageanalyse*

Entscheidend für die Qualität einer Lageanalyse ist die Pattern Recognition, das Erkennen des relevanten strategischen Musters. In diesem Muster sind die strategischen Hebel oder Aktionsparameter angelegt. Die Fähigkeit zur Pattern Recognition ist im Management von grosser Relevanz und wird in diesem Buch wiederholt behandelt (s. Kapitel 3).

Dabei muss man sich immer bewusst sein, dass zentrale Elemente einer Lageanalyse prognostischen, unter Umständen auch spieltheoretischen Charakter haben. Denken Sie immer daran: Der Stratege agiert im Nebel der Ungewissheit. Deshalb sollte man nicht von Prognosen ausgehen, sondern von Hypothesen über die Zukunft, allenfalls in verschiedenen Varianten (Szenarien).

Bei der Überprüfung dieses Punktes sollte den einer strategischen Lageanalyse innewohnenden Gefahren Rechnung getragen werden: unreflektierte Übernahme von Moden, Euphorie, Selbstüberschätzung und eine falsche Einschätzung der Zukunft.

Ad 2 *Logische Konsistenz*

Die Antworten auf die sechs strategischen Schlüsselfragen müssen mit dem Muster aus der Lageanalyse in einem nachvollziehbaren logischen Zusammenhang stehen. Der Test für die Überprüfung dieser Logik ist die Vermittelbarkeit einer Strategie. Eine Strategie muss in knapper Form überzeugend dargestellt, begründet und verständlich sein.

Ad 3   *Fokus auf die Kernkompetenzen*
Eine erfolgreiche Positionierung basiert auf der Differenzierung gegenüber andern Akteuren, der USP. Das erfordert auf diese Positionierung abgestimmte Kernkompetenzen. Die entscheidenden Fragen in diesem Zusammenhang sind: Was können wir? Was müssen wir uns an Kompetenzen aneignen? Welche Kompetenzen könnten wir allenfalls zukaufen, und was liesse sich mit Vorteil auslagern?

Damit ist auch die Frage nach möglichem Outsourcing-Potenzial gestellt. Auch das Auslagern von Leistungen war vor noch nicht allzu langer Zeit eine grassierende Mode. Dabei ist es wie bei einer Strategie: Der Entscheid zum Outsourcing ist das eine, seine Umsetzung etwas ganz anderes. Und dabei sind die Risiken beträchtlich.

Wir haben uns bei den SBB entschieden, den IT-Betrieb auszulagern. Die Umsetzung folgte zügig, ebenso rasch hatten wir mit grossen Problemen zu kämpfen. Der Outsourcing-Partner hatte Mühe mit dem operativen Geschäft, finanzielle Streitereien waren an der Tagesordnung, und bald darauf wurde die Firma des Outsourcing-Partners gar noch verkauft, ein neues Management tauchte auf... Noch schlimmer wurde es, als unsere Juristen erklärten, man müsse das ausgelagerte Leistungspaket nach Ablauf des Vertrages wieder ausschreiben. Das taten wir, und tatsächlich setzte sich in dieser Ausschreibung eine andere Firma mit einer offensichtlich strategischen Investition durch.[27] Der dadurch notwendig gewordene Transfer war ausserordentlich anspruchsvoll und voller Risiken.

Bei den Schätzungen der durch das Outsourcing ausgelösten Einsparungen ist Vorsicht geboten. Das Vertragsmanagement ist sehr aufwendig. In komplexeren Fällen (z. B. der Informatik) muss der Outsourcing-Partner permanent betreut werden, und dafür braucht es hohe Sachkompetenz. Das führt dazu, dass die möglichen Einsparungen oft überschätzt werden.

Man muss sich sehr gut überlegen, was zu den Kernkompetenzen gehört, und in vielen Fällen ist das nicht offensichtlich. Outsourcing schafft Risiken, und deshalb gilt auch hier: nie Moden nachrennen, dafür Pragmatik, aber auf hohem Niveau.

Ad 4   *Analyse möglicher Umsetzungsprobleme*
Wir wissen, Strategien scheitern meist bei der Umsetzung. Deshalb ist die Antizipation möglicher Umsetzungsprobleme einer der wichtigsten Schritte im Strategiefindungsprozess. Nie vergessen: «The proof of the pudding is the eating.»

Ad 5   *Strategiegerechter Aktionsplan*
Die Definition der Strategie ist der wichtigste Entscheid in einer Institution. Massgeblich ist aber nicht die Definition der Strategie, sondern deren Umsetzung. Deshalb gehört zu einem Strategieentscheid zwingend ein Aktionsplan für die Umsetzung. Dieser enthält die Liste der strategischen Projekte mit den zentralen Projektparametern und definiert damit auch die Umsetzungsorganisation (s. Kapitel 4).

Ad 6 *Controlling und Risikomanagement*
Die Umsetzung einer Strategie muss von Verwaltungsrat und Geschäftsleitung permanent begleitet werden, qualitativ, finanziell und terminlich. Man nennt das strategisches Controlling. Die Ungewissheit führt dazu, dass jede Strategie risikobehaftet ist. Deshalb ist die Umsetzung einer Strategie in das Risikomanagement einer Institution integriert (s. Kapitel 5).

Nach dem Scheitern von Alcazar hat die Swissair eine neue Strategie mit dem Namen Hunter verabschiedet. Hunter war eine ausgesprochen offensive Strategie. Mit einer aggressiven Beteiligungspolitik sollten relativ kleine Fluggesellschaften mit starkem Marktanteil (Flag Carriers) in ihren Heimmärkten in den Swissair-Verbund geholt werden. Die Logik dieser Strategie war einleuchtend. Der Verwaltungsrat war sich bei der Verabschiedung der Strategie bewusst, dass die Realisierung schwierig würde und mit hohen Risiken verbunden war. Die Strategie wurde in der Folge aber gar nicht in der beschlossenen Form umgesetzt. Das Management kaufte nicht primär Flag Carriers, sondern mit LTU, Air Litteral, AOM und Volare Gesellschaften, die den beschlossenen Kriterien nicht genügten. Der Verwaltungsrat nahm seine Verpflichtung zum strategischen Controlling offensichtlich nicht genügend wahr. Und ebenso offensichtlich war auch das Risikomanagement ungenügend, sonst wäre man nicht von einem existenzbedrohenden Liquiditätsengpass überrascht worden.

Ad 7 *Kontinuität*
Permanente Strategiewechsel, ja bereits permanente Grundsatzdiskussionen über einen allfälligen Strategiewechsel sind kontraproduktiv. Eine fundamentale Änderung der Strategie verändert das Leben einer Unternehmung von Grund auf. Sie führt zu Verunsicherung, zu massiven organisatorischen Veränderungen (s. Kapitel 2) und dazu, dass die Energien weniger auf den Markt als auf die Unternehmung selbst fokussiert werden. Es braucht daher starke Gründe für einen solchen Vorgang, und wenn man sich dafür entschieden hat, dann muss möglichst rasch wieder Kontinuität ins Spiel gebracht werden.

Deshalb hat Jürgen Dormann, als er 2002 die operative Leitung der ABB in einer äusserst kritischen Situation übernommen hat, in seinem ersten Brief an alle Mitarbeitenden klargemacht: «There is no change in strategy.» Und er hat diese Botschaft immer wieder wiederholt.[28]

Eine Strategie, die alle Energien einer Unternehmung mobilisiert, muss wie ein Leuchtturm möglichst klar und längerfristig im Blickpunkt stehen.

Ad 8 *Kommunikation*

Wir haben bereits auf die überragende Bedeutung der Kommunikation für die Umsetzung einer Strategie hingewiesen. Kapitel 9 befasst sich ausführlich mit diesem Thema.

Weiter oben wurde beschrieben, wie die durchaus logische Strategie der SBB in England wegen mangelhafter Kommunikation Schiffbruch erlitten hat.

Die zentrale Herausforderung für die Kommunikation ist die einfache und für alle Mitarbeitenden und allenfalls die Öffentlichkeit verständliche und nachvollziehbare Darstellung der Strategie. Dass das nicht selbstverständlich ist, lässt sich aus folgender Passage aus einem Strategiepapier herauslesen: Angestrebt werden kleinere, physisch flexible Positionen mit Cross-Commodity-Potenzial in margenattraktiven Märkten sowie selektive strategische Transportkapazitäten mit Brückenfunktion.

Für den Erfolg einer Strategie ist das Engagement aller Mitarbeitenden massgebend. Und deshalb muss eine Strategie nicht nur verständlich kommuniziert, sondern auch verinnerlicht werden. Die Frage «Welches ist die Strategie Ihrer Firma?» muss von allen Mitarbeitenden jederzeit messerscharf und zutreffend beantwortet werden können.

Bei den SBB haben wir die komplexe Gesamtstrategie unter dem Titel «Kompass SBB» in Kurzform komprimiert. Der Text wurde als Plakat in allen Arbeitsräumen sichtbar aufgehängt und in handlichem Taschenformat abgegeben. Bei jeder Gelegenheit wurde sein Inhalt repetiert (Anhang 1).

Eine Strategie ist zeitlich nicht beschränkt. Sie wird dann revidiert, wenn sich die Ausgangslage verändert. Die Wahrscheinlichkeit hierfür ist angesichts der Unsicherheiten in der Lageanalyse erheblich. Ganz besonders gilt es, die Opportunities und die Threats jederzeit im Auge zu behalten.

In regelmässigen Abständen, in der Regel jährlich, wird ein Strategiereview durchgeführt. Dafür ist der Verwaltungsrat verantwortlich. Der Strategiereview knüpft direkt an der Lageanalyse an, die an der Basis der geltenden Strategie steht. Dabei stellen sich zwei zentrale Fragen: Hat sich etwas geändert? Und wenn ja: Hat das Auswirkungen auf die Strategie? Der Verwaltungsrat wird sich bei dieser Gelegenheit auch mit dem Stand des Aktionsplans auseinandersetzen und eine erneute Risikobeurteilung vornehmen.

Wenn man sich an diese Struktur hält, wird der Strategiereview zur nützlichen, institutionalisierten Standortbestimmung. Dafür muss kein ausserordentlicher Aufwand getrieben werden, das gehört schlicht zu den Grundaufgaben des Managements. Zum zeitraubenden Ärgernis für eine operative Geschäftsleitung werden Strategiereviews dann, wenn jedes Mal wieder eine Zero-Base-Übung durchgeführt wird, im schlechtesten Falle mit immer wechselnden externen Beratern. Die sorgfältige Durchführung eines Strategieprozesses und der Strategiereviews ist die primäre Aufgabe jedes Managements, dafür werden die Manager angestellt und in der Regel ausreichend entlohnt. Ich habe nie verstanden, warum gerade dafür immer wieder externe Berater angeheuert werden.

Ein strategischer Sonderfall ist der Turnaround, ausgelöst durch eine finanzielle Krise, in der Regel infolge eines Einbruchs des Ertrags, der oft externe Ursachen hat. Die Finanzkrise bietet leider wieder viele anschauliche Beispiele für solche Situationen. In einer solchen Lage ist der Raum der strategischen Möglichkeiten eingeschränkt. Entscheidend ist der Faktor Zeit. In einer ersten Phase geht es darum, den «Blutverlust» so schnell wie möglich zu stoppen. Dabei stehen immer drei Faktoren im Vordergrund: Liquidität, Eigenkapital und Kosten.

Aufgrund der Erfahrungen in der durch die Verwerfungen der Finanzmärkte ausgelösten Krise muss man jeder Firma empfehlen, einen Plan B aufzustellen für den Fall eines Einbruchs des Ertrags um 25 Prozent. Die Realität zeigt, dass die Wahrscheinlichkeit eines solchen Ereignisses erheblich ist. Erstaunlicherweise gelingt es in solch schwierigen Zeiten nicht wenigen Firmen, ihre Liquidität trotzdem zu erhöhen. Das wiederum ist ein Zeichen dafür, dass in den normalen Zeiten nicht alle Potenziale ausgeschöpft werden.

Die Gesamtaufgabe strukturieren: Organisation

2

1898 stimmte das Schweizer Volk der Zusammenlegung und Verstaatlichung der fünf grössten Privatbahnen zu. 1902 wurden die SBB operativ. Sie waren in eine Generaldirektion, die in Bern sass, und fünf Kreisdirektionen an den Firmensitzen der früheren Privatbahnen gegliedert. 1923 kam es zur ersten grossen Reorganisation, mit dem Ziel, die Kreisdirektionen abzuschaffen. Das scheiterte am föderalistischen Widerstand. Immerhin wurde die Zahl der Kreisdirektionen auf drei verringert. Die SBB waren streng funktional gegliedert, die gleiche Funktion, z. B. der Bau, fand sich sowohl auf Stufe General- wie Kreisdirektion. Trotz der offensichtlichen Schwerfälligkeit und der problematischen Stellung eines Kreisdirektors (auch etwa «Johann Ohneland» genannt) hielt sich diese Struktur bis 1999.

1   Die Bedeutung der Organisation

Die Aufteilung einer Gesamtaufgabe in ihre Teilaufgaben nennt man Organisation. Mit der Organisation einer Institution werden die Verantwortungsbereiche definiert. Verantwortung ist einer der wichtigsten Begriffe im Management, wir werden uns im Kapitel 7 ausführlich damit befassen. Die Festlegung der Organisation einer Institution ist einer ihrer wichtigsten Entscheide. Die Kompetenz hierfür gehört deshalb gemäss Artikel 716 des Schweizerischen Obligationenrechts zu den unübertragbaren und unentziehbaren Aufgaben des Verwaltungsrates. Der derzeitige CEO der UBS geht so weit, den problematischen Zustand der Bank nicht der Finanzkrise, sondern der «falsch aufgestellten Organisation» zuzuschreiben.[29]

Organisationsentscheide sind ausgesprochen wichtig, folgen jedoch selten einer zwingenden Logik. Peter Drucker kommt zum Schluss: «The pioneers were wrong in their assumption that there is … one right organization. Instead of searching the right organization, management needs to learn to look for, to develop, to test *the organization that fits the task*.»[30] Fredmund Malik drückt sich noch drastischer aus: «Es gibt keine ‹gute› Organisation… *Alle* Organisationen sind *unvollkommen: alle* produzieren Konflikte, Koordinationsaufwand, Informationsprobleme, zwischenmenschliche Reibungsflächen, Unklarheiten, Schnittstellen und alle Arten von sonstigen Schwierigkeiten.»[31] Er weist zu Recht darauf hin, dass eine etwas weniger gute Organisation mit guten Managern besser ist als umgekehrt.

Organisieren ist demnach ein Optimierungsprozess, der meist zu einem Kompromiss führt.

Das organisatorische Grundvokabular

Wenn man die Firmenberichterstattung verfolgt, dann ist Organisation neben Strategie und Finanzen das am häufigsten genannte Managementthema. Dabei wird eine Terminologie mit folgenden Begriffen verwendet:

- **Hierarchie**

Ein System von Überordnung und Unterordnung, militärisch: die Kommandoordnung. Das Merkmal der Überordnung ist das Weisungsrecht. Der Begriff ist als Folge der antiautoritären Bewegung etwas aus der Mode gekommen, und es ist heute politisch korrekter zu sagen, «Y rapportiert X» als «Y ist X unterstellt». Faktisch hat sich aber nichts verändert. Eine Organisation basiert auf Hierarchie. Ohne Hierarchie wäre die klare Zuordnung von Verantwortung nicht möglich.

- **Makrostruktur / Mikrostruktur**

Der Verwaltungsrat legt in der Regel die Makroorganisation, den groben Raster der Organisation, fest. Die Detaillierung wird an die Geschäftsleitung delegiert.

- **Organigramm**

Die grafische Darstellung der Organisation. Sie besteht aus Kästchen für die organisatorischen Einheiten und Linien für die Hierarchie. Für viele Firmen so bedeutungsvoll, dass sie ihre Firmenpräsentation mit dem Organigramm beginnen.

- **Organisatorische Einheit**

Ein Kästchen (Verantwortungsbereich) im Organigramm.

- **Führungsdreieck**

Ein(e) Chef(in) mit seinen/ihren direkt Unterstellten.

- **Fachliche Führung**

Kein oder nur ein auf fachliche Belange eingeschränktes Weisungsrecht. Im Organigramm mit einer gestrichelten Linie dargestellt.

- **Matrixorganisation**

Eine Organisation mit Mehrfachunterstellungen (oft durch Linie und fachliche Führung, noch häufiger in der Kombination Region / Sparte).

- **Kontrollspanne**

Die Anzahl der direkt Unterstellten.

- **Flache / tiefe Organisation**

Eine Organisation mit grossen Kontrollspannen wird «flach» genannt. Eine kleinere Kontrollspanne erhöht die Zahl der hierarchischen Ebenen und führt zu einer «tiefen» Organisation.

- Sparten, Divisionen

Gebräuchliche Begriffe für eine Organisation nach strategischen Geschäftsbereichen.

- Aufbauorganisation / Ablauforganisation

Zwei etwas veraltete Begriffe. Der erste steht für «Struktur», der zweite für «Prozesse». Heute steht (zu) oft die «Prozessorientierung» im Vordergrund.

- Dienstweg

Der Weg von Weisungen und Informationen. Er folgt den Linien im Organigramm, in beide Richtungen, ohne eine Stufe zu überspringen.

- Linie

Ein Verantwortungsbereich, der mit der Erbringung oder dem Absatz der Marktleistung beauftragt ist.

- Stab

Ein Verantwortungsbereich, der mit Aufgaben zur Führungsunterstützung (Support) und Entscheidungsvorbereitung beauftragt ist. Im Organigramm mit einer waagrechten Linie dargestellt.

- Overhead

Die Gesamtheit der Führungs- und Stabsfunktionen einer Institution. Alternative Begriffe: Strukturkosten, Gemeinkosten, Administration, Verwaltung.

Die organisatorischen Gliederungsprinzipien

Für die Strukturierung der Aufgaben steht eine Reihe von Gliederungsprinzipien zur Verfügung. Diese werden meist in Kombination angewandt.

Die geläufigsten Gliederungsprinzipien für die Strukturierung der Aufgaben sind:

- **Die funktionale Gliederung**

Die klassische Gliederung von Produktionsfirmen nach Produktion, Vertrieb und Administration

- **Die Gliederung nach Produkten (oder Produktgruppen bzw. strategischen Geschäftsbereichen)**

Z. B. eine Detailhandelsunternehmung in Food und Nonfood

- **Die Gliederung nach Märkten**

Z. B. in Geschäftsreisen und Tourismus

- **Die Gliederung nach der Geografie**

♦ **Die Gliederung nach Kundensegmenten**
Z. B. Privathaushalte und Gewerbe

♦ **Die Gliederung nach Prozessen**
Z. B. Planung, Ausführung, Unterhalt

♦ **Die Gliederung nach der Technologie**
Z. B. in der Telecombranche nach Fixnet, Mobile und Solutions

Dass darüber hinaus kreative Lösungen möglich sind, zeigt Siemens, wo die Makrostruktur aufgrund der Megatrends in Gesundheit, Energie und Infrastruktur gegliedert ist.

Peter Drucker unterteilt die organisatorischen Einheiten in vier Kategorien:

- Result-Producing Activities (wozu Drucker auch die Finanzfunktion zählt)
- Support Activities
- Hygiene and Housekeeping Activities
- Top-Management Activities

Die Result-Producing Activities stehen nicht zufällig an oberster Stelle. Ihnen muss in einer Organisation erste Priorität zukommen, dort wird schliesslich der Umsatz generiert. «Give result-producing activities high visibility in your organization.»[32]

DIE KRITERIEN EINER ZWECKMÄSSIGEN ORGANISATION

Die Kriterien für eine zweckmässige Organisation werden in der folgenden Checkliste zusammengefasst und erläutert.

Checkliste Organisation
1. Strategiebezug
2. Klare Definition von Verantwortung
3. Balance zentral/dezentral
4. Transparenz = Verständlichkeit
5. Organisation der Innovation
6. Genügend grosse Kontrollspanne
7. K(l)eine Stäbe
8. Overhead immer wieder hinterfragen
9. Sorgfältige Reorganisation

Ad 1   *Strategiebezug*

«Structure follows strategy» ist der unbestritten oberste Grundsatz der Organisation. Die Makrostruktur muss die Strategie abbilden, insbesondere die Geschäftsfelder und die geografische Dimension des Geschäfts.

Die Strategie der SBB basiert auf den drei Geschäftsfeldern Personenverkehr, Güterverkehr und Immobilien sowie der Supporteinheit Infrastruktur. Jedes dieser Geschäftsfelder ist in Geschäftsbereiche unterteilt, der Personenverkehr z. B. in den Fernverkehr Schweiz, den regionalen Verkehr und den internationalen Verkehr. Damit ist bei den SBB eine klare Organisationslogik gegeben. Ihr Organigramm bildet diese Logik ab.

Ad 2   *Klare Definition von Verantwortung*

Die SBB besitzen neben der Armee am meisten Grundstücke in der Schweiz. Jahrzehntelang lag dieses Potenzial brach. Die einzelnen Aufgaben wie Kauf und Verkauf, Pachtverträge und Management der Bahnhöfe waren im komplexen Organigramm verteilt. Eine Gesamtverantwortung dafür gab es nicht. Erst die Festlegung eines strategischen Geschäftsfeldes führte zum Beschluss, alle Aktivitäten in einer organisatorischen Einheit zu konzentrieren.

Verantwortung definieren, das bedeutet die Umschreibung der Aufgabe, des erwarteten Outputs (und zwar so, dass dieser eindeutig gemessen werden kann) sowie die Zuteilung der für die Aufgabenerfüllung notwendigen Ressourcen.

Nach dem Grundsatzentscheid, bei den SBB eine divisionale Struktur einzuführen, haben wir die Ressourcen konsequent auf die Bereiche aufgeteilt. Das galt insbesondere für die Lokomotiven, die Lokomotivführer und den Unterhalt des rollenden Materials. Der Einsatz dieser Ressourcen konnte nun von der Division direkt beeinflusst werden, und der überwiegende Teil der Kosten liess sich direkt zurechnen. Gegenüber dem früheren Zustand mit einer Fragmentierung der Verantwortung war das ein enormer Fortschritt. Damit wurde insbesondere erreicht, dass der grösste Teil der Kosten direkt zugeschieden werden konnte. Gerade dieser Punkt ist für eine präzise Definition der Verantwortung von entscheidender Bedeutung.

Peter Drucker erteilt noch einen Ratschlag: Man sollte nie ergebnisproduzierende Einheiten einer Supporteinheit unterstellen.[33]

In einem ersten Schritt haben die SBB die neu zusammengefassten Aktivitäten des Immobilienbereichs (eine ergebnisproduzierende Einheit) der Division Infrastruktur (einer Supporteinheit) unterstellt. Tatsächlich wurden damit zwei Kulturen vermischt, was die Dynamik im Bereich Immobilien gebremst hat. Erst die Einordnung des Bereiches Immobilien auf der obersten Managementebene führte zur vollen Ausschöpfung des Potenzials.

In den letzten Jahren hat sich eine Tendenz zum Engineering der richtigen Organisation entwickelt, die sich sehr stark an den Prozessen orientiert.

Ich habe die Erfahrung gemacht, dass damit die Verantwortung eher verwässert wird. Bei der Infrastruktur haben wir früher zwischen den beiden klar definierten Verantwortungen Sicherheitsanlagen und Fahrbahn unterschieden. Die Process Engineers kamen nach ihren Analysen zum Schluss, den Bereich aufgrund der Prozesse Planung, Realisierung und Unterhalt zu strukturieren. Das führte zu einer Aufsplitterung des vorhandenen Know-how und Doppelspurigkeiten bei den Betriebsmitteln. Die Ziele für die einzelnen Bereiche waren weniger substanziell umschrieben und teilweise gar gegenläufig. Diese Organisation wurde später wieder rückgängig gemacht.

Es empfiehlt sich, die Qualität der Definition von Verantwortung anhand folgender Fragen zu überprüfen:

- Ist die Aufgabe klar umschrieben?
- Ist das Resultat der Aufgabenerfüllung definiert und messbar?
- Sind alle für die Aufgabenerfüllung notwendigen Ressourcen zugeteilt?
- Sind in einer ergebnisproduzierenden Einheit die Erträge und Aufwendungen zum wesentlichen Teil direkt zurechenbar?
- Trägt *eine* Person diese Verantwortung?

Übermässiger Koordinationsbedarf, permanente Schnittstellenprobleme und ein hoher Anteil von Kostenumlagen sind Indikatoren für Mängel in der Zuteilung von Verantwortung. Besonders problematisch wird es, wenn Systemverantwortung auf mehrere Subsysteme aufgeteilt wird. Das Risiko ist beträchtlich, dass anstelle klarer Verantwortung ein unfruchtbares Schwarz-Peter-Spiel tritt. So z. B. bei der Evakuierung der Passagiere von blockierten Eurostar-Zügen im Kanaltunnel zwischen dem Zugs- und dem Tunnelbetreiber. Die Kompetenzkonflikte kosteten bis zu 13 Stunden Wartezeit.

Ad 3 *Balance zentral/dezentral*

Anfang der 1980er-Jahre hatte ich die einmalige Gelegenheit, zu einem der markantesten Manager in die Schule zu gehen. Pierre Arnold, Chef der Migros, betreute mich ein halbes Jahr lang persönlich und liess mich an all seinen Tätigkeiten teilhaben. Migros war damals ein Verbund von 13 regionalen Genossenschaften. Die Genossenschaften waren stolz auf ihre Selbstständigkeit, die beispielsweise dazu führte, dass sie eigene IT-Systeme aufbauten und sich im Einkauf auf den gleichen Märkten untereinander konkurrenzierten. Die Genossenschaften bestimmten, welche Aufgaben sie an eine Zentrale, den Genossenschaftsbund, delegieren wollten. Das führte zur organisatorischen Kuriosität einer umgekehrten Pyramide. Die intensive Konkurrenz unter den Genossenschaften erzeugte eine grosse Dynamik.

Zentralisierung versus Dezentralisierung ist eine der ältesten und umstrittensten organisatorischen Fragen, nicht nur in der Wirtschaft, sondern auch in der Politik. Man kann vom eigentlichen organisatorischen Grunddilemma sprechen, und deshalb schwingt bei keinem andern organisatorischen Thema das Pendel so markant hin und her. Das Beispiel der Migros illustriert den Widerspruch.

Eine weitgehende Dezentralisierung der Verantwortung führt zu Marktnähe und erzeugt grosse Dynamik. Auch Peter Drucker empfiehlt deshalb: «Make the maximum use of the federal principle.»[34] Deshalb machte er bereits 1946 den Vorschlag, den Monolith General Motors in dezentrale Einheiten aufzubrechen. Anderseits verursacht eine Dezentralisierung Doppelspurigkeiten, was den einheitlichen Auftritt einer Unternehmung aufbrechen kann. Das führt möglicherweise zur Verwirrung der Kunden verschiedener Bereiche der gleichen Unternehmung. Ein weiterer unerwünschter Nebeneffekt der forcierten Dezentralisierung ist das «Silodenken», das die Ziele der dezentralen Einheit über jene der Gesamtunternehmung stellt.

Zentralisierung ermöglicht die Bündelung von Ressourcen und erhöht damit die Effizienz. Der Preis dafür sind oft bürokratische Abläufe, Schwerfälligkeit und ein Verlust an Dynamik.

Frankreich ist seit je ein ausgesprochen zentral regiertes Land. Präsident Mitterand gab in den 1980er-Jahren Gegensteuer und realisierte ein Projekt zur Dezentralisierung. Präsident Sarkozy präsentiert nun die Rechnung: eine Million zusätzlicher Beamter. Viele Unternehmungen führten in der Vergangenheit Holdingstrukturen ein und hielten die einzelnen Unternehmungen an der langen Leine. Das bewirkte Doppelspurigkeiten und konnte zur Aufweichung des Brands einer Unternehmung führen.

Das Pendel ist mittlerweile wieder auf die andere Seite geschwungen. Coop Schweiz hat, im Gegensatz zur Migros, seine regionalen Genossenschaften aufgehoben. Bei den Banken heisst es wieder One Bank. Die Swisscom hat ihre Teilmarken Swisscom Fixnet, Swisscom Mobile und Swisscom Solutions wieder zusammengelegt und zugleich ein neues zentrales Logo eingeführt. Die Deutsche Bahn hat massiv zentralisiert. Roche zentralisiert die IT-Dienste und die Kommunikation. Die UBS hat zwar immer das One-Bank-Ideal betont, effektiv hat aber jede ihrer drei Einheiten ihren eigenen Finanzchef samt Stab sowie teilweise eigene Informatiklösungen gehabt. Das soll nun wieder rückgängig gemacht werden. Der Abbau von Doppelspurigkeiten führt offensichtlich zu erheblichen Effizienzgewinnen. Es scheint, dass Boomzeiten eher die Dezentralisierung begünstigen und wirtschaftlicher Druck zu mehr Zentralisierung führt.

Das Wissen um dieses organisatorische Grunddilemma muss zu einer bedachten Optimierung führen, und deshalb ist Balance das wichtige Wort bei diesem Punkt der Checkliste. Ohne eine weitgehende Delegation von Verantwortung sind grosse Unternehmungen nicht zu führen. Allerdings braucht es dazu einen klaren Rahmen mit Regeln und Vorgaben. Der Informationsfluss muss jederzeit gesichert sein. Heikle Entscheide sind abzusprechen, auch wenn die Kompetenz dezentral geregelt ist.

Eine solch eingegrenzte Autonomie kann wahrgenommen werden, ohne dass dafür sämtliche Ressourcen wie Personal, Finanzen, IT, Recht und Kommunikation dezentralisiert werden. Die fachliche Führung dieser Funktionen muss zwingend zentral wahrgenommen werden. Die dezentralen Einheiten andererseits benötigen in diesen Bereichen ebenfalls Fachkompetenz. Wichtig ist, dass die fachliche Führung in all diesen Bereichen in einem stimmigen Führungsrhythmus (s. Kapitel 7) institutionalisiert wird.

Ad 4 *Transparenz = Verständlichkeit*

«Spargel, nicht Spaghetti», hat ein ehemaliger Philips-Chef einmal mit einem prägnanten Bild gesagt. Mit «Spaghetti» meint er eine verschachtelte, komplexe Organisation, mit «Spargel» eine übersichtliche Spartenorganisation. Der Vergleich der beiden folgenden Organigramme zeigt den Unterschied:

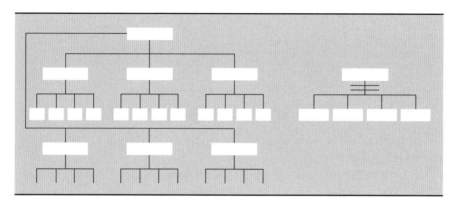

Abbildung 2: «Spaghetti» und «Spargel»

Das «Spaghetti»-Muster links in der Abbildung 2 entspricht der alten Organisation der SBB (stark vereinfacht). Das Bild rechts zeigt die viel einfachere und transparente Makroorganisation seit 1999.

Der grösste Feind der Transparenz und eine Quelle permanenter organisatorischer Probleme ist die *Matrixorganisation*. Deren Doppelunterstellungen führen zu Unklarheiten in der Ausübung von Verantwortung. Es gibt allerdings Fälle, in denen eine Matrix nicht vermieden werden kann. Das ist insbesondere bei der Kombination von Geschäftsbereichen mit regionalen Strukturen der Fall.

Viele breit aufgestellte Firmen wie Siemens führen über die Geschäftsbereiche und Ländergesellschaften. Dabei besteht die Gefahr, dass die Chefs der Ländergesellschaften am «Johann Ohneland»-Syndrom leiden wie seinerzeit die SBB-Kreisdirektoren. In der Tat verlieren die Ländergesellschaften und mit ihnen ihre Chefs tendenziell an Bedeutung.

Im Zuge der permanenten Fusionen, Auslagerungen, Beteiligungen und Firmenzukäufen nimmt in vielen Firmen die Intransparenz und Komplexität zu. Das Ergebnis sind verschachtelte Holdingstrukturen – also «Spaghetti in extremis» – mit unübersichtlichen internen Beziehungen. Der Insolvenzverwalter der deutschen Arcandor (mit Quelle und Karstadt) beklagte, dass es angesichts der extremen Verschachtelung des Konzerns Wochen gebraucht habe, um den Durchblick zu bekommen.[35] Auch beim Fall der Swissair spielte die unübersichtliche Holdingstruktur eine unrühmliche Rolle.

Ad 5   *Organisation der Innovation*
«The only way an institution ... can maintain *continuity* is building systematic, organized innovation into its very structure.»[36]

Dabei kommt es auf die Natur eines Geschäftes an. Es gibt Unternehmen, namentlich im Dienstleistungsbereich, die sind primär perfektionsgetrieben, und die Innovation spielt keine primäre Rolle. Allerdings bringt das Web gerade in diesem Bereich ebenfalls eine Fülle von innovativen Möglichkeiten. Andere Geschäfte sind von ihrer Natur her primär innovationsgetrieben, und dieser Umstand muss seine Abbildung im Organigramm finden. Sonova, die Nummer 1 im Hörgerätemarkt, erzielt 86 Prozent der Einnahmen mit weniger als zwei Jahre alten Produkten. Das zeigt drastisch, welches Gewicht die Innovation in vielen Branchen hat, aber auch wie hoch das Tempo der Innovationsprozesse ist.

Der Weg zur Innovation läuft über Projekte (s. Kapitel 4). Innovation ist organisatorisch vom laufenden Geschäft zu trennen.

Ad 6   *Genügend grosse Kontrollspanne*
Die Dimensionierung der Kontrollspanne ist eine der viel diskutierten organisatorischen Fragestellungen. Die Antwort hängt vom Kontext ab. Bei repetitiven, ausführenden Tätigkeiten sind sehr grosse Kontrollspannen möglich. So betreut ein Chef Zugspersonal bei den SBB beispielsweise über 60 Mitarbeitende. Grundsätzlich sollte man mit der Grösse einer Kontrollspanne ans Maximum des Vertretbaren gehen, aus dem ganz einfachen Grund, eine zu tiefe Organisation zu vermeiden. Es ist mathematisch einleuchtend, dass flach wesentlich weniger schwerfällig ist als tief, weil die Informationswege kürzer sind. «Die Regel lautet: Geringstmögliche Zahl von Ebenen und kürzestmögliche Wege!»[37] Nach meiner Erfahrung ist eine Kontrollspanne von plus/minus 10 auch in komplexen Situationen zu meistern.

Man begegnet immer wieder dem Unsinn sehr kleiner Kontrollspannen. Was macht ein Chef mit drei Unterstellten? Er wird sich unweigerlich ins Geschäft seiner Mitarbeitenden einmischen. Wenn eine Verantwortung in drei Subbereiche unterteilt ist, so muss man einen der drei Bereichsleiter in Personalunion zum Chef machen.

Ad 7   *K(l)eine Stäbe*
Jürgen Dormann äussert sich zum Thema Stäbe folgendermassen: «Zudem hatte ich gelernt, dass man selber führen muss und dies nicht an eine Stabsabteilung delegieren kann. Ich habe später keine Stabsabteilung gehabt, auch hier bei ABB nicht.»[38]

Es gibt auch notwendige Stäbe. Trotzdem: Ein Stab ist grundsätzlich ein Kostenträger und oft auch ein Geschäfteverlangsamer. Deshalb muss man den Nutzen seines Outputs, seine Dimensionierung und auch seine Existenz immer wieder kritisch hinterfragen. Wie wir oben gesehen haben, kann die Existenz eines Stabes mit Koordinationsaufgaben auch ein Hinweis auf Organisationsmängel sein.

Ad 8   *Overhead immer wieder hinterfragen*
Es gibt viele Namen für das Phänomen: Bürokratie, Verwaltung, Administration, Overhead, Gemeinkosten, Strukturkosten ... In den 1980er-Jahren wurden die Gemeinkosten-Wertanalysen (GWA) Mode, und seither folgen sich ähnliche Übungen mit immer wieder wechselnden Namen.

Das Phänomen, für das es so viele Begriffe gibt, hat eine inhärente Tendenz zum Wuchern. Das ist einfach erklärbar: Es kommen immer neue Aufgaben dazu, ohne dass man die alten systematisch entsorgt, wo dies möglich wäre. Die dadurch bewirkten Kosten wiegen schwer und müssen letztlich von den ergebnisproduzierenden Einheiten getragen werden.

Deshalb ist eine erste, milde Massnahme zu empfehlen. Anfang Jahr sollte jeder Bereich eine systematische «Papierkorbübung» durchführen und Ballast abstossen. Dazu meint Peter Drucker: «If leaders are unable to slough off yesterday, they simply will not be able to create tomorrow. Without systematic and purposeful abandonment, an organization will be overtaken by events.»[39]

Sobald der Overhead eine gewisse Dimension angenommen hat, muss man alle drei bis spätestens fünf Jahre eine systematische Überprüfung durchführen. Es ist nützlich, dafür einen ausgewiesenen Berater beizuziehen. Dabei geht es in etwa immer um das Gleiche: Man muss jede einzelne Stelle durchchecken, den Output bestimmen und ihn zusammen mit dem Empfänger des Outputs bewerten.

Ich habe die Erfahrung gemacht, dass sich die Kosten mit einer solchen Übung etwa um 20 Prozent reduzieren lassen. Einmal habe ich den betroffenen Bereichen die Wahl gelassen, mit einem externen Berater vorzugehen oder die Übung mit demselben Ziel selber durchzuziehen. Sie haben sich für die Selbstständigkeit entschieden und das Ziel erreicht.

Neben den signifikanten Kostensenkungen wirkt sich eine solche Aktion auch auf die Befindlichkeit der Mitarbeitenden der ergebnisproduzierenden Einheiten positiv aus.

Ad 9 *Sorgfältige Reorganisation*

Es ist eine Tatsache, dass erstens viel zu viel und zweitens viel zu schlecht reorganisiert wird. Auch Malik warnt vor «Organisitis».[40]

«Zu den grössten Motivationskillern gehören ständige Reorganisationen, besonders wenn der Umbau den vorherigen rückgängig macht... Jetzt ist die CS organisatorisch wieder etwa so aufgestellt wie vor zehn Jahren.»[41] «Innerhalb der letzten 12 Jahre wurde die (deutsche) Telekom 18-mal umstrukturiert.»[42]

Es gibt sogar eine eigentliche Reorganisationsmanie. Die hängt mit dem Selbstverständnis einer gewissen Kategorie Manager zusammen. Die haben Change wie die Muttermilch aufgesogen und setzen Change unreflektiert mit Reorganisation gleich.

Jede Reorganisation hat zunächst nur negative Auswirkungen. Anstatt sich um ihre Kunden und das Geschäft zu kümmern, sind die Mitarbeitenden mit sich selbst beschäftigt und dazu noch schwer verunsichert. Deshalb darf man nur reorganisieren, wenn es dafür zwingende Gründe gibt, welche die mit der Reorganisation verbundenen Reibungsverluste markant kompensieren. Zwingende Gründe für eine Reorganisation sind ein Strategiewechsel, eine sinnvollere Definition von Verantwortung oder eine markante Effizienzsteigerung (z. B. die Elimination einer Führungsstufe).

Diese Gründe sind die Basis für die interne Kommunikation über die Reorganisation. Diese Kommunikation ist bei jeder Reorganisation von grosser Bedeutung (s. Kapitel 9).

Wenn wirklich reorganisiert wird, sind zwei Faktoren entscheidend: Sorgfalt und Geschwindigkeit, was unglücklicherweise zwei gegenläufige Ziele sind. Zwischen den beiden Anforderungen muss ein sinnvoller Mittelweg gefunden werden.

Das Kerngeschäft des Managers: Entscheiden

Im Sommer 2004 fragte mich erstmals ein Journalist, ob nicht der Moment für den Rücktritt gekommen sei. In wenigen Monaten, am 12. Dezember 2004, sollte – nach gut 20 Jahren Arbeit – das Konzept Bahn 2000 auf einen Schlag umgesetzt werden. Der Journalist meinte, dann hätte ich ja den Höhepunkt meiner Karriere erreicht und man müsse doch auf dem Höhepunkt zurücktreten. Ich war völlig überrascht von der Frage, ich hatte bis anhin keinen Gedanken an dieses Thema verschwendet. Aber wie es so ist mit den Medien, von nun an wiederholte jeder Medienschaffende diese Frage. Das führte dazu, dass ich mich ein gutes Jahr später ernsthaft mit der Entscheidung über einen allfälligen Rücktritt auseinandersetzte. Zusammen mit meiner Gattin listete ich die Pros und Kontras auf einem Blatt auf. Die Liste der Gründe, die dafür sprachen, war um zwei Punkte länger: Ich würde bei meinem Rücktritt 14 Jahre lang SBB-Chef gewesen sein. Das ist für eine derartige Funktion sehr lange, und ich hatte das Gefühl, der Zeitpunkt für eine Änderung sei für die SBB wie für mich gekommen. Und zweitens würde ich nach meinem Abgang von den SBB noch jung genug sein, um etwas Neues anzufangen. So kam ich aufgrund eines rationalen Verfahrens zu einem eindeutigen Entscheid.

DER AUSGANGSPUNKT: DAS PROBLEM

1

Nicht nur im Management, auch im täglichen Leben sind wir unablässig mit Entscheiden konfrontiert. «Hirnforscher schätzen, dass wir täglich 100 000 Entscheidungen fällen – glücklicherweise nur 100 davon bewusst.»[43]

Ein Entscheid ist ein Wahlakt, der ein Handeln auslöst oder nicht auslöst. Den Prozess, der zu dieser Wahl führt, nennen wir den rationalen Entscheidungsprozess. Ein rationaler Entscheid ist überlegt, in einer bestimmten Weise begründet und das Endglied eines systematischen Prozesses des Suchens und Überlegens. Auch dieser kann von subjektiven Präferenzen, Wertvorstellungen und Erfahrungen beeinflusst werden.

Am Anfang eines Entscheidungsprozesses steht das Problem. Das Problem liegt in einer Differenz zwischen einem angestrebten Zustand (Soll) und der Realität (Ist). Oft handelt es sich einfach um eine unbefriedigende Situation oder ein möglicherweise noch diffuses Unbehagen. Die Problemfelder, die einen rationalen Entscheidungsprozess auslösen, lassen sich verschieden typisieren. Mein Betriebswirtschaftslehrer an der Universität Bern, Walter Müller, unterteilte sie in zwei Kategorien:

- **Well-defined-Probleme**
Die Entscheidungssituation ist klar strukturiert, Ziele und Handlungsmöglichkeiten sind offensichtlich. Das kann auch in komplexen Situationen der Fall sein, z. B. beim Problem der finanziell gefährdeten Pensionskassen, wo alle Entscheidungsparameter klar gegeben sind.

- **Ill-defined-Probleme**
Es gibt offensichtlich ein Problem, die Wirkungszusammenhänge sind aber nicht klar, es bestehen Wechselwirkungen und Rückkoppelungen. Typische Ill-defined-Probleme sind die Probleme im Gesundheitswesen, das Problem der Gewalt bei Sportveranstaltungen oder die weltweit zunehmenden Amokläufe.

Diese Unterscheidung ist elementar. Auch im unternehmerischen Alltag wird man immer wieder mit Ill-defined-Problemen konfrontiert. In einem solchen Fall geht es in einem ersten Schritt darum, das Problem in einen Well-defined-Status zu transferieren. Dazu braucht es eine umfassende Analyse und die Fähigkeit zur Pattern Recognition, von der in diesem Buch immer wieder die Rede ist.

In der Theorie über den rationalen Entscheid werden die Probleme insbesondere aufgrund der Informationslage in Entscheide unter *Unsicherheit* (es bestehen Vorstellungen über eine Wahrscheinlichkeitsverteilung) und unter *Ungewissheit* (keine Wahrscheinlichkeiten bekannt) eingeteilt.

Der rationale Entscheidungsprozess

Die präskriptive Entscheidungstheorie ist eine traditionsreiche und breit abgestützte Disziplin der Betriebswirtschaftslehre. Breiten Raum nimmt die Unterteilung des rationalen Entscheidungsprozesses in seine einzelnen Schritte ein. In der hier dargestellten Checkliste beschränken wir uns auf vier Verfahrensschritte.

Checkliste Entscheiden
1. Lageanalyse
2. Aktionsparameter definieren
3. Aktionsparameter bewerten
4. Entscheiden

Ad 1 *Lageanalyse*

Tatsächlich ist die Qualität der Lageanalyse der Schlüssel für den gesamten Entscheidungsprozess. Es ist wie beim Arzt: Ohne gute Diagnose gibt es keine zielführende Therapie. «Until problem definition explains all observable facts, the definition is either still incomplete or, more likely, the wrong definition. But once the problem is correctly defined, the decision itself is usually pretty easy.»[44]

Eine umfassende Lageanalyse führt zu folgenden Resultaten:

- Das Problem ist «well defined»
- Das oder die Ziele sind definiert

In vielen Schemas für die rationale Entscheidung steht die Formulierung eines oder mehrerer Ziele am Anfang des Prozesses. Oft wird der Vorgang aber von einem diffusen Unbehagen ausgelöst. Es macht daher Sinn, das oder die Ziele im Rahmen der Lageanalyse zu präzisieren.

- Die Muster, die «Pattern», sind erkannt, und damit sind die wesentlichen Hebel (die Aktionsparameter) definiert

«Wenn wir ... statt Einzeldaten *Kombinationen von Daten = Muster (‹Pattern›)* suchen, kommen wir plötzlich mit viel weniger Informationen aus ... Gute Entscheidungsmodelle funktionieren wie gelungene *Karikaturen*, sie reduzieren die komplexe Wirklichkeit auf prägnante Aussagen. Wer zu viel weiss, kann nicht richtig entscheiden.»[45]

Der zitierte Autor Werner Munter ist der weltweit wohl anerkannteste Lawinenspezialist. Das Beispiel der Lawine eignet sich hervorragend, um die Lageanalyse in einer komplexen Situation zu illustrieren. Französische Forscher versuchten in jahrelanger Arbeit an einem Schneehang die physikalischen Gesetzmässigkeiten, die zur Auslösung einer Lawine führen, zu enträtseln – ohne Erfolg. Selbst bei dieser übersichtlichen Versuchsanordnung sind ganz einfach zu viele Faktoren (z.B. die fast unendlichen Möglichkeiten der Schneebeschaffenheit) im Spiel. Munter hat deshalb aufgrund von Unfallanalysen die These aufgestellt, dass die Kombination von Gefahrenstufe, Hangneigung und Hangexposition die konkrete Gefahrensituation ausreichend erklärt.

Über das Thema Entscheiden wird nicht nur in der Betriebswirtschaftslehre, sondern auch in der Psychologie, Neurochemie und Neuroanatomie geforscht, hier allerdings mit einem deskriptiven Ansatz. Ein zentrales Thema ist dabei die Intuition. Der Psychologe Gary Klein versteht unter Intuition «die Fähigkeit, Muster zu erkennen».[46]

Der Jurist und Schriftsteller Bernhard Schlink hat das literarisch verarbeitet: «Muster, davon reden wir doch. Mit den Jahren speichern sich im Kopf nicht nur Muster von vergangenen Fällen und Lösungen, sondern fügen sich die Elemente, aus denen die Muster gewirkt sind, von selbst zu weiteren Mustern zusammen. Sie erkennt man beim Déjà-vu wieder. ... Napoleon soll am Morgen vor Austerlitz ein Déjà-vu gehabt haben ... Er hatte im Kopf nicht nur die Schlachten, die er gekannt und geschlagen hat, sondern auch alle, die ihm bei irgendeiner Gelegenheit durch den Kopf gegangen sind, lauter Muster aus den Elementen Soldaten, Infanterie und Kavallerie, Kanonen, Gelände, Stellung. Eines dieser Muster war das Muster von Austerlitz.»[47]

Ein illustratives Beispiel, wie in einer komplexen Situation mit einer Unmenge von Daten ein Muster herausgefiltert werden konnte, ist die Strompanne der SBB vom 22. Juni 2005. Dieser Fall wird in Kapitel 5 unter einem andern Aspekt geschildert.

Die entscheidende Frage bei jeder Lageanalyse ist «warum?».

Für ihre Beantwortung steht je nach Problemsituation eine ganze Reihe von Vorgehenstechniken zur Verfügung.

a) Deskription

Diese Methode kommt in der Regel bei plötzlichen Krisen (s. Kapitel 5) zum Zug. Sie wurde auch im Falle der Strompanne der SBB angewandt. Dabei gilt es, sämtliche relevanten Fakten zusammenzutragen, Wirkungsketten und Ursachen zu erkennen und daraus ein Muster abzuleiten. Im Sommer 2008 wurde das Eidgenössische Departement für Verteidigung, Bevölkerungsschutz und Sport durch eine Affäre um den neu gewählten Armeechef erschüttert. Die Verantwortlichen bemerkten lange nicht, dass sie in eine veritable Krise geschlittert waren, und unterliessen es, alle relevanten Fakten zu eruieren. Sie waren damit gegenüber den Medien, die eine weit bessere Übersicht über die Faktenlage hatten, in einer hoffnungslos defensiven Lage.

Am 29. Juni 1994 entgleisten mitten in Lausanne einige mit hochgiftigem Epichlorhydrin geladene Wagen eines Güterzuges, worauf die Innenstadt evakuiert werden musste (s. Kapitel 4). Der Vorfall hat sich im Einzelnen wie folgt abgespielt: Ein sogenannter bunter Güterzug (will heissen heterogen zusammengestellt, in der Mitte mit unbeladenen zweiachsigen Güterwagen) fuhr mit tiefer Geschwindigkeit über den kurvenreichen Weichenparcours in den Bahnhof Lausanne ein. Der Bremsvorgang erzeugte einen «Harmonikaeffekt», und die leichten, zweiachsigen Wagen wurden angehoben. Der Zug hielt am Perron, weil der Lokomotivführer wechselte. Weder der alte noch der neue Lokomotivführer bemerkten die entgleisten Wagen. Bei der Anfahrt kippten die mittleren Wagen um, rissen die mit den gefährlichen Gütern beladenen Wagen mit, die dann durch die Fahrleitungsmasten beschädigt wurden.

Es ist immer wieder erstaunlich, dass diese so naheliegende Methode der Deskription in vielen Fällen sträflich vernachlässigt wird. Das kann verheerende Folgen haben. Ein anschauliches Beispiel dafür ist die Kunduz-Affäre der Deutschen Bundeswehr, wo noch Monate nach dem Vorfall über die tatsächlichen Abläufe debattiert wird.

b) Analyse von Dokumenten und Finanzzahlen

Bei vielen Problemen ist dies der erste Schritt einer Lageanalyse. Im Zentrum stehen oft Finanzzahlen, aber auch Vorakten, gesetzliche Rahmenbedingungen und vieles mehr können relevant sein.

c) Statistische Analyse

Warum sind die Züge der Cisalpino derart anfällig für Pannen? Diese Frage kann nur aufgrund einer detaillierten Statistik aller Vorfälle beantwortet werden. Wenn sich in dieser Statistik herausstellt, dass viele Pannen durch Probleme bei der Neigetechnik bedingt sind, so gilt es diese im Detail zu analysieren. Wenn sich zeigt, dass deren Hauptursache im Unterhalt liegt, folgt die Detailanalyse dieses Faktors. Am Schluss der Analysekette stehen die zentralen Ursachen, die gleichzeitig die Hebel für eine Veränderung der Situation sind.

Möglicherweise stellt sich in einer spezifischen Situation die Frage, ob zusätzliche Information eingeholt werden soll. Das erfordert Zeit und Geld. Mit der Optimierung dieses Prozesses befasst sich eine Spezialdisziplin der Entscheidungstheorie, allerdings auf einer sehr hohen und eher praxisfernen Ebene.[48]

d) Mindmapping

Dieses Verfahren, das heute durch gute Software unterstützt wird, eignet sich besonders für die Analyse von Ill-defined-Problemen.

Vor gut zehn Jahren kamen wir bei den SBB zum Schluss, dass die Zunahme von Vandalismus und Gewalt in den Zügen und Bahnhöfen eine Dimension angenommen hatte, die nicht mehr tatenlos hingenommen werden konnte. Ich zeichnete (damals noch von Hand) folgende Mindmap.

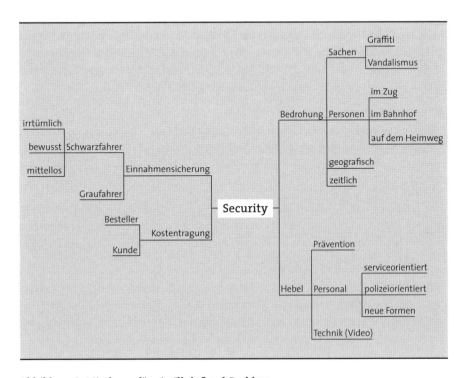

Abbildung 3: Mindmap für ein Ill-defined-Problem.

e) Audit
Audits sind vor allem im Falle von Qualitätsproblemen eine effiziente Methode der Lageanalyse. Bei einem Audit werden Prozesse von externen, speziell geschulten Auditoren nach Schwachstellen überprüft. Werden solche entdeckt, so sind die Hebel für mögliche Verbesserungen gegeben.

f) Brainstorming
Es kann sinnvoll sein, in einer unübersichtlichen Situation Fachleute verschiedener Bereiche beizuziehen. Es empfiehlt sich, dieses Verfahren mit dem Einsatz von Mindmaps zu kombinieren.

g) Hearing
Als Verwaltungsrat der Französischen Staatsbahn SNCF wurde ich beauftragt, eine Arbeitsgruppe «Güterverkehr» zu präsidieren. In einem engen Zeitrahmen sollten Stand und Probleme analysiert und Massnahmen vorgeschlagen werden. Für die Lageanalyse führten wir eine ganze Reihe von Hearings durch, mit Kundenorganisationen, einzelnen Kunden und Schlüsselpersonen aus dem Betrieb der SNCF.

h) Analogie
Schon Konfuzius sah im Nachahmen die einfachste Art des Lernens. Deshalb lohnt es sich in einer spezifischen Problemsituation, nach möglichen Analogien zu suchen.

Die Schweizerische Radio- und Fernsehgesellschaft SRG hatte mir den Auftrag erteilt, Vorschläge für einer effizientere Corporate Governance zu entwickeln. Bei der Lageanalyse stellte ich fest, dass die SRG eine ähnliche Struktur aufweist wie die Migros und früher auch die Coop. Ich wusste, dass die Coop ihre Organisation fundamental angepasst hatte, und besorgte mir die entsprechenden Unterlagen. Tatsächlich liessen sich daraus direkt Vorschläge für die SRG ableiten.

i) Benchmarking
Der Kennzahlenvergleich mit andern Organisationen kann Probleme und Ursachen aufdecken, scheitert aber oft an der mangelnden Vergleichbarkeit.

Ad 2 *Aktionsparameter definieren*

Eine gute Lageanalyse ergibt ein Muster von Kausalbeziehungen und Wechselwirkungen und definiert damit implizit die Hebel zur Veränderung. Diese Hebel werden in der Entscheidungstheorie auch Handlungsmöglichkeiten, Aktionsparameter, Alternativen oder Varianten genannt.

Beim oben beschriebenen Unfall in Lausanne liessen sich die Aktionsparameter direkt aus der Deskription ableiten: Leitungsweg ohne Gleiswechsel, Konfiguration der Weichen, die heterogene Zusammenstellung des Güterzuges, der Bremsvorgang, der Wechsel des Lokomotivführers, Detektion von entgleisten Wagen.

Die konkrete Ausgestaltung dieser Hebel ist oft ein Akt der Kreativität und Imagination.

Bei der Erarbeitung eines Aktionsprogramms für die Eindämmung der zunehmenden Aggressionen gegen Personen und Sachen in Bahnhöfen und Zügen suchten wir nach einer Möglichkeit, nicht nur «polizeinahes» Personal einzusetzen. Per Zufall kamen wir mit dem Konzept «Grand Frères» in Kontakt. Ein Sozialarbeiter in der Westschweiz arbeitete unter diesem Namen erfolgreich mit arbeitslosen Jugendlichen. Der Einsatz der «Grand Frères» in den Zügen brachte tatsächlich auf ausgesprochenen Problemstrecken eine Beruhigung.

Der Fächer der Aktionsparameter sollte so kreativ und so breit wie möglich definiert werden. Man muss verhindern, dass in dieser Phase des Entscheidungsprozesses bereits eine Vorselektion vorgenommen wird.

In Extremsituationen kann die Lageanalyse auf einen Sekundenbruchteil zusammenschrumpfen und zu einem intuitiv entwickelten Ergebnis führen: existenzielle Bedrohung. Als Flugkapitän Chesley Sullenberger am 15. Januar 2009 feststellte, dass sein Airbus 320 bereits kurz nach dem Start schwer beschädigt war, befasste er sich umgehend mit den Handlungsmöglichkeiten. Es gab nur drei: zurück zum Flughafen La Guardia, Landung auf dem nahen Flughafen Teterboro oder Notwasserung auf dem Hudson.

Ad 3 *Aktionsparameter bewerten*

In der Theorie ist der Vorgang klar: Es gilt, die Konsequenzen der Aktionsparameter zu ermitteln und anhand der von den Zielen abgeleiteten Kriterien (Entscheidungskriterien) zu bewerten. Am Schluss erstellt man eine Rangliste und wählt die beste Variante.

In der Praxis sind die Konsequenzen oft schwer zu prognostizieren und mit Unsicherheiten behaftet. Deshalb wird eine ganze Reihe von pragmatischen Verfahren angewandt, die aber oft zu erstaunlich eindeutigen Ergebnissen führen.

a) Eliminationsverfahren

In vielen Fällen führt die Anwendung des Kriteriums Machbarkeit zu einer Elimination von Varianten. Chesley Sullenberger hatte die Varianten Abflughafen und Ausweichflughafen innert Sekunden verworfen, weil die Distanz für das havarierte Flugzeug zu gross war, und es blieb als einzige Möglichkeit die Landung auf dem Hudson. Anschliessend musste er den Entscheid über den optimalen Wasserungsort treffen. Er entschied sich für einen Ort, in dessen naher Umgebung viele Boote vertäut waren. 208 Sekunden nach dem Ausfall der Triebwerke lag das Flugzeug auf dem Fluss.

Nach dem Unfall in Lausanne prüften wir alle Möglichkeiten auf ihre Machbarkeit. Den Verzicht auf einen Gleiswechsel für einfahrende Güterzüge verwarfen wir, weil er die Flexibilität im Betrieb zu stark einschränkte. Ein Auswechseln der Weichen kam aus Platzgründen nicht infrage. Ein systematischer Verzicht auf einen Lokomotivführer-Wechsel im Bahnhof könnte in ausserordentlichen Situationen unterlaufen werden. Für die Abklärung der Einführung strikter Reihungsvorschriften für

Güterwagen (leichte Wagen am Schluss) schickten wir Experten zu andern Bahnen in Europa und kamen aufgrund deren Erkenntnisse zum Schluss, dass das mit vernünftigen Mitteln nicht machbar war. Es verblieben zwei Aktionsparameter: die Bremsvorschriften und die Einführung von Entgleisungsdetektoren, die wir schliesslich auch umsetzten.

Das berühmteste Beispiel eines Eliminationsverfahrens stammt von Blaise Pascal und beantwortet die Frage, ob man an Gott glauben soll, aufgrund folgender Entscheidungstabelle.

	Gott existiert	Gott existiert nicht
Ich glaube	Himmel	–
Ich glaube nicht	Hölle	–

Es ist eindeutig, dass bei der Variante «Ich glaube nicht» das Risiko «In die Hölle fahren» besteht und daher die Variante «Ich glaube» bestimmt besser ist.

Das Eliminationsverfahren ist die in der Praxis wohl am häufigsten angewandte Entscheidungsmethode, wobei die Elimination oft aufgrund der nachstehend beschriebenen Gegenüberstellung von Vor- und Nachteilen vorgenommen wird.

- Gegenüberstellung der Vor- und Nachteile von Varianten mit einer summarischen Bewertung

Der Staatsmann und Erfinder Benjamin Franklin gab seinem Neffen in einer verzwickten Situation den folgenden Rat: «Wenn du zweifelst, notiere alle Gründe, pro und kontra, in zwei nebeneinanderliegenden Spalten auf einem Blatt Papier ... und wenn du alle Gleichwertigkeiten auf beiden Seiten gestrichen hast, kannst du sehen, wo noch ein Rest bleibt.»[49]

Der Personalentscheid ist einer der schwierigsten Entscheide im unternehmerischen Alltag. Dazu Peter Drucker: «People decisions are the ultimate – perhaps the only – control of an organization.»[50] Dieser Entscheid ist nicht nur ausserordentlich wichtig, sondern auch mit hoher Unsicherheit behaftet. Zu harten Fakten kommen intuitive, gefühlsmässige Bewertungen hinzu. In diesem Bereich empfiehlt sich das Eliminationsverfahren. Seine Qualität kann erhöht werden, wenn die Bewertung von verschiedenen Personen, die unabhängig voneinander urteilen, vorgenommen wird (s. Kapitel 7).

Nachdem die Fusion des Güterverkehrsgeschäftes mit der Italienischen Staatsbahn FS gescheitert war, kamen wir vonseiten der Operateure im kombinierten Verkehr unter Druck. Die Qualität im norditalienischen Verkehr war so schlecht, dass uns die Hupac AG vor die Wahl stellte: Entweder würde SBB Cargo in Norditalien aktiv, oder die Hupac würde dort selber als Bahn auftreten. Die Aktionsparameter waren klar: entweder eine eigene Bahn in Norditalien etablieren oder weiterhin auf die Zusammenarbeit mit der FS bauen. Die Konsequenzen der beiden Varianten waren ausgesprochen vielfältig und sowohl quantitativer als auch qualitativer Natur. Aufgrund einer Gegenüberstellung der Vor- und Nachteile kamen wir zum eindeutigen Schluss, dass der Schritt zur eigenen Bahntochter in Norditalien gemacht werden müsse.

b) Zweistufiges Verfahren: qualitative Präselektion und monetäre Bewertung

Dieses Verfahren spielt insbesondere bei der Vergabe von Aufträgen und Beschaffungen eine Rolle. Die qualitativen Kriterien werden als Rahmenbedingungen formuliert. Nur Varianten, die diese Bedingungen erfüllen, kommen auf eine Shortlist. Der finale Entscheid wird ausschliesslich aufgrund eines monetären Kriteriums (Kosten, Lifecycle-Kosten, Barwert [Net Present Value, NPV]) getroffen.

Oft werden in solchen Fällen sogenannte Nutzwertverfahren oder -analysen angewandt. Die Konsequenzen der Varianten werden anhand mehrerer Entscheidungskriterien teils quantitativ, teils qualitativ gemessen. Die einzelnen Kriterien werden allenfalls unterschiedlich gewichtet. Die Bewertung erfolgt anhand von Punkten. Gewählt wird die Variante mit der höchsten Gesamtpunktezahl. Dadurch wird eine mathematische Scheingenauigkeit erzeugt, die der näheren Betrachtung nicht standhält. Bereits minimale Verschiebungen in der Gewichtung können eine Rangliste auf den Kopf stellen. Der grösste Unfug ist die Vermischung von qualitativen und quantitativen Kriterien. Von einer Anwendung des Nutzwertverfahrens ist daher abzuraten.

c) Monetäre Bewertung

Bei der monetären Bewertung werden die Varianten anhand von Erträgen und/oder Kosten, oft in Form von Barwerten (NPV) bewertet. Wie beim Nutzwertverfahren muss man sich auch hier vor einer Pseudogenauigkeit hüten. Kosten, Erträge und die zeitliche Dimension unterliegen in der Regel einem erheblichen Risiko. In solchen Fällen ist das nachstehend erläuterte parametrierte Verfahren anzuwenden.

Als wir bei den SBB das Immobiliengeschäft forciert zu entwickeln begannen, stellte sich die Frage nach der optimalen Form der Entwicklung von Grundstücken ausserhalb der Bahnhöfe. Es waren vier Alternativen zu bewerten: Verkauf, Entwicklung des Grundstücks und anschliessend Verkauf, Einbringen als Sacheinlage in eine Immobiliengesellschaft, selber investieren und im Portefeuille behalten. Für die Entscheidung wurde eine Cashlimite als Rahmenbedingung festgesetzt. Die Bewertung erfolgte anhand der Net Present Values, die in diesem Falle mit relativ hoher Sicherheit bestimmt werden konnten.

Wenn die gerechneten Werte von Faktoren mit hoher Unsicherheit abhängen, empfiehlt sich, das Entscheidungsmodell zu parametrisieren. Die kritischen Faktoren (z.B. Erdölpreis, Entwicklung von CO_2-Zertifikaten, Investitionskosten) werden variiert, und zwar nicht nur einzeln, sondern auch in Kombination. Daraus lassen sich Best Case, Base Case und Worst Case ableiten. Die Wahl der Variante hängt vom Worst

Case ab: Wie wahrscheinlich ist er? Sind seine Folgen tragbar? Dieses Verfahren heisst auch Sensitivitätsanalyse.

d) Vergleich von Grenznutzen und Grenzkosten

Dieses Verfahren bietet sich zum Beispiel bei grossen Infrastrukturvorhaben an. Die Investitionssumme, die Realisierungs- und die Nutzungsdauer sind in diesen Fällen so hoch, dass eine Bewertung anhand eines NPV problematisch ist. Ausserdem sind die Erträge sehr schwer abschätzbar. Oft sind auch kaum monetarisierbare volkswirtschaftliche Faktoren im Spiel. Die Grenzkosten sind relativ gut prognostizierbar, wenn auch mit einer erheblichen Schwankungsbreite. Der entsprechende Grenznutzen ist qualitativer Art.

Nehmen wir an, die Erstellung eines Bahnanschlusses des Flughafens Basel erfordert eine Investition von 300 Millionen Franken. Diesem Betrag muss die Summe der im Vergleich zum heutigen Busangebot generierten zusätzlichen Nutzen für die Kunden gegenübergestellt werden. Die entscheidende, politische Frage heisst dann: Ist es das wert?

Ad 4 *Entscheiden*

Am Schluss des Prozesses steht der bewusste Wahlakt – der Entscheid. Bei Entscheiden mit einer gewissen Tragweite sind der Prozess der Entscheidungsfindung und der Entscheid zu dokumentieren. «When you make an important decision, make sure to write down the expected prognosis.»[51]

Entscheiden ist das Kerngeschäft im Management. Viel wichtiger noch ist aber die Umsetzung von Entscheiden, und das ist eine Aufgabe der Führung (s. Kapitel 7) und der Kommunikation (s. Kapitel 9). Zum Führungsprozess gehört schliesslich auch das Monitoring der Umsetzung. «Compare results to your prognosis. Use what you learn in subsequent decision situations.»[52]

Fredmund Malik nennt eine Reihe von möglichen Missverständnissen und Irrtümern im Entscheidungsprozess: die Illusion, das Problem sei klar; die Illusion, eine schnelle Entscheidung sei effektiv; zu wenig Alternativen; Unterschätzung der Realisierung; Überschätzung des Konsenses; Überschätzung komplizierter Methoden.[53] Auch Peter Drucker warnt vor allzu schnellen Entscheiden: «Effective executives make effective decisions. They know that this is a system – the right steps in the right sequence. They know that make decisions fast is to make the wrong decision.»[54]

Die grössten Risiken bei einem Entscheid sind eine unzutreffende oder unvollständige Lageanalyse und eine unvollständige Erfassung der Konsequenzen der Handlungsmöglichkeiten.

Am Anfang der Ereigniskette, die schliesslich am 9. November 1989 zum Fall der Mauer geführt hat, stand ein banaler Entscheid. Das Problem war der Zustand des Grenzzauns an der Westgrenze in Ungarn. Die Anlage war in einem schlechten Zustand, und die meisten Alarme wurden durch Tiere ausgelöst. Die Wachmannschaften mussten wegen solcher Fehlalarme im Jahresdurchschnitt 4000-mal ausrücken. Der für eine Reparatur notwendige Draht hätte gegen knappe Devisen im Westen beschafft werden müssen, und für die elektrische Einrichtung stockte der Nachschub von Ersatzteilen aus der Sowjetunion. Es gab zwei Handlungsmöglichkeiten: sanieren oder demontieren. Das ungarische Politbüro stimmte dem Antrag auf Demontage zu. Darüber wurde auch der sowjetische Staats- und Parteichef Michail Gorbatschew orientiert, der keine Einwände hatte. Es ist offensichtlich, dass alle Beteiligten die Tragweite dieses Entscheides völlig verkannten, weil, wie man heute annehmen muss, die Schutzfunktion des Zauns unzureichend beurteilt wurde.

Die Wege zur Perfektion und Innovation

4

DER WEG ZUR PERFEKTION: DER REGELKREIS

Am 8. März 1994 begannen wir mit dem Abarbeiten der Traktanden unserer wöchentlichen Geschäftsleitungssitzung, als ein Mitarbeiter des Pressedienstes aufgeregt in den Sitzungsraum stürmte. Offenbar hatte sich in Zürich Affoltern ein Unfall mit einem Güterzug ereignet. Die ersten Informationen waren noch vage, bald aber stand das Wort «Explosion» im Raum, denn offenbar hatte der Zug Benzin geladen. Wir entschieden, sofort an die Unfallstelle zu fahren. Mit Polizeieskorte und Blaulicht rasten wir über die Autobahn. In der Region Zürich angekommen, wies uns eine grosse Rauchsäule den Weg. Mein erster Gedanke nach der Ankunft vor Ort war: So ist Krieg. Drei in Gleisnähe stehende Häuser waren regelrecht verglüht. 23 Menschen verloren ihr Heim.

Nur 13 Tage waren vergangen, als der Mann vom Pressedienst wieder aufgeregt in mein Büro kam: Unfall in Däniken. Und wieder das gleiche Szenario: Bruchstückhaft tropften die Informationen herein, und bald zeigte sich auch hier, dass es sich um einen schweren Unfall handelte. Wieder rasende Fahrt an den Unfallort und wieder ein Bild des Schreckens. Ein Baukran am Rande des Gleises hatte einen Personenzug aufgeschlitzt wie eine Sardinenbüchse. Neun Särge wurden aus dem zerstörten Zug getragen, 19 Menschen waren zum Teil schwer verletzt.

Nach gut drei Monaten wieder dasselbe Prozedere. Unfallort Lausanne: 14 Wagen eines Güterzuges mit insgesamt 50 Wagen, davon vier mit gefährlichen Gütern, entgleisten mitten im Bahnhof Lausanne. Zwei Wagen waren so stark beschädigt, dass grössere Mengen von höchst gefährlichem Epichlorhydrin entweichen konnten. Bei grosser Hitze kann Epichlorhydrin explodieren, und es war sehr heiss an diesem 29. Juni. Die Innenstadt musste evakuiert werden.

Wieder drei Monate später: Ein Rangierzug rammte auf einem bewachten Bahnübergang in Payerne einen Schulbus. Ein Kind starb, acht Kinder wurden verletzt.

Der Handlungsdruck war enorm, der Erklärungsbedarf auch. Die Medien begannen einen Zusammenhang zwischen Rationalisierungsmassnahmen und der allgemeinen Sicherheit des Betriebs zu konstruieren. Es war paradox. Nie habe ich eine derartige Ohnmacht verspürt, aber auch nie so viel über das komplexe Bahnsystem gelernt. Im Herbst stand ein Aktionsprogramm mit zwölf Massnahmenpaketen, jedes wieder in viele Einzelaktionen unterteilt. Für jedes Paket wurde ein Verantwortlicher bestimmt, die nächsten Schritte waren definiert, die Termine eng. Was so als Projekt gestartet wurde, konnte nach einiger Zeit in einen Regelkreis übergeführt werden.

Der Regelkreis wirkte. Erst 2003 ereignete sich im Bahnhof Zürich Oerlikon wieder ein schwererer Unfall.

Der Regelkreis ist die Basis des permanenten, strukturierten Lernens.

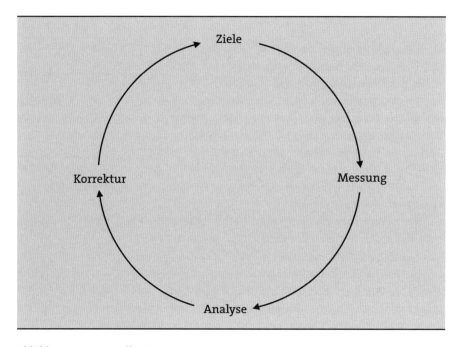

Abbildung 4: Der Regelkreis

Die folgende Checkliste ist eine Anleitung zum Bau effizienter Regelkreise.

Checkliste Regelkreis
1. Kontinuierliche Prozesse als Regelkreis ausgestalten
2. Anspruchsvolle Ziele setzen
3. Alle Dimensionen in die Messung einbeziehen
4. Tiefe und breite Analyse der Abweichungen
5. Entscheidend sind die Massnahmen
6. Reporting

Ad 1 *Kontinuierliche Prozesse als Regelkreis ausgestalten*
Es empfiehlt sich, jeden repetitiven Prozess als Regelkreis abzubilden. Solche Prozesse existieren in praktisch jedem Geschäft und in vielen Bereichen des Dienstleistungssektors. Der Begriff aus der Kybernetik kam in den 1970er-Jahren auf, sein Inhalt hat bis heute Bestand. Clevere Marketingleute aus dem Beratungsbusiness haben dafür neue Begriffe kreiert: Kontinuierlicher Verbesserungsprozess (KVP) oder, von Japan importiert, Kaizen.

Dabei geht es immer ums Gleiche: Das Streben nach Perfektion, das nie aufhört, weil Perfektion ein Ziel ist, das sich in komplexen Prozessen kaum je auf Dauer erreichen lässt.

All diesen Methoden gemeinsam ist das Bewusstsein über den Stellenwert und die Systematik des permanenten Lernprozesses.

Ad 2

Anspruchsvolle Ziele setzen

Der Prozess im Regelkreis beginnt mit der Formulierung eines oder mehrerer Ziele. In komplexen Prozessen führt das oft zu komplexen Zielsetzungssystemen. Entscheidend sind die präzise Definition des Ziels und die Möglichkeit der eindeutigen Messung des Zielerreichungsgrades. Oft nennt man die Ziele im Regelkreis Key Performance Indices (KPIs).

Der Prozess des Produzierens von Bahnleistungen ist komplex. Und doch gibt es letztlich nur einen zentralen KPI: die Pünktlichkeit der Züge. Die Pünktlichkeit kann grundsätzlich von zwei Seiten her gemessen werden: als Abweichung vom Fahrplan oder subjektiv, in der Einschätzung der Bahnkundinnen und -kunden.

Die Abweichung vom Fahrplan kann anhand der Abfahrts- oder Ankunftspünktlichkeit gemessen werden, ferner differenziert nach einzelnen Linien oder Regionen, allenfalls gewichtet mit der Anzahl betroffener Kunden.

Die subjektive Einschätzung der Pünktlichkeit durch die Kunden wird mit Befragungen ermittelt. Ein weiterer Indikator lässt sich aus den Reaktionen der Kunden herleiten.

Als Ziel haben wir bei den SBB eine Ankunftspünktlichkeit von 95 Prozent der Züge innerhalb von fünf Minuten definiert.

Komplexe Systeme bedingen eine Vielzahl von KPIs, mit dem Nachteil, dass man sich in dieser Vielfalt eventuell verliert. Ideal ist, wenn man eine Art Sammelindex definieren kann, quasi als Gesamtmassstab für die Performance eines Systems.

Wir haben in unserem Sicherheitsprogramm bei den SBB für jede Massnahme spezifische Ziele formuliert. Besonderes Gewicht wurde darauf gelegt, Frühindikatoren zu definieren. Das waren insbesondere die Beinahe-Unfälle, darunter als besonders wichtiger KPI die sogenannten Signalfälle (Überfahren von roten Signalen). Als Sammelindex haben wir die Anzahl Betriebsunfälle pro 100 Mitarbeitende definiert. Dieser Wert war 1994 mit zwölf Unfällen pro 100 Mitarbeitende erschreckend hoch. Er erschien uns als ein geeignetes Mass für die Sicherheitskultur innerhalb der SBB. Die Reduktion der Unfallquote war fortan ein oberstes Ziel der SBB. Das Ziel haben wir immer so anspruchsvoll definiert, dass wir es über all die Jahre nie erreicht haben. Der Trend ging aber unablässig nach unten. In meinem letzten SBB-Jahr betrug die Quote noch 3,8 Unfälle pro 100 Mitarbeitende. Angenehme Nebeneffekte dieser enormen Reduktion waren eine starke Erhöhung der Arbeitsproduktivität und die Einsparung von 7 Millionen Franken an Suva-Prämien pro Jahr.

Dieses Beispiel zeigt die enorme Kraft eines systematischen Regelkreises mit anspruchsvollen Zielen. Es zeigt aber auch die Problematik der konkreten Festlegung der Ziele. Die permanente Nichterreichung war für uns nie ein Problem, weil der Trend in Ordnung war und diese Ziele nur intern bekannt waren. Ziele definieren gehört zum Erwartungsmanagement. Als Richtschnur mag gelten, dass man die Ziele intern sehr hoch setzt, mit der Absicht, etwas zu bewegen, und unter bewusster Inkaufnahme ihrer Nichterreichung. Sobald ein Ziel gegen aussen bekannt wird, ist eher das umgekehrte Vorgehen zu empfehlen. Übererfüllung (bescheidener) Ziele ist in der Kommunikation weit besser zu verkaufen als die Nichterreichung von Zielen, selbst wenn markante Verbesserungen erzielt wurden.

Ad 3 *Alle Dimensionen in die Messung einbeziehen*
Das Beispiel der Pünktlichkeit der SBB ist illustrativ. Es werden drei Dimensionen einbezogen:

- Die Abweichungen vom Produktionsplan (Fahrplan) werden durch das System objektiv gemessen.

- Die subjektive Einschätzung durch die Kundinnen und Kunden wird über Befragungen gemessen. Das ist auch bei vielen andern kundenrelevanten Aspekten einer Leistung sinnvoll (Sauberkeit, Sicherheit, Service am Schalter und im Zug usw.). Wichtig ist bei derartigen Befragungen, dass sie mit einer grossen Konstanz (zeitlich und inhaltlich) durchgeführt werden.

- Die systematische Auswertung sämtlicher Kundenreaktionen

Weitere Messmethoden, die wir bei den SBB angewandt haben, sind das Audit (insbesondere im Regelkreis Sicherheit) und der Einsatz von Testkunden im Personenverkehr.

Ad 4 *Tiefe und breite Analyse der Abweichungen*
«Warum?» ist die entscheidende Frage bei Abweichungen zwischen Soll und Ist. Grundsätzlich stehen sämtliche in Kapitel 3 beschriebenen Analysemethoden zur Verfügung.

Die Abweichungen zwischen dem Produktionsplan und der effektiv erbrachten Leistung haben wir bei den SBB mit Verspätungsminuten gemessen. Diese wurden Kategorien zugeteilt:

- **Lokomotivstörungen**
- **Wagenstörungen**
- **Stellwerkstörungen**
- **Importierte Verspätungen durch Nachbarbahnen**
- **Extern bewirkte Störungen usw.**

Die einzelnen Störungen wurden wieder aufgegliedert, die Wagenstörungen beispielsweise in Störungen an:

- Türen
- Klimaanlagen
- Toiletten usw.

Bei jedem dieser Elemente geht die Unterteilung weiter bis zur letzten Ursache. Besonders interessant sind dabei die Häufungen.

Eine derartige Analyse in die Tiefe ergibt ein statistisches Bild. Dort wo statistisch Häufungen auftreten, liegen die Hebel zur Veränderung.

Als wirkungsvolles Instrument für eine Analyse in der Breite bietet sich insbesondere das Benchmarking an. Dieser Vergleich mit ähnlichen Prozessen anderer Organisationen ist vor allem dann ergiebig, wenn gemeinsame Ziele verwendet werden und die Messung zu vergleichbaren Ergebnissen führt. So hat sich die oben beschriebene Zielsetzung betreffend Pünktlichkeit bei vielen Bahnunternehmungen in Europa zum Standard entwickelt. Ergeben sich aufgrund eines Benchmarks signifikante Abweichungen, muss die Frage «warum?» wie oben beschrieben in die Tiefe verfolgt werden.

Gegen Ende der 1990er-Jahre begann sich die Entwicklung der Unfallhäufigkeit zu stabilisieren. Wir kamen zur Auffassung, dass die Möglichkeiten zur Verbesserung weitgehend ausgeschöpft seien. Ich besuchte zu dieser Zeit amerikanische Güterbahnen. Vom ersten Kontakt an fiel mir auf, dass überall die Frage der Betriebssicherheit im Zentrum stand. Auf jedem Bleistift, jedem Schreibblock, eingestickt auf den Stoffservietten im CEO-Büro: «Safety first.» Unvergesslich der Besuch einer Unterhaltswerkstätte mit grossen Plakaten: «If you can't do the job safely – don't do the job, ask for help.» Jeder Mitarbeiter hatte eine Münze in der Hosentasche, auf der stand: «Take the extra five minutes…» – fünf Minuten vor der Arbeitsaufnahme, um sich mental auf eine potenziell gefährliche Welt vorzubereiten. Auf meine Frage bezifferte der CEO von Union Pacific die Unfallquote voller Stolz auf 3. Das war ungefähr die Hälfte unserer Quote zu dieser Zeit. Allerdings auf einem Netz von mehr als 50 000 Kilometern mit rund 1000 Zügen pro Tag, im Vergleich mit den SBB mit 3000 Kilometern Netz und rund 6000 Zügen pro Tag.

Schliesslich haben wir auch begriffen, weshalb die Sicherheitskultur in den USA derart ausgeprägt ist. Amerikanische Anwälte haben eben auch etwas Gutes.

Bei der Analyse ist es ratsam, die Mitwirkenden eines Prozesses einzubeziehen. Es ist offensichtlich, dass die am Prozess direkt Beteiligten ein Gespür haben für Dinge, die suboptimal laufen. Wichtig ist, dass dieser Einbezug ein institutionalisierter Bestandteil des Regelkreises ist. Früher hat man etwa von Qualitätszirkeln gesprochen, heute verwendet man den Begriff Kaizen.

Es kann Sinn machen, in den systematischen Lernprozess im Regelkreis auch relevante Ereignisse einzubeziehen.

Bei den SBB wurde im Regelkreis Sicherheit jeder grössere Unfall irgendwo auf der Welt ausgewertet und im Hinblick auf mögliche eigene Schwachstellen analysiert.

Ad 5   *Entscheidend sind die Massnahmen*
Es gilt auch im Regelkreis, dass letztlich nur die Aktion das Management legitimiert. Wie in Kapitel 3 erläutert, liefert die umfassende Analyse die Hebel für die Massnahmen. Wenn beispielsweise die Detailanalyse der Wagenstörungen zeigt, dass ein wesentlicher Anteil der Störungen auf Softwareprobleme bei den Toiletten zurückzuführen ist, dann liegt es auf der Hand, dass diese Software angepasst oder ausgewechselt werden muss.

Trotz der wesentlich schwierigeren Voraussetzungen waren wir uns schon in den USA einig: Die Quote von drei Betriebsunfällen pro 100 Mitarbeitende ist unser neues Ziel. Von den amerikanischen Bahnen haben wir vor allem gelernt, die interne Kommunikation noch konsequenter und effizienter einzusetzen. Als ich die SBB Ende 2006 verliess, hatten wir dieses wirklich ambitiöse Ziel fast erreicht.

Ad 6   *Reporting*
Das formalisierte Reporting ist unabdingbar und ein Schlüsselelement im Regelkreis. Dabei geht es um drei Dimensionen:

- Art der Präsentation
- Periodizität
- Zielgruppe

Die Herausforderung bei der Präsentation ist die Übersichtlichkeit, die erreicht ist, wenn sich die wichtigsten KPIs auf einer Bildschirmseite zusammenfassen lassen.
Die Periodizität hängt vom Gewicht des im Regelkreis erfassten Bereichs und dessen Volatilität ab.

Der Prozess der Produktion von Zügen ist grossen Schwankungen unterworfen. Das Reporting erfolgt täglich. Auf einer Bildschirmseite wird der Prozentsatz der in der Bandbreite von fünf Minuten angekommenen Züge auf dem ganzen Netz, in den einzelnen Betriebsregionen und auf der Strecke Bern-Zürich dargestellt. Auf der gleichen Seite sind die ausserordentlichen Ereignisse des Tages zusammengefasst. Innerhalb von Sekunden wusste ich jeweils, was sich auf dem Netz abgespielt hatte. Einmal pro Monat wird ein detaillierter Bericht über die Pünktlichkeit erstellt. Dieser enthält insbesondere die statistische Auswertung der Verursacher von Verspätungsminuten. Ebenfalls monatlich erscheint der Bericht über die Auswertung der Kundenreklamationen und einmal pro Jahr das Resultat der Kundenbefragungen.
Das Sicherheitssystem ist demgegenüber stabiler. Die KPIs werden monatlich erfasst, halbjährlich erscheint ein detaillierter Bericht über die Sicherheit mit dem Stand der Realisierung der Massnahmen und dem Zielerreichungsgrad.

Diese Berichte sind Arbeitsinstrumente für die direkt Betroffenen. Sie gehen aber auch ans oberste Management und bei zentralen Regelkreisen (wie bei den SBB die Produktion von Zügen und die Betriebssicherheit) an den Verwaltungsrat und in Auszügen an die politischen Behörden.

Dadurch wird erreicht, dass die Sensibilität gegenüber den zentralen Prozessen durch alle Stufen einer Organisation gesichert ist. Der Regelkreis wird damit auch zum zentralen Element der Beeinflussung einer Unternehmungskultur.

Keine Frage, dass zwischen der so zentralen Sicherheitskultur der SBB im Jahr 1994 und heute Welten liegen.

Jeder Sportler trainiert nach einem Regelkreis. Er hat gelernt, dass der Prozess des Besserwerdens nie aufhört. Das gilt auch für Unternehmungen.

Der Weg zur Innovation: Das Projekt

Als ich 1978 zu den SBB stiess, gab es ein grosses Zukunftsprojekt: die Neuen Haupttransversalen (NHT). Von Genf bis St. Gallen sollte eine Hochgeschwindigkeitsbahn gebaut werden, mit einem Ast von Basel nach Olten. Die NHT waren sehr umstritten, auch bei vielen, vor allem jüngeren Mitarbeitern der SBB, die ihre Kritik aber nur hinter vorgehaltener Hand zu äussern wagten. Als junger Generalsekretär gab ich einer renommierten PR-Agentur den Auftrag, die Realisierungschancen der NHT abzuklären. Das Resultat war ernüchternd. Der Bericht kam zum Schluss, dass das Projekt keine Realisierungschance hätte. Es sei auch nicht auf die demografischen und geografischen Besonderheiten der Schweiz abgestützt. Die Berater empfahlen, ein Konzept zu entwickeln, das einen Nutzen für die ganze Schweiz erbringen würde. Das wirkte wie ein Dammbruch, und diese jüngeren Mitarbeiter begannen neue und unkonventionelle Ideen zu entwickeln.

Nicht mehr die Fahrzeit zwischen wenigen Zentren sollte minimiert werden, sondern die Summe aller Reisezeiten auf dem gesamten Netz. Zu diesem Zweck mussten alle grösseren Knotenbahnhöfe zu Anschlussspinnen entwickelt werden. Eine Anschlussspinne gab es damals nur in Zürich, wo die Züge kurz vor der vollen Stunde ankamen und nach dem Glockenschlag wieder in alle Richtungen abfuhren. Wollte man also in Bern ebenfalls eine Anschlussspinne, so musste die Fahrzeit Bern–Zürich weniger als eine Stunde betragen. Das führte zu einem ersten zentralen Slogan: «Nicht so schnell wie möglich, sondern so rasch wie nötig.» Die Investitionen in neue Strecken waren damit nicht mehr Ausgangspunkt des Konzepts, sondern eine Funktion der Optimierung des Gesamtnetzes. Damit war eine neue Planungsphilosophie geboren: Planung im Dreieck Fahrplan – Rollmaterial – Fahrbahn. Das letzte Element des neuen Konzepts war der Halbstundentakt, der in den Knotenbahnhöfen zu Anschlussspinnen auch zur halben Stunde führte. Das ermöglichte die Zugsläufe zu alternieren, z. B. einmal von St. Gallen via Bern nach Lausanne und 30 Minuten später von Romanshorn via Bern nach Brig. Der zweite Slogan hiess: «Häufiger, rascher, direkter.» Der Name für das grundlegend neue Konzept war rasch gefunden: Bahn 2000. Ein dritter Slogan fasste das Konzept in einem prägnanten Begriff zusammen: «Die S-Bahn Schweiz.»

Das Konzept hatte eine derart überzeugende Logik, dass es mit Rekordgeschwindigkeit konkretisiert und richtiggehend durch die Gremien gepeitscht wurde. Bereits am 6. Dezember 1987 stimmte das Schweizer Volk über das Projekt ab. Zentrale Bestandteile der Vorlage waren das Konzept, vier Neubaustrecken und der Finanzrahmen von 5,4 Milliarden Franken. Dort, wo ursprünglich die NHT gebaut werden sollten, opponierte die Bevölkerung zwar nach wie vor heftig. Weil die Gesamtlänge der neuen Strecken aber wesentlich kürzer war als bei den NHT, fiel dies nicht mehr derart ins Gewicht, und das Projekt wurde mit 57 Prozent der Stimmen angenommen.

Die SBB machten sich umgehend an die Detailplanung und Umsetzung. Nun zeigte sich aber rasch, dass man die Komplexität des Vorhabens unterschätzt hatte. Mit jeder Detaillierungsstufe stiegen die erwarteten Kosten. Einer der fähigsten Ingenieure stellte mir damals einen streng vertraulichen Bericht zu, in dem er die Gesamtkosten auf 25 bis 30 Milliarden Franken schätzte. Mit dem Chef des Verkehrs- und Energiewirtschaftsdepartements kamen wir überein, das Konzept zu etappieren. Mit viel Aufwand und hohem Konkretisierungsgrad planten wir eine erste Etappe Bahn 2000. Um den ursprünglichen Kostenrahmen zu halten, wurden drei der vier vorgesehenen Neubaustrecken aus dem Programm gestrichen. Nun musste die Vorlage nochmals vors Parlament. Das war ein eigentliches Spiessrutenlaufen und eine Lehre, die wir nie mehr vergessen haben.

Nach diesem Tiefpunkt verlief das Projekt wie am Schnürchen. Am 12. Dezember 2004, morgens um 3 Uhr, nach 20 Jahren Projektarbeit, wurde der vollständig neue Fahrplan eingeführt und funktionierte auf Anhieb perfekt. Die insgesamt 130 Bauprojekte konnten 1,5 Milliarden Franken unter Budget abgeschlossen werden.

In praktisch jedem Unternehmen gibt es neben dem laufenden Geschäft grössere und kleinere Projekte. Das laufende Geschäft ist durch repetitive Prozesse geprägt. Das Projekt hat demgegenüber einen Anfang und ein Ende, ein Ziel, einen Terminplan und ein Budget. Die Projekte sind die Bausteine für die Zukunft. Der Strategieprozess löst in vielen Fällen strategische Projekte aus. Eine Innovation wird in aller Regel über ein Projekt umgesetzt.

Projekte sind also von grosser, in einigen Fällen existenzieller Bedeutung. Und trotzdem werden beim Projektmanagement immer wieder elementare und folgenschwere Fehler gemacht, erstaunlicherweise auch immer wieder die gleichen. Beispiele gibt es zuhauf. Die Expo 01 und 02, die neuen Alpentransversalen, das Europäische Zugsteuerungssystem ETCS, die Euro 2008, der Dreamliner von Boeing, der Airbus 380, das Projekt Easy Ride der schweizerischen Transportunternehmungen, die Polizeikaserne in Zürich, das neue Basler Zentrum, der Bärenpark in Bern, unzählige IT-Projekte. Die Liste liesse sich endlos verlängern.

Die Checkliste Projekte ist das Ergebnis dieser teils bitteren, deshalb aber umso lehrreicheren Erfahrungen. Sie war für uns beim Projekt Euro 2008 ein wichtiges Instrument. Der systematische Gebrauch dieser Checkliste ist keine Garantie für ein erfolgreiches Projekt, verhindert aber die Fehler, die immer und immer wieder gemacht werden. Und das ist schon sehr viel.

> **Checkliste Projekte**
> 1. Realistischer Business Case
> 2. Projektorganisation ausserhalb der Linie
> 3. Top-Projektleiter mit Kompetenzen
> 4. Projektstruktur: logisch und vollständig
> 5. Timing – Phasierung – Meilensteine
> 6. Reporting
> 7. Formalisierte Change Requests
> 8. Management Attention
> 9. Risikomanagement
> 10. Umsetzungsorganisation
> 11. Kommunikation (intern und extern)

Ad 1 *Realistischer Business Case*
2002 haben die eidgenössischen Räte die Botschaft über die Beiträge und Leistungen des Bundes an die Euro 2008 mit einem Kredit von 3,5 Millionen Franken gutgeheissen. Bald zeigte sich, dass dieser Kredit hoffnungslos unterdotiert war, und es musste ein zweiter Anlauf unternommen werden. Es wurde eine zweite Botschaft verfasst, und das Parlament genehmigte 2006 einen neuen, um den Faktor 24 höheren Kredit von 82,5 Millionen Franken.

Dieser Vorfall ist symptomatisch und ereignet sich in unzähligen Versionen immer wieder. In einem Verwaltungsrat einer projektlastigen Firma habe ich kürzlich folgende Aussage eines Projektverantwortlichen gehört: «Businesspläne stimmen sowieso nie.»

Drei Parameter bestimmen einen Businessplan: Erträge (allenfalls Einsparungen), Aufwendungen und Termine. Bei all diesen Faktoren sind Abweichungen häufig, was besonders fatale Auswirkungen hat, wenn sie kumulativ auftreten.

«Das Unerwartete hat einseitige Auswirkungen auf Projekte. Bei Architekten, den Verfassern wissenschaftlicher Arbeiten und Bauunternehmungen drückt es fast immer in nur eine Richtung: höhere Kosten und mehr Zeit bis zur Fertigstellung... Forscher haben untersucht, wie Studenten abschätzen, wie viel Zeit sie bis zum Abschluss ihrer Projekte brauchen... Die optimistischen Studenten veranschlagten

26 Tage, die pessimistischen 47. Es stellte sich dann heraus, dass die tatsächliche Zeit bis zum Abschluss im Schnitt 56 Tage betrug.»[55]

Eine wesentliche Rolle bei zu optimistischen Businessplänen spielt der Genehmigungsprozess. Es bestehen oft implizite Vorstellungen über die Verträglichkeit eines Budgets, die dann zu einem politischen Businessplan führen. Das bekannteste Beispiel in der Schweiz ist der Furkatunnel. Wenn die Genehmigung erfolgt und das Werk in der Umsetzung ist, sind die Sachzwänge oft so gross, dass eine Umkehr nicht mehr möglich ist. Hätte das Parlament 2002 einen Kredit von 82,5 Millionen Franken für die Euro 2008 genehmigt? Das kann man bezweifeln. Man kann davon ausgehen, dass sich die meisten Ratsmitglieder bewusst waren, dass die gesprochenen, lächerlichen 3,5 Millionen Franken niemals genügen würden.

Dazu kommt der Faktor der Ungewissheit, der bei vielen Projekten eine grosse Rolle spielt. Diese Ungewissheit ist beispielsweise beim Tunnelbau besonders gross. Überraschungen können auch durch noch so viele geologische Gutachten nie ausgeschlossen werden.

Businesspläne eines Projekts sind also immer fragil. Im Bewusstsein dieser Fragilität lassen sich folgende Vorkehrungen treffen:

- Den Business Case parametrieren und auf seine Sensitivitäten testen.

- Aufgrund dieser Sensitivitäten den Worst Case bestimmen und entsprechende Frühindikatoren festlegen.

- Den Last Point of Return festlegen und einen entsprechenden Meilenstein definieren. Damit kann man verhindern, dass man unreflektiert den Point of no Return erreicht, wie das z. B. beim Projekt des Bärenparks in Bern geschehen ist. Als man sich dort erstmals die Frage des Übungsabbruchs stellte, waren die aufgelaufenen Kosten plus die Rückführungskosten bereits wesentlich höher als die im Worst Case prognostizierten Endkosten. Man sollte sich immer bewusst sein: Man muss ein Projekt auch abbrechen können!

- Reserven einbauen. Der Einbau von (finanziellen) Reserven ist allerdings kontrovers, weil er zu einem weniger strikten Kostenmanagement verleiten könnte. Anderseits ist es praktisch der einzige Weg, um der hohen Unsicherheit von Projekten gerecht zu werden. Um falsche Anreize zu vermeiden, muss die Auslösung solcher Reserven so schwierig wie möglich gemacht werden. Dieser Entscheid sollte daher auf der obersten hierarchischen Stufe und aufgrund von präzisen, formalisierten Vorgaben getroffen werden.

In dem im zweiten Anlauf beschlossenen Budget von 82,5 Millionen Franken für die Euro 2008 war in der Rubrik Sicherheit eine Reserve von 10,5 Millionen Franken eingeschlossen. Sie konnte nur vom Bundesrat freigegeben werden, was einen aufwendigen Prozess erforderte.

Ad 2 *Projektorganisation ausserhalb der Linie*
Die Verantwortung für Bahn 2000 war zunächst beim Direktor der Bauabteilung angesiedelt. In dessen Primärverantwortung lag die Führung einer grossen Abteilung mit einem Milliardenbudget. Logisch, dass bei Konflikten die erste Priorität bei den Linienaufgaben lag. Dem interdisziplinären Charakter des Projekts wurde mit einem ebenso riesigen wie schwerfälligen Leitorgan Rechnung getragen. Erst als die Schwierigkeiten mit dem Projekt unübersehbar waren, wurde das Projektmanagement aus der Linie herausgelöst, hierarchisch aufgewertet und direkt einem Mitglied der Geschäftsleitung unterstellt.

Ganz ähnlich war der Verlauf bei der Euro 2008, wo die oberste Projektverantwortung zunächst beim Chef eines Bundesamtes lag. Auch dort erwies sich die Vermischung von prioritären Linienaufgaben mit der Projektleitung als problematisch, und man schuf die Stelle eines Delegierten des Bundesrates für die Euro 2008.

Die Folgerung ist ultimativ: Bedeutende Projekte sollten immer in einer Projektorganisation ausserhalb der Linie geführt werden.

Ad 3 *Top-Projektleiter mit Kompetenzen*
Das Profil des Projektleiters ist für den Erfolg eines Projekts der wohl wichtigste Faktor. Dabei muss man sich bewusst sein, dass seine Position im Hierarchiegeflecht einer Organisation nicht unproblematisch ist. Es besteht eine natürliche Konkurrenz zwischen Linie und Projektorganisation, was neben fachlichen Kenntnissen, Durchsetzungsvermögen und kommunikativen Fähigkeiten auch diplomatisches Geschick erfordert. Gestandene Linienmanager geben eine gewisse Sicherheit auf, wenn sie in ein Projekt mit all seinen Unsicherheiten einsteigen. Wer diese Risikobereitschaft mitbringt, hat gute Voraussetzungen.

Die Praxis zeigt: Solche Top-Projektleiter sind eine rare Spezies und deshalb entsprechend gefragt. Es gibt nur wenige Ausbildungen, in denen man Projektmanagement systematisch lernt, eine Ausnahme sind die Informatikberufe. In projektlastigen Institutionen sollte man der Aus- und Weiterbildung von Projektleitern daher ein hohes Gewicht geben.

Ad 4 *Projektstruktur: logisch und vollständig*
Beim «Filetieren» eines Projekts gibt es zwei Kriterien: erstens die Logik, nach der ein Ganzes in Einzelteile mit einem inneren Zusammenhang und unter Beachtung bestehender Interdependenzen aufgeteilt wird, und zweitens die Vollständigkeit, d. h., dass sämtliche Aspekte eines Projekts aufgelistet sind. Diese Aufteilung der Gesamtaufgabe in Teilaufgaben ist auch die Basis für die Ausgestaltung der Projektorganisation. Von der Technik her eignen sich Mindmaps besonders gut für diese Gliederungsaufgabe.

Im Projekt Euro 2008 haben wir eine riesige Mindmap erstellt, der wir den Namen Road Map gaben. Die Anhänge 2 und 3 zeigen einen Ausschnitt daraus.

Ad 5 *Timing – Phasierung – Meilensteine*
Der Endtermin eines Projekts kann fix gegeben sein oder frei gewählt werden. Bei der Euro 2008 war der Spielplan von Anfang an gegeben und unverrückbar. Oft sind es Sachzwänge, die einen Termin bestimmen. Ein neues Produkt bei den Bahnen muss beispielsweise auf den jährlichen Fahrplanwechsel im Dezember terminiert werden. So wurde der 12. Dezember 2004 für die Einführung von Bahn 2000 bereits einige Jahre im Voraus bestimmt.

Ein solcher Termin erzeugt Druck und wirkt dadurch mobilisierend. Man darf nur nie vergessen, dass Termine sehr oft zu optimistisch festgelegt werden. Ein krasses Beispiel ist der Rollout des Dreamliners, der Boeing 787, der am symbolträchtigen 8. Juli 2007 geplant war. Der Erstflug fand erst im Februar 2010 statt.

Der Ablauf eines komplexen Projekts muss zwingend in Phasen aufgeteilt werden. Dafür gibt es in verschiedenen Bereichen standardisierte Verfahren (Bauprojekte, IT-Projekte). Von der Logik her gehen diese Phasen vom Allgemeinen (Konzept) zum Konkreten (Umsetzung).

Diese Phasen und ihre Terminierung sind Teil des Projektantrags. Schon zu diesem Zeitpunkt müssen für jede Phase Meilensteine definiert werden. Der erwartete Zustand des Projekts muss für jeden Meilenstein so präzise definiert werden, dass eine eindeutige Beurteilung möglich ist. Zu dieser Beurteilung gehört auch die Terminsituation. Von besonderer Bedeutung ist dabei der Last Point of Return. Nochmals: Man muss ein Projekt auch abbrechen können!

Ad 6 *Reporting*
Ein umfassendes und jederzeit aktuelles Reporting über den Zustand eines Projekts ist der vielleicht wichtigste Schlüssel für den Erfolg.

Das Reporting setzt bei der Projektstruktur an und erfolgt tabellarisch mit einer Ampelliste.

Die Tabelle gibt für jede Teilaufgabe Auskunft über die Verantwortung (wenn immer möglich ein Name und keine Organisationseinheit), Massnahmen/nächste Schritte, Termine, Finanzen und Risikobeurteilung. Das wichtigste Element der Tabelle ist die Ampel, die auf Grün, Orange oder Rot steht.

Anhang 4 zeigt einen Ausschnitt aus dem Reporting für die Euro 2008. Die gesamte Liste umfasste rund 60 Seiten und wurde alle 14 Tage aktualisiert. Sie diente als Führungsinstrument durch alle Stufen, bis zum Bundesrat und der Finanzdelegation der eidgenössischen Räte. Dank ihrer Aktualität waren wir in der Lage, die Quartalsberichte inkl. Übersetzung schon wenige Tage nach Quartalsende zu publizieren. Dieses standardisierte Reporting hat entscheidend zur Vertrauensbildung auf allen politischen Ebenen beigetragen.

Jeden zweiten Montagmorgen habe ich mich mit der aktualisierten Ampelliste der Euro 2008 an mein Pult gesetzt. Links die alte, rechts die neue Liste. Seite für Seite habe ich den Vorher- Nachher-Vergleich angestellt und dabei einiges entdeckt, z. B., dass (selber gesetzte) Termine ohne Kommentar geschoben wurden. Aber nur

am Anfang, nach einigen Rückfragen war das Prinzip klar: keine Veränderung ohne Kommentar. Die kritischen Aktivitäten auf der Liste habe ich jeweils in einer Watchlist zusammengefasst. Um diese Punkte habe ich mich persönlich gekümmert und mir für jede Woche entsprechende Ziele gesetzt.

Ad 7 *Formalisierte Change Requests*

Es ist nicht zu vermeiden, dass sich bei komplexen, lang dauernden Projekten die Voraussetzungen verändern, was zu Anpassungen beim Projekt führt. Gerade bei IT-Projekten ist das die Norm und oft die Quelle von Budgetüberschreitungen. Deshalb die Regel: Change Requests müssen formalisiert sein, und die Bewilligung muss auf einer hierarchisch hohen Stufe erfolgen, bei Top-Projekten auf Ebene der Geschäftsleitung.

Ein solches Verfahren hat den erwünschten Nebeneffekt, dass es zu einer Selbstselektion führt und dadurch nur noch wenige Änderungsbegehren gestellt werden.

Ad 8 *Management Attention*

Zwei Jahre vor dem Einführungstermin der Bahn 2000 haben wir den Projektleiter alle 14 Tage in die Geschäftsleitung bestellt. Auf diesen Zeitpunkt wurde jeweils das Reporting mit der Ampelliste aktualisiert. Die Geschäftsleitung der SBB war damit jederzeit über den Zustand des Projekts und die aktuellen Probleme im Bild. Wichtige Entscheide konnten auf dieser Basis ohne langen Vorlauf während dieser Aussprachen getroffen werden.

Das gleiche Verfahren haben wir bei der Euro 2008 angewandt. Das umfassende Projektreporting war der Input für die monatliche Sitzung beim zuständigen Bundesrat. Dieser war damit jederzeit über den Projektstand informiert und in der Lage, direkte Unterstützung zu gewähren.

Geschäftsleitungen sind durch das laufende Geschäft stark belastet. Dies führt zur Tendenz, Projektorganisationen an der langen Leine zu führen. Es ist der obersten Führung jedes Unternehmens dringend zu empfehlen, die Schlüsselprojekte eng zu begleiten. Wenn das Reporting einmal steht, ist der Aufwand dafür erstaunlich gering.

Ad 9 *Risikomanagement*

Beim Projekt Bahn 2000 haben wir uns intensiv mit allen möglichen Risiken auseinandergesetzt und Gegenstrategien entwickelt. Anhang 5 zeigt die Risikofelder von Bahn 2000 in Form eines Risikobaums.

Auch beim Projekt Euro 2008 war Risikomanagement eine der wichtigsten Aufgaben. Weit über 100 mögliche Risikoszenarien wurden beschrieben, bewertet und vorbereitet. Darunter das extremste, aber nicht völlig unwahrscheinliche Szenario – eine terroristische Attacke oder Vorstufen davon, z. B. eine Bombendrohung. Das Schlüsselwort war Plan B, der definiert und im Rahmen einer Übung getestet wurde.

Risikomanagement ist ein integraler Bestandteil bei jedem grösseren Projekt. Die Methode ist die gleiche wie beim Risikomanagement einer Unternehmung. Dieses wird im folgenden Kapitel behandelt.

Eine der dort behandelten Massnahmen spielt bei Projekten eine besondere Rolle. Wenn immer möglich sollte die Kumulation von Risiken vermieden werden. Mit andern Worten: Der Big Bang ist extrem risikobehaftet. Bei der Einführung eines neuen, automatisierten Konzepts für die Paketpost ging die Post vor einigen Jahren nach dem Big-Bang-Prinzip vor und hatte in der Folge über lange Zeit mit grössten Schwierigkeiten zu kämpfen. Ganz anders bei der später erfolgten Umstellung bei der Briefpost, wo sukzessiv und unter Beibehaltung von Rückfallebenen vorgegangen wurde.

Ad 10 *Umsetzungsorganisation*

1990 startete die Europäische Kommission ein Projekt, mit dem die rund 20 verschiedenen Zugssteuerungssysteme in Europa vereinheitlicht werden sollten – das European Train Control System (ETCS). Nach einem optimistischen Szenario sollte das System ab 1996 eingeführt werden, im schlechtesten Fall ab 1999. Für die SBB war immer klar, dass die Neubaustrecke von Bahn 2000 zwischen Mattstetten und Rothrist damit ausgerüstet werden musste. Um die Jahrtausendwende war das ETCS aber immer noch nirgends operativ, und wir beschlossen, zwischen Sempach und Zofingen einen Pilotversuch durchzuführen. Die Signale auf dieser Strecke wurden abgebaut und durch ein System mit Informationsvermittlung von der Fahrbahn auf den Bordcomputer in den Lokomotiven ersetzt. Vom ersten Tag an war das neue System mit unzähligen Kinderkrankheiten behaftet. Bei einem der häufigen Systemausfälle war die Rückfallebene die Fahrt auf Sicht mit maximal 40 Stundenkilometer. Und das auf einer Strecke, die von sehr vielen Pendlern frequentiert war. Mein E-Mail-Kasten überquoll jeden Tag mit Dutzenden Kundenreklamationen. Nach einigen Wochen mit viel Aktion und wenig Erfolg wurde von den SBB und der Lieferantenfirma eine Task Force gebildet, die rund um die Uhr im Einsatz stand und das Problem nach und nach in den Griff bekam.

Ich habe diese Geschichte mit Variationen immer wieder erlebt. Nie, aber wirklich nie funktioniert ein neues technisches System auf Anhieb. Die sogenannten Kinderkrankheiten sind eine unausweichliche Tatsache. Die Folgerung ist klar: Man muss grundsätzlich davon ausgehen, dass ein neues System nicht von Anfang an funktioniert, und die entsprechenden Dispositionen treffen. Konkret: Die Task Force oder wie auch immer die Einführungsorganisation genannt wird, muss bei der Einführung bereits operativ sein. Ihre Aufgaben, Organisation und personelle Bestückung sind vor der Einführung zu definieren und in besonderen Fällen auch einzuüben.

Bei der Bahn 2000 sind wir so vorgegangen. Vor, während und nach der Umstellung war eine spezifische Umsetzungsorganisation an der Arbeit.

Beim Projekt Euro 2008 war die Umsetzungsorganisation ein ebenso zentrales wie kontroverses Thema. Es waren so viele Partner in die Organisation einzubinden

(Armee, Nachrichtendienste, kantonale Polizeikorps, Verkehrsspezialisten, Verbindungsleute zur Uefa), dass Konflikte unausweichlich waren. Kam dazu, dass diese Organisation zwei Funktionen hatte, einerseits für die Normalsituation, anderseits für eine Krise. Es brauchte Monate, bis die entsprechenden Manuals zwischen allen Partnern abgestimmt waren. Auf dieser Basis konnten dann Übungen durchgeführt werden. Die Organisation hat im Normalfall ihre Praxistauglichkeit bewiesen, von der Krise sind wir glücklicherweise verschont geblieben.

In diesen beiden Fällen hat die Umsetzung praktisch perfekt geklappt. Man kann daraus lernen, dass die Definition der Verantwortung einer Umsetzungsorganisation, ihre personelle Bestückung und das Einüben dieser Organisation dazu führen, dass bei der Umsetzung weniger Probleme auftauchen.

Ad 11 *Kommunikation (intern und extern)*
In Kapitel 1 wird geschildert, wie der Versuch der SBB, ein Joint Venture mit einer englischen Privatbahn einzugehen, wegen einer missglückten Kommunikation aufgegeben werden musste. Noch lange nach Abbruch der Übung haben uns Medien und Gewerkschaften mit dem Begriff Englandabenteuer diskreditiert.

Wie konnte es so weit kommen? Wir sind so begeistert in dieses Projekt eingestiegen und haben einige unserer besten Leute nach London ins Trainingscamp für die Liberalisierung geschickt. Mit ihren englischen Kollegen entwickelten sie ein Konzept für den Verkehr im Südwesten von London, und zwar nach dem Swiss Rail 2000 Style als Basis für ein Offertverfahren im Ausschreibungswettbewerb. In dieser Euphorie haben wir die Brisanz des Projekts völlig unterschätzt. Die Erarbeitung eines Kommunikationskonzepts wurde nicht als notwendig erachtet. Eine Medienkonferenz in London für britische und schweizerische Medienschaffende wurde als Einzelereignis konzipiert und war dann schliesslich der Katalysator für die breite öffentliche Ablehnung des Projekts.

Dieses an sich überzeugende Projekt ist wegen einer Kommunikationspanne gescheitert. In einem umfassenden Kommunikationskonzept hätte die Zielgruppe Gewerkschaften eine wichtige Rolle spielen und entsprechend betreut werden müssen.

Das Beispiel zeigt, wie wichtig die Kommunikation im Rahmen eines Projekts ist. Kommunikation ist bei jedem Projekt ein integraler Bestandteil der Projektarbeit und muss von Anfang an geplant werden. Es empfiehlt sich, die entsprechende Verantwortung innerhalb der Projektorganisation frühzeitig zu definieren und personell zu besetzen. Dann wird das ganze Arsenal der Kommunikationsarbeit wie Kommunikationspolitik, Kommunikationskonzept, Botschaften, Sprachregelungen usw. eingesetzt. (s. Kapitel 9).

Von spezifischer Bedeutung ist die interne Kommunikation. Bedeutende Projekte können enorme Energien freisetzen und sind eine einzigartige Gelegenheit, Unternehmungskulturen zu verändern.

Wir haben die Kommunikationsoffensive für Bahn 2000 gut anderthalb Jahre vor der Einführung begonnen. Startschuss war ein mehrtägiges Seminar mit der oberen Führungsebene. Dabei hatte sich jede Chefin und jeder Chef primär mit der eigenen Verantwortung für das Gelingen des grossen Projekts auseinanderzusetzen. 2008 hatte ich ein Hintergrundgespräch mit den Journalisten zum Thema Einführung von Bahn 2000 (s. Kapitel 9). Ich versuchte dort vor allem, die enorme Komplexität des Vorhabens begreiflich zu machen. Ich wies darauf hin, dass in dieser Komplexität Umstellungsschwierigkeiten und Kinderkrankheiten wohl unausweichlich seien. In der zweiten Jahreshälfte ging ich auf Tournee im ganzen Land und diskutierte mit den Eisenbahnern über das Thema: «Sind wir bereit für Bahn 2000?» Mit permanenter Kommunikation in den internen Kanälen, immer mehr aber auch über die sich intensivierende Berichterstattung in allen Medien wurde die Spannung sukzessive aufgebaut, und am Vorabend des 12. Dezember 2004 war wirklich jede und jeder bereit für den grossen Schritt.

Das Management des Unerwarteten

5

Die kreativste und schwierigste Managementaufgabe: Die Antizipation

«The most important task of an organization's leader is to anticipate crisis.»[56]

Der 12. Dezember 2004 war ein magisches Datum für die SBB. Bei diesem Fahrplanwechsel morgens um drei Uhr sollte der neue Fahrplan für Bahn 2000 eingeführt werden. Die Struktur dieses Fahrplans war völlig neu, 75 Prozent der Züge erhielten eine neue Fahrlage. Also ein klassischer Big Bang, den man ja eigentlich vermeiden sollte. Da gewann mein Lieblingswort Antizipation nochmals an Gewicht. Monatelang bereiteten wir uns mithilfe aufwendiger Simulationsverfahren auf alle denkbaren Szenarien vor. Anhang 5 zeigt den für das Projekt entwickelten Risikobaum. Als der grosse Tag gekommen war, zeigte sich schnell, dass die intensive Vorbereitung ihre Früchte trug, es klappte ganz einfach perfekt. Stolz präsentierte ich meinen Kollegen Bahnchefs unser Projekt und legte dabei besonders Gewicht auf unser wirkungsvolles Risikomanagement.

Ein halbes Jahr später erhielt ich die unglaubliche Nachricht, dass die Züge auf dem ganzen Netz stillstanden, weil der Strom ausgefallen war. Diese elementare Krise wird im nächsten Abschnitt ausführlich behandelt. Hier nur so viel: Als ich in einer wieder etwas ruhigeren Minute den Risikobaum Bahn 2000 zur Hand nahm, stellte ich mit Schrecken fest: Die Energie fehlte.

Nassim Nicholas Taleb befasst sich in seinem überaus anregenden Buch *Der schwarze Schwan* mit den Phänomenen der Ungewissheit und der Diskontinuität. Er kommt zum Schluss, dass wir «einfach keine Vorhersagen machen» können.[57] Ein Fünfjahresplan, so formuliert er provokativ, sei ein lächerlicher Gedanke.[58] Deshalb müsse man nicht in Vorhersagen investieren, sondern in die Vorbereitung.[59] Clausewitz haut in die gleiche Kerbe: «Die Illusion, man könne Friktion auf ein vernachlässigbares Mass reduzieren, indem man die Zukunft umso genauer analysiert, ist noch widersinniger. Im Gegenteil: Je genauer und klüger man plant, desto wahrscheinlicher scheitert man an eben diesen Friktionen.»[60]

Warum haben wir das Element Energie bei unseren Risikoszenarien ganz einfach vergessen? Obwohl der Bahnbetrieb in der Schweiz seit Jahrzehnten elektrifiziert ist, hat sich nie ein totaler Energieausfall ereignet. Der Blackout war also genau das, was Taleb als «schwarzen Schwan» bezeichnet: die völlig unerwartete Diskontinuität. Der Vorfall bestätigt seine These, dass wir auf die Vergangenheit fixiert sind und dass objektive Wahrscheinlichkeiten, die auf der relativen Häufigkeit von Ereignissen beruhen, problematisch sind. (Die objektive Wahrscheinlichkeit eines totalen Stromausfalles war aufgrund einer über 50-jährigen Praxis gleich null.)

Der Vorfall hat «Murphy's Law» bestätigt. Murphys Gesetz ist eine auf den US-amerikanischen Ingenieur zurückgehende Lebensweisheit, die eine Aussage über das menschliche Versagen und über die Fehlerquellen in komplexen Systemen macht: Alles, was schiefgehen kann, wird auch schiefgehen. Antizipation bedeutet Vorausdenken und sich auf alle Eventualitäten vorbereiten. Das ist eine intellektuelle, kreative, auch systematische Tätigkeit. Es erfordert eine gehörige Portion Imagination, sich vorzustellen, was «Murphy's Law» alles bewirken könnte. Bei diesen Eventualitäten handelt es sich um positive und negative Zufälle – die gemeinhin *Opportunitäten* und *Risiken* genannt werden.

Taleb plädiert für eine «Hantelstrategie»:[61] Den positiven Zufällen sollte man sich maximal aussetzen («hyperaggressiv»), «den negativen gegenüber aber paranoid bleiben» («hyperkonservativ»).[62] Seine Empfehlung für den Umgang mit Opportunitäten: «Ergreifen Sie jede Gelegenheit und alles, was nach einer Gelegenheit aussieht ... Viele Menschen erkennen das Glück gar nicht, wenn es ihnen winkt ... Arbeiten Sie hart ... auf der Jagd nach solchen Gelegenheiten.»[63] Die entscheidende Eigenschaft für das Erkennen von Gelegenheiten ist die Neugier. Peter von Matt hat das wunderbar umschrieben: «Neugier ist der leidenschaftliche Wunsch, etwas zu wissen, was man gar nicht braucht. Was im Moment nichts nützt. Was man kennen möchte, einfach weil es existiert. Dass man dann das so Gefundene oft sehr wohl brauchen kann, dass die Entdeckungen aus purer Neugier die Welt verändern können und verändert haben, zeigt die Geschichte aller Wissenschaften.»[64] Das gilt nicht nur für die Wissenschaften, sondern auch im Management. Deshalb hüte man sich vor eindimensionalen Managern, deren Horizont nicht über ihr Business hinausgeht.

Opportunitäten sind demnach zum wesentlichen Teil Zufälle. Dazu hat der grosse französische Entdecker Louis Pasteur die Vorstellung entwickelt, dass man hart arbeiten müsse, um dem Zufall die Tür zu öffnen.[65]

Was den andern Teil der «Hantelstrategie» betrifft, so empfiehlt Taleb, sich gegenüber negativen Zufällen konservativ zu verhalten. Das Instrument dafür heisst *Risikomanagement*. Es hat aufgrund der jüngsten Entwicklung eine zentrale Bedeutung erlangt. Im Falle der Swissair war es augenscheinlich gar nicht existent oder jedenfalls nicht wirksam, und bei der grossen Finanzkrise haben überaus sophistische Risikomanagement-Tools völlig versagt. Auf die Problematik dieser eine mathematische Genauigkeit suggerierenden Instrumente und des sich im Vormarsch befindlichen Value-at-Risk-Modells hat Taleb in seinem Buch (das vor der Krise publiziert wurde) geradezu prophetisch hingewiesen.[66]

Die Eidgenössische Bankenkommission kommt in ihrer Untersuchung zum Subprime-Debakel zum Schluss, dass das Risikomanagement der Banken in verschiedener Hinsicht versagt hat. Die Risikoerfassung und das Risikomanagement seien zu wenig kritisch gewesen, es hätte kein Risikomanagement auf Makrolevel gegeben und eine ungesteuerte Risikokumulation stattgefunden.

Diese Entwicklung hat sich auch in der Rechtsprechung niedergeschlagen. Der Verwaltungsrat trägt explizit die Verantwortung für ein funktionierendes und jederzeit aktuelles Risikomanagement. Dabei gilt eine universell gültige Business Judgement Rule, nach der keine Risiken eingegangen werden dürfen, die eine Unternehmung in ihrer Existenz gefährden.

Die folgende Checkliste enthält alle Schritte für den Aufbau eines Risikomanagements. Diese Arbeit nimmt Ihnen niemand ab. Sie ist insbesondere auch nicht an Unternehmungsberater delegierbar. Die Arbeit am Risikomanagement ist eine exzellente Gelegenheit für das Management und den Verwaltungsrat, sich intensiv mit der Risikostruktur der Unternehmung auseinanderzusetzen.

Checkliste Risikomanagement
1. Risikofelder definieren (Risikolandschaft)
2. Risikoverantwortliche bestimmen
3. Risiken bewerten
4. Worst-Case-Analyse
5. Massnahmen vorbereiten
6. Risk Report erstellen

Ad 1 *Risikofelder definieren (Risikolandschaft)*

In einer Risikolandschaft werden die Risiken kategorisiert. Dabei kann man sich in einem ersten Schritt an gängige Kategorisierungen halten. Risiken werden häufig unterteilt in:

- Umfeldrisiken
- Marktrisiken
- Kreditrisiken
- Operationelle Risiken
- Allgemeine Risiken

Jede dieser Kategorien wird wiederum in ihre Bestandteile zerlegt, das Umfeldrisiko beispielsweise in:

- Politik
- Regulierung
- Gesellschaft
- Gesetze
- Ökologie

Mindmaps eignen sich in komplexen Situationen vorzüglich für die Erarbeitung einer Risikolandschaft (wie bei Bahn 2000, s. Anhang 5).

Auch im Rahmen der Projektarbeit für die Euro 2008 haben wir mithilfe von Brainstormings eine riesige Risiko-Mindmap mit Dutzenden Risikoszenarien erstellt.

Wie das einleitende Beispiel zeigt, ist das Hauptkriterium für eine Risikolandschaft ihre Vollständigkeit. Nur: Wann ist eine Risikolandschaft vollständig? Die Schlüsselfrage: «Ist auch ein möglicher schwarzer Schwan, das völlig Unerwartete, erfasst?», lässt sich nie vollständig beantworten. Taleb erzählt ein schönes Beispiel von einem

Kasino. Dieses hat sich minutiös auf alle Eventualitäten vorbereitet. Aber nicht darauf, dass der Hauptdarsteller von seinem weissen Tiger gefressen wird, was das Kasino in grosse Schwierigkeiten gebracht hat. An der Erarbeitung der Risikolandschaft sollten daher möglichst viele kreative Köpfe beteiligt werden. Ausserdem sollte man möglichst viele Risikolandschaften anderer Institutionen als Checkliste benutzen.

Ein besonderes Augenmerk sollte man auf Risiken legen, die in der jüngsten, stürmischen Vergangenheit eine wesentliche Rolle gespielt haben:

- **Gegenparteienrisiko**

Der Fall von Lehman Brothers war ein klassischer «schwarzer Schwan» und hat vielen die Augen geöffnet, dass man gut daran tut, nicht alle Eier in den gleichen Korb zu legen.

- **Compliance-Risiko**

Die Fälle UBS, Siemens und Deutsche Bahn zeigen, dass die Wahrscheinlichkeit von illegalem Handeln in Unternehmungen beträchtlich ist und dessen Folgen gravierend.

Unter diesem Risiko werden drei Tatbestände subsumiert: Verstoss gegen Gesetze, passive oder aktive Begünstigung und Interessenkonflikte.

- **Länderrisiko**

Das Länderrisiko hat viel mit Compliance zu tun. Beziehungen mit Ländern, die in der Korruptionsrangliste weiter hinten rangieren, sind besonders zu beobachten.

- **Rechtsrisiken**

Die immer globalere Geschäftstätigkeit und die inflationäre Entwicklung der Gesetzgebung führen zu erheblichen Risiken. Schon blosse Verfahrensfehler können enorme Folgen haben.

- **Steuerrisiken**

Steuerrisiken sind bereits im Heimatland nicht zu vernachlässigen. Bei einer internationalen Tätigkeit sind Steuerfragen besonders zu beachten.

- **Das Risiko intransparenter Holdingstrukturen**

Verschachtelte Konzerne mit wesentlichen internen Finanzbeziehungen sind per se intransparent, und diese Intransparenz ist als Risiko zu beachten.

Ad 2   *Risikoverantwortliche bestimmen*

Für jede Risikokategorie ist eine verantwortliche Person, auch Risk-Owner genannt, zu bezeichnen. Diese befasst sich mit den das Risiko beeinflussenden Faktoren und deren Entwicklung in seinem Bereich und ist Inputgeberin bei der Erarbeitung und Aktualisierung des Risk Reports. Idealerweise wird diese Verantwortung von einer höheren Linienfunktion mit engem Bezug zur betreffenden Risikokategorie ausgeübt.

Ad 3   *Risiken bewerten*

Es ist üblich, die Risiken in einem zweidimensionalen Schema mit den Koordinaten Wahrscheinlichkeit und (in der Regel monetäre) Auswirkungen zu bewerten (s. Anhang 6). Dieses Feld wird in vier Quadranten aufgeteilt. Risiken mit beträchtlicher Wahrscheinlichkeit und erheblichen Auswirkungen sind «hoch». Risiken mit beträchtlicher Wahrscheinlichkeit und mittleren Auswirkungen bzw. erheblichen Auswirkungen und tiefer Wahrscheinlichkeit sind «mittel» und solche mit tiefer Wahrscheinlichkeit und geringen Auswirkungen «unerheblich».

Hätten wir damals die Möglichkeit eines Blackouts nicht schlicht vergessen, so wäre dieser Fall als «unerheblich» eingestuft worden. Die Wahrscheinlichkeit war aufgrund der Vergangenheit klein, und der monetäre Schaden hielt sich in Grenzen. Der Gesamtschaden der Strompanne betrug etwa 5 Millionen Franken. Wenig später zogen starke Unwetter durch das Land und verursachten bei den SBB Schäden von rund 80 Millionen Franken.

Das Beispiel zeigt, dass diese zweidimensionale Bewertung zu kurz greift. Es gibt zwei Möglichkeiten, dem zu begegnen. Die eine wird im nächsten Punkt dargestellt, die andere ergänzt die Bewertung mit weiteren Dimensionen.

Die Risiken der Euro 2008 haben wir anhand von folgenden Kriterien bewertet: Wahrscheinlichkeit, monetäre Auswirkungen, Auswirkungen auf das Image, Auswirkungen auf die Funktionalität.

Ad 4   *Worst-Case-Analyse*

Nach der Strompanne war klar, dass das Risikomanagement der SBB, auf das wir so stolz waren, in diesem konkreten Fall versagt hatte. Die Lehre, die wir daraus gezogen haben, war die Ergänzung des Verfahrens um einen weiteren Schritt: die Worst-Case-Analyse.

Wenn «Murphy's Law» existiert, dann muss man sich diesen Fall, bei dem alles schiefgeht, vorstellen können. Deshalb geht an jeden Risk-Owner der Auftrag, in seiner Risikokategorie den schlimmstmöglichen Fall zu eruieren, und zwar systematisch, d. h. ausgehend von einer detaillierten Prozessanalyse.

Beim erstmaligen Durchführen der Worst-Case-Analyse bei den SBB erarbeiteten unsere Risk-Owner eine beeindruckende Fülle von Worst-Case-Szenarien. Wie haben diese wiederum kategorisiert und auf eine überblickbare Anzahl reduziert.

Eine systematische Worst-Case-Analyse bei den Banken hätte aufgezeigt, dass der Rückgang der Immobilienpreise in den USA das ganze System zum Platzen bringen würde. Zwischen diesem Rückgang und dem Platzen der Blase verstrich so viel Zeit, dass mit vorbereiteten Massnahmen einiges hätte vermieden werden können.

Ad 5   *Massnahmen vorbereiten*

Wenn die Liste der Eventualitäten erstellt und bewertet ist, stellt sich die entscheidende Frage, wie mit diesen Risiken umgegangen werden soll. Dabei liegt die erste Priorität auf den hohen Risiken. Neben spezifisch für ein besonderes Risiko definierten Massnahmen (beispielsweise eine politische Überzeugungsaktion im Falle von drohenden Regulierungen) gibt es eine ganze Reihe von Standards im Umgang mit Risiken.

a)   Risiken vermeiden

Als das Audit-Komitee des neu zusammengesetzten Verwaltungsrats der SBB seine Arbeit aufnahm, stellte sein Präsident fest, dass wir einen namhaften Stock von Swissairaktien in unseren Büchern führten. Das ging auf den Umstand zurück, dass sich die SBB bei der Gründung an der Fluggesellschaft beteiligt hatten. Das Komitee kam zum Schluss, dass wir uns das Risiko eines Buchverlustes nicht leisten konnten, und beschloss, die Aktien umgehend zu verkaufen. Das taten wir zu einem Preis von über 300 Franken pro Aktie. Nur wenig später sind sie wertlos geworden.

b)   Risiken entschärfen

Dank dem Einsatz von Entgleisungsdetektoren konnte das Risiko umgestürzter und aufgeschlitzter Güterwagen mit Gefahrengütern erheblich entschärft werden.

Wie bereits in Kapitel 4 erwähnt, ist der Verzicht auf Big-Bang-Übungen zugunsten von etappierten Einführungen eine wichtige Massnahme zur Entschärfung von Risiken. Wenn immer möglich sollte auf eine Kumulation von Risiken verzichtet werden.

Ursprünglich war beabsichtigt, dass auf der Neubaustrecke Mattstetten-Rothrist von Beginn an mit dem neuen Zugssteuerungssystem ETCS und der Höchstgeschwindigkeit von 200 km/h gefahren werden sollte. Aufgrund der Schwierigkeiten im Pilotbetrieb mit ETCS rüsteten wir die Strecke zunächst mit herkömmlichen Signalen aus und fuhren nur 160 km/h. ETCS und 200 km/h wurden später realisiert. Das war eine zweckmässige Entscheidung, andernfalls hätten wir wohl zwei Jahre lang eine neue Bahnstrecke nicht fahrplanmässig befahren können.

c)   Risiken streuen

Mit einer Diversifikation werden die Risiken gestreut. Das Gesamtrisiko vermindert sich, weil die Wahrscheinlichkeit des gleichzeitigen Eintritts mehrerer negativer Entwicklungen gering ist.

d)   Risiken auf eine Versicherung übertragen

1994, als sich die in Kapitel 3 beschriebene fürchterliche Unfallserie ereignete, hatten die SBB keine Versicherung. Im Aktionsprogramm, das wir damals auf die Beine stellten, war die Versicherung gegen Grossschäden ein wichtiger Punkt. Es gelang uns, mit einem Versicherungskonsortium eine Lösung zu erarbeiten, die wir sogar noch nach 9/11 zu vernünftigen Bedingungen weiterführen konnten. Zwischen dieser Versicherung und dem Sicherheitsmanagement der SBB entwickelte sich ein enger Zusammenhang: je effizienter der Regelkreis Sicherheit, desto günstiger die Prämien. Damit war auch der entscheidende ökonomische Anreiz gesetzt: Ein hoher Sicherheitsstandard rechnet sich!

e) Redundanz

Dem Risiko des Ausfalls von technischen Systemen kann mit der Verdoppelung oder Vervielfachung der Systeme begegnet werden. Das reduziert die Ausfallwahrscheinlichkeit beträchtlich, ist aber sehr teuer. Ausserdem muss immer wieder getestet werden, ob der Übergang auf die Rückfallebene reibungslos klappt.

f) Eingriffsmanagement

Der Trend geht unaufhaltsam in Richtung immer komplexere Systeme. Auch diese Systeme müssen gewartet und erneuert werden, was immer wieder Eingriffe ins System erfordert. Solche Eingriffe sind mit hohen Risiken verbunden.

Das mussten wir bei der Strompanne, aber auch bei Stellwerkstörungen mit flächendeckenden Auswirkungen immer wieder schmerzlich erfahren. Die Analyse der grossen Strompanne ergab, dass die Hauptursache ein Eingriff ins System war. Von drei Hochspannungsleitungen ins Tessin mussten wegen Bauarbeiten an der Nationalstrasse zwei ausser Betrieb genommen werden. Das verantwortliche Team beurteilte diesen Eingriff als unproblematisch und traf keine besonderen Vorkehrungen. Das war besonders fatal, weil die Kapazität der verbleibenden Leitung wesentlich geringer war, als aufgrund der Anlagedokumente angenommen wurde.

Der Vorfall machte uns bewusst, dass in all unsere unzähligen, immer komplexer werdenden Systeme täglich Eingriffe vorgenommen werden und ein solcher Eingriff per se ein hohes Risiko auslöst.

Dieses Problem lässt sich über eine Formalisierung wirkungsvoll angehen. Wer die Verantwortung für einen Eingriff in ein technisches System hat (z.B. einen Software Release), der bestätigt mit seiner Unterschrift auf einem Formular, dass er alle allenfalls Betroffenen informiert und ein Notfallszenario mit einer Rückfallebene vorbereitet hat.

g) Auf den Risk Report abgestimmter Einsatz von interner und externer Revision

Das ist eines der wirksamsten Instrumente. Befindet sich beispielsweise das Risikofeld Compliance im roten Bereich, so empfiehlt es sich, Aufträge und Verträge an Firmen durch die interne Revision lückenlos und im Detail prüfen zu lassen. Besonderes Augenmerk ist auf Beratungsaufträge zu richten. Besonders wichtig ist dabei die interne Revision. Es gibt kein besseres Instrument zur Prävention als eine unabhängige, starke interne Revision.

h) Der Plan B

Im Plan B, auch Notfallplan oder Contingency-Plan genannt, werden die Gegenmassnahmen im Falle des Eintritts des ungünstigen Ereignisses definiert.

Eines der hohen Risiken bei der Euro 2008 war eine Terrordrohung. Die Frage, die sich bei der Erarbeitung eines Plan B hier stellte, war klar: Wie kann das Sicherheitsniveau noch erhöht werden, wenn bereits alle Sicherheitskräfte im Einsatz sind? Es gab nur zwei Möglichkeiten: der Beizug zusätzlicher Kräfte aus dem Ausland und die Veränderung des Einsatzdispositives der Armee. Die Realisierung beider Massnahmen war heikel und erforderte vor allem viel Vorbereitungszeit. Ausserdem galt es, die Kompetenzen von Bund und Kantonen und allfällige Kostenfolgen zu berücksichtigen. Man kann Taleb nur beipflichten: Vorbereitung ist alles!

Die Schweizerische Nationalbank begann bereits 2005 mit der Erarbeitung von operativen Notfallplänen für den Fall der Gefährdung der Systemstabilität. Ohne diese vorbereitende Massnahme wäre es kaum möglich gewesen, das Rettungspaket für die UBS zeitgerecht zu schnüren.

Seit einigen Jahren ist bekannt, dass es im Fussball kriminelle Wettsysteme gibt. Eigentlich logisch: Es geht um so viel Geld, dass das Risiko krimineller Handlungen evident ist. Die Verbände und Clubs sehen sich also mindestens einem mittleren Risiko gegenüber. Jede dieser Institutionen müsste einen Plan B für den Fall der Fälle in der Schublade haben. Man hat nicht den Eindruck, dass dies irgendwo geschehen wäre.

i) Akzeptanz

Unternehmerisches Handeln heisst Risiken eingehen und Risiken akzeptieren. Restrisiken sind nie auszuschliessen. Entscheidend ist, dass dies in einem bewussten Prozess geschieht.

Ad 6 *Risk Report erstellen*

Ein gut gemachter Risk Report ist ein Führungsinstrument für alle Stufen. Seine Erarbeitung und Erörterung schärft das Bewusstsein für die breite Palette der Risiken. Der Risk Report muss mindestens einmal pro Jahr erstellt werden, in komplexeren Unternehmen empfiehlt sich ein halbjährlicher Rhythmus.

Die Verantwortung für die Erstellung und Nachführung des Risk Reports ist eine klassische Stabsaufgabe. Sie sollte jemandem übertragen werden, der nicht direkt ins Risikogeschehen involviert ist (also nicht dem CFO).

Die Struktur des Risk Reports lehnt sich an die oben beschriebenen Schritte an und umfasst:

- Risikolandschaft
- Bewertung der Risiken
- Die hohen Risiken: Beschrieb, Massnahmen
- Die mittleren Risiken: Beschrieb, Massnahmen
- Worst-Case-Analysen mit Schlussfolgerungen und allenfalls Massnahmen

Bei den SBB trug der Generalsekretär die Verantwortung für die halbjährliche Erstellung des Risk Reports. Der Input wurde nach einem standardisierten Verfahren von den Risk-Owners geliefert. Darauf folgten Interviews mit den Linienvorgesetzten und eine intensive Diskussion in der Geschäftsleitung, bis das Dokument dem Verwaltungsrat vorgelegt wurde.

Wenn ein Verwaltungsrat eine Strategie beschliesst, die sich im Nachhinein als ungeeignet erweist, so ist das nicht strafbar. Wenn diese Firma aber kein effizientes Risikomanagement betreibt, dann trägt der VR die Verantwortung dafür.

Zum Abschluss dieses Kapitels wollen wir noch Risiken erwähnen, die in keiner Risikolandschaft erscheinen. Paradoxerweise ist anhaltender Erfolg ein erheblicher Risikofaktor. Eine Organisation, der es permanent (zu) gut geht, ist gefährdet. Die Kosten werden nicht mehr mit Akribie im Griff gehalten. Hier und dort schleicht sich Luxus ein, neue, architektonisch grossartige Verwaltungsgebäude werden errichtet, Veränderungen sind kaum zu vermitteln, es läuft ja alles so gut. Das Ego der Manager wächst ins Unermessliche, Hochmut und Euphorie greifen um sich, die Bodenhaftung geht verloren, das Wachstum wird überforciert, Risiken werden vernachlässigt. Eine alte Volksweisheit umschreibt das kurz und bündig: «Hochmut kommt vor dem Fall.»

Selbst Toyota, jahrelang als beste Unternehmung der Welt bezeichnet, schlitterte in die Krise. Für den neuen Chef und Urenkel des Firmengründers, Akio Toyoda, ist die Ursache auf zu schnelles Wachstum zurückzuführen.

Meinen persönlichen Brief an alle Eisenbahner zum Jahreswechsel 2005 habe ich mit dem Satz «Achtung, es geht uns gut» eingeleitet. Tatsächlich funktionierte das neue Produktionssystem Bahn 2000 auf Anhieb nahezu perfekt, und es herrschte eine fast euphorische Grundstimmung. Ein knappes halbes Jahr später holte uns die Strompanne unsanft auf den Boden zurück.

Ein Marathonläufer weiss: Wenn er sich besonders gut fühlt, wird es gefährlich. Er wird sehr bewusst laufen, um zu vermeiden, dass ihn die Euphorie in zu hohes Tempo führt, auf das unweigerlich «der Hammermann» folgt. Die gleiche Sensibilität muss ein Manager in guten Zeiten aufbringen.

In die gleiche Richtung geht das Risiko, das sich mit Masslosigkeit des Wollens umschreiben lässt. Die in der jüngeren Vergangenheit gezüchtete Kultur der Visionäre, für die nichts unmöglich ist, hat in vielen Fällen zu Realitätsverlust mit fatalen Folgen geführt. Man achte daher sehr genau auf solche Symptome.

Der ultimative Test für das Management: Die Krise

Am 22. Juni 2005 reiste ich von einer Verwaltungsratssitzung bei der Französischen Staatsbahn SNCF zurück in die Schweiz. Der TGV schlängelte sich durch die französischen Juraweiden, als ich einen Anruf unseres Infrastrukturchefs erhielt. Seine Meldung erschien mir absolut unglaublich: Der Strom ist auf dem gesamten Netz der SBB ausgefallen. Ich war immer noch völlig perplex, als mich meine Frau anrief. Sie hörte Radio, sah fern und versorgte mich von nun an mit den aktuellsten Informationen. Ich wusste, was nun in Bern geschah. Der Krisenstab war wohl schon in Aktion und unternahm alles, um das Netz wieder in Betrieb zu nehmen. Nun meldete sich der Zugsbegleiter unseres TGV am Lautsprecher. Wegen betrieblicher Schwierigkeiten auf dem SBB-Netz könnten wir nicht direkt nach Neuenburg fahren, sondern würden über Vallorbe umgeleitet. Die Reisenden im gut besetzten Zug wurden hellhörig, und es ging nicht lange, bis das Gerücht des Stromausfalles die Runde machte. Es wurde auch schnell bekannt, dass sich der SBB-Chef im Zug befand. Nun riefen mich wieder die SBB an. Man wolle mir so schnell wie möglich eine Limousine schicken. Da fällte ich meinen ersten Entscheid in dieser Sache und beschloss, diese Reise zusammen mit den andern Passagieren bis ans bittere Ende durchzustehen. Drei Gründe gaben den Ausschlag. Erstens konnte ich mir lebhaft vorstellen, was für einen Eindruck es machen würde, wenn ich im schönen Auto abgeholt und die vielen Reisenden ihrem Schicksal überlassen würden. Zweitens machte ich mir keine Illusionen: Was sollte ich im Krisenstab denn persönlich beitragen? Nun waren die Spezialisten gefragt, und die hatten mein volles Vertrauen. Und drittens wusste ich: Wenn ich die Folgen der Strompanne am eigenen Leib erlebe, dann erleichterte das die Kommunikationsarbeit, die nun auf mich einstürzen würde.

«Vallorbe – tout le monde descend.» Vallorbe ist ein riesiger, schlossartiger Bahnhof aus der Gründerzeit, auf einer Anhöhe neben dem Dorf gelegen, einsam und völlig kahl. Bald standen einige hundert Reisende auf dem grossen Platz vor dem Bahnhof, darunter viele Touristen aus Übersee. Es war ein traumhaft schöner Sommerabend, und die Stimmung war recht gelöst. Immer wieder wurde ich fotografiert und mit Videokameras aufgenommen. Langsam allerdings senkte sich die Nacht auf die surreale Szene. Ich telefonierte dem Postchef, der im Ausland weilte und von allem nichts wusste, und flehte ihn um Postautos an. Ich war zu spät, denn kurz darauf erschien der erste gelbe Wagen und löste Euphorie aus. Ich bedauere noch heute, dass keines der vier Postautos, die schliesslich auf dem Platz standen, seine Ankunft mit dem Dreiklanghorn angekündigt hatte. Es folgte ein kurzes Chaos, weil nicht klar war, ob eines der Postautos nach Neuenburg fahren würde. Schliesslich waren alle Reisenden wie in einer Sardinenbüchse verstaut. Als wir in

Lausanne vorfuhren, sah ich als Ersten einen Eisenbahner in der orangen Weste, der uns in Empfang nahm. Er orientierte uns, dass die Züge wieder fahren würden, noch nicht in einem festen Fahrplan allerdings, aber es komme sicher ein Zug, Gleis 1 nach Bern, Gleis 2 nach Genf. Der Perron 1 war schwarz von Wartenden. Tatsächlich erschien bald ein Zug. Noch nie habe ich in unserm Land eine kommunikativere Zugsreise erlebt. Jede und jeder erzählte, wie er den Blackout erlebt hatte, und die Stimmung war beinahe ausgelassen. Es war gut zwei Uhr morgens, als ich endlich in Bern ankam und dann auch noch ein Taxi auftreiben konnte (an dem Tag wurde ein absoluter Umsatzrekord für das Schweizer Taxigewerbe erzielt).

Die Nacht war kurz, und um sechs Uhr stand ich im Krisenraum und liess mich über den Stand der Dinge orientieren. Um zehn Uhr war eine Pressekonferenz angesagt, die vom Fernsehen live übertragen werden sollte. In aller Eile formulierte ich meinen Text, im Zentrum die Aussage: «Es ist mir unendlich peinlich.» Ich wies darauf hin, dass wir in der Antizipation versagt hatten und wie sehr mich das ärgerte. Ausgerechnet die Antizipation, die ich unablässig gepredigt hatte. Es folgten Interviewmarathons auf allen Kanälen. Am Abend wurde diese Kommunikation durch einen weiteren, von einem Blitzschlag ausgelösten Stromausfall in der Romandie angereichert. Die Mitteilung darüber erreichte mich mitten in einem Liveinterview mit Radio Suisse Romande. Dann folgten Schuldzuweisungen, Polemik in den Medien bis hin zu Rücktrittsforderungen, Aufgebote in parlamentarische Kommissionen, vor allem aber die interne Aufarbeitung der Krise.

Die Strompanne ist ein treffliches Beispiel für eine *plötzliche Krise*, die in Sekundenschnelle eintreten kann und das Leben in einer Unternehmung völlig verändert. Die plötzliche Krise hat oft operationelle Ursachen. In der Regel wird sie sofort als solche erkannt, aber nicht immer. Am 6. Oktober 2007 fand in Bern eine politische Demonstration statt, die Gegenbewegungen auslöste und in wüsten Krawallen endete. Die Polizei und die politischen Behörden reagierten unglücklich. Der Stadtregierung wurde erst in der Folgewoche bewusst, dass sie in eine veritable Krise gerutscht war. Ein krasses Beispiel einer lange nicht erkannten plötzlichen Krise war der Fall des früheren Chefs der Schweizer Armee. Erst Wochen nach der ersten Anfrage der *Sonntags-Zeitung* wurde das ganze Ausmass des Vorfalls erkannt.

Ein ganz anderes Phänomen ist die *schleichende Krise*. Sie ist oft finanzieller Natur. Ein Beispiel für eine schleichende Krise in einem andern Bereich ist der Beschuss von zwei Tanklastzügen durch die Bundeswehr bei Kunduz am 4. September 2009. Erst im November wurden nach und nach Details der Operation öffentlich, und der Fall eskalierte zur Krise. Die schleichende Krise unterliegt in manchen Fällen einem menschlichen Schutzmechanismus, der Verdrängung. Ich habe immer wieder erlebt, dass schlechte finanzielle Nachrichten relativiert werden. Man ist schnell mit Erklärungen zur Hand: Da war ein Arbeitstag weniger, die Festtage waren im Vorjahr anders verteilt... So vergehen schnell Monate, bis der Ernst der Lage klar ist. Dabei gilt das Sprichwort: «Worse than bad news are bad news late.»

> **In jeder Krise sind drei Faktoren entscheidend:**
> 2.1 Krisenmanagement: Wiederherstellung des Normalzustandes
> 2.2 Kommunikation in der Krise
> 2.3 Aufarbeitung der Krise

2.1 Krisenmanagement: Wiederherstellung des Normalzustandes

Dazu nochmals Taleb: «Nicht in Vorhersagen investieren, sondern in Vorbereitetsein.»[67] Das gilt ganz besonders für das Krisenmanagement. Diese Vorbereitung ruht auf zwei Säulen: der Krisenorganisation und dem Risikomanagement, das im vorhergehenden Abschnitt behandelt wurde.

Im Zentrum einer Krisenorganisation steht der *Krisenstab*. Dieser Stab muss auf einen länger dauernden 24-Stunden-Betrieb eingestellt sein. Er besteht aus einem Chef, seinen Stellvertretern und dem variabel einsetzbaren Fachpersonal. Das Personal des Krisenstabes ist handverlesen. Es gibt den besonderen Menschenschlag, der sich in der Krise erst so richtig wohl fühlt. Es sind Menschen, für die gilt «cool under fire». Diese Eigenschaft ist kaum lernbar und recht selten.

Die erste Aufgabe eines Krisenstabes ist die vollständige Aufarbeitung der Fakten. Das ist in den meisten Fällen nicht banal, sondern die Arbeit an einem komplizierten Puzzle. Ohne wesentliche Teile dieses Puzzles kann weder der Normalzustand wiederhergestellt noch eine wirkungsvolle Kommunikation betrieben werden.

Von Bedeutung ist der Raum, in dem der Krisenstab wirkt.

Bei den SBB hat der Krisenstab jeweils das Sitzungszimmer des Verwaltungsrates bezogen. Die elektronischen Hilfsmittel hielten sich in Grenzen: ein PC, ein Fernsehgerät und drei Telefonlinien. Bald sah der Raum so aus wie in früheren Zeiten ein Kommandoposten eines militärischen Stabs mit viel Packpapier an den Wänden. Nach der Strompanne beschlossen wir, einen permanenten Krisenraum mit bester räumlicher und elektronischer Infrastruktur zu schaffen.

Der Krisenstab muss immer und immer wieder beübt werden. Basis für diese Übungen bilden die Risikoszenarien aus dem Risikomanagement.

Die Definition des Krisenstabes war eine der heikelsten Aufgaben im Rahmen des Projekts Euro 2008. Zu meiner Verwunderung gibt es beim Bund keinen zentralen Krisenstab, aber eine grosse Menge sogenannter Sonderstäbe für alle denkbaren Risikofälle (z. B. Pandemie). Das Gebilde, das wir schliesslich definierten, war der erste gesamtschweizerische Sicherheitsverbund. Ob der in einer Krise funktioniert hätte, wissen wir glücklicherweise nicht, hatten wir doch keinen einzigen kritischen Fall zu behandeln. Ich hätte erwartet, dass diese Strukturen nach der Euro 2008 in eine ordentliche Krisenorganisation übergeführt worden wären. Diese Diskussionen dauern offenbar noch an. Man spürt, dass der Druck des Grossereignisses vorüber ist.

Selbstverständlich bleibt die Kompetenz für Entscheide mit grösserer Tragweite während einer Krise bei der Linie. Die Grundlagen hierfür werden entweder vom Krisenstab oder später während der Aufarbeitung der Krise erarbeitet.

Der Krisenstab der SBB hat während der Strompanne hervorragende Arbeit geleistet. Er hat die enorme Herausforderung, ein gesamtes ausgefallenes Netz so schnell wie möglich wieder hochzufahren, mit Bravour gemeistert. Am Morgen danach waren sämtliche Züge am falschen Ort, trotzdem hat der Zugsverkehr funktioniert. Erfreulich war, dass nicht nur diese technische Seite gut bewältigt wurde, sondern auch die kundendienstliche. Hunderte Kundenbetreuer wurden sofort an «die Front» gesandt, um die gestrandeten Reisenden mit Wasser zu versorgen und Tausende Gutscheine als Entschuldigung und Entschädigung für die Unannehmlichkeiten zu verteilen.

2.2 Kommunikation in der Krise

Kommunikation ist immer wichtig, in der Krise hat sie überragende Bedeutung. Dafür steht das ganze in Kapitel 9 präsentierte Arsenal zur Verfügung. Die folgende Checkliste ist praxiserprobt, und es empfiehlt sich, den Vorgehensschritten – natürlich angepasst an die spezifische Situation – strikte zu folgen.

> **Checkliste Krisenkommunikation**
> 1. Kapitän auf die Brücke
> 2. Beim Ausbruch der Krise: Deskription gesicherter Fakten, keine Interpretationen
> 3. Betroffenheit, Beileid, Dank, Entschuldigung…
> 4. Aktive Medienarbeit in hohem Rhythmus, Konzentration auf zusätzliche Fakten
> 5. Interpretationen auf Herz und Nieren prüfen
> 6. Aktionen führen aus der Krise – aber Vorsicht vor Schnellschüssen

Ad 1 *Kapitän auf die Brücke*

Kommunikation in der Krise ist Chefsache. Wenn der Chef vor die Mikrofone tritt, so hat das auch symbolische Bedeutung. Es ist ein Zeichen, dass das Gewicht der Krise erkannt ist und alles für eine Wiederherstellung der Normalität getan wird. Dabei kann sich die Frage «CEO oder Verwaltungsratspräsident?» stellen. Es gibt zwei Gründe, die dafür sprechen, dass der CEO kommuniziert: Er ist erstens wesentlich näher bei der Operation, und zweitens kann man so den VR-Präsident für eine letzte Eskalationsstufe in der Rückhand behalten.

Tatsächlich, am Morgen nach der Strompanne war die erste Frage eines Journalisten: «Wie haben Sie die Strompanne persönlich erlebt?» Ich hatte eine gute Geschichte zu erzählen und einmal mehr bestätigt erhalten: Etwas kommunizieren, was man selber erlebt hat, wirkt viel authentischer als jede Second-Hand-Information.

Gegen diesen elementaren Grundsatz wird oft verstossen. So war beispielsweise beim tragischen Unglück an der Jungfrau, bei dem 2007 sechs Rekruten starben, nie ersichtlich, wer die Kommunikation führte.

Es gibt Fälle, wo es nicht offensichtlich ist, wer den Kapitänshut trägt, wie beispielsweise beim schweren Lawinenunglück im Diemtigtal im Januar 2010. In einem solchen Fall ernennt man die am besten geeignete Person als Sprecher. Wichtig ist, dass dieser Entscheid so früh wie möglich getroffen wird und dass anschliessend alle Medienanfragen über diese Person kanalisiert werden.

Ad 2

Beim Ausbruch der Krise:
Deskription gesicherter Fakten, keine Interpretationen

Der Grundsatz ist so einfach, und doch wird immer wieder dagegen verstossen. Klar, der Druck der Medien ist enorm. Sie wollen subito Auskünfte über die Gründe, vor allem zu den Schuldigen. Und die von der Krise Betroffenen sind versucht, so rasch wie möglich jede Schuld von sich zu weisen. Auch Taleb weist in seinem Buch *Der schwarze Schwan* auf diesen Umstand hin: «Es erfordert erhebliche Anstrengungen, Fakten zu sehen..., ohne ein Urteil zu fällen und sich in Erklärungen zu flüchten.»[68] Man kann deshalb nur raten: stur bleiben. Nur die Fakten aufzählen, keine Spekulationen anstellen. Wenn man sich konsequent an diese Empfehlung hält, erleichtert man sich die Kommunikationsarbeit ganz erheblich.

Die Medienmitteilung für unsere live übertragene Pressekonferenz am 23. Juni 2005 trug den Titel: «Kurzschluss löst Strompanne im Bahnnetz aus.» Dumm nur, dass sich wenig später erwies, dass diese Aussage falsch war. Wir hatten grosses Glück, dass uns dieser Fehler kaum angekreidet wurde. Er ist in der ganzen Hektik wohl ganz einfach untergegangen.

Wenn man sich schon nicht enthalten kann, etwas über die Ursachen zu sagen, sollte man diese Interpretationen wenigstens ausdrücklich als Hypothesen deklarieren.

Wie oben erwähnt, ist für die Aufarbeitung dieser Fakten der Krisenstab zuständig. Das funktioniert aber nur, wenn die Krise erkannt und der Stab eingesetzt ist. Beim bereits zitierten Fall des ehemaligen Armeechefs war das nicht der Fall. Die Geschichte wäre vielleicht noch zu retten gewesen, wenn nach dem ersten Telefon der *Sonntags-Zeitung* ein Stab eingesetzt worden wäre, der so schnell wie möglich alle Fakten zusammengetragen hätte. Diese Gelegenheit wurde verpasst. Die Protagonisten sind ohne Faktenkenntnis vor die Medien getreten, und das geht nie gut.

Auch bei der erwähnten Kunduz-Krise wurde die Faktenlage sträflich vernachlässigt. Viel zu früh wurden die für die Operation Verantwortlichen entlastet. Als später neue Fakten an die Öffentlichkeit gelangten, beurteilte der neue Verteidigungsminister die Operation immer noch als angemessen. Schliesslich musste er sich im Lichte erdrückender Fakten von dieser Aussage distanzieren.

Im Frühling 2007 löste ein «Schulskandal» im Zürcher Schulhaus Borrweg wochenlang negative Schlagzeilen aus. Es war von einer «Chaos-», «Horror-» oder gar «Terrorklasse» die Rede. Ein gutes halbes Jahr später wurde berichtet, dass diese Skandalisierung auf zwei Falschinformationen beruhte. Es stimme nicht, dass an der Schule sechs Lehrer «verheizt» wurden, und die Information, dass drei Viertel der Klasse «aus dem Balkan und angrenzenden Gebieten» stammten, sei komplett falsch. Für einen aussenstehenden Betrachter ist ein solcher Vorfall unverständlich. Es geht um zwei zentrale Aussagen, deren Wahrheitsgehalt innert kürzester Zeit hätte überprüft werden können. Man kann gar nicht genug insistieren: Fakten, Fakten, Fakten.

Ad 3   *Betroffenheit, Beileid, Dank, Entschuldigung ...*
Dieser Punkt hängt mit dem Kreis der durch die Krise Geschädigten zusammen. Diese Aussagen sind nicht delegierbar, auch darum gehört in solchen Situationen der Kapitän auf die Brücke. Deshalb ist es auch erforderlich, dass sich der Chef ein persönliches Bild über die Auswirkungen der Krise macht. Nur so ist er in der Lage, sowohl professionell wie auch mit der richtigen Emotionalität zu kommunizieren, offen, ehrlich, ohne Beschönigung und zur Verantwortung stehend.

Zu Kontroversen gibt immer wieder die Frage einer Entschuldigung Anlass. Juristen mögen argumentieren, dass eine Entschuldigung einem Schuldgeständnis gleichkommt. Es gibt berühmte Fälle, in denen man deshalb bewusst von einer Entschuldigung abgesehen hat: die Skyguide im Fall des Flugzeugzusammenstosses über Überlingen und Schindler bei einem tragischen Unfall mit einem Lift in Japan. Eine Entschuldigung hätte wohl in beiden Fällen die Lage entspannt. Die beiden Beispiele zeigen, dass man sich in einer Krise, ohne die juristische Situation ausser Acht zu lassen, vom gesunden Menschenverstand leiten lassen sollte.

Nach dem Zugsunglück in Zürich Affoltern (s. Kapitel 4) versprachen wir den Menschen, die ihr ganzes Hab und Gut verloren hatten, «rasche und unbürokratische Hilfe» (eine Formulierung, die zum Standardrepertoire der Krisenkommunikation gehört). Wenig später tauchten in den Medien Geschichten über die kleinliche Behandlung der Anliegen der Geschädigten auf. Ich musste lernen, dass es mit diesem Standardsatz nicht getan ist. Man muss diese Verantwortung in einem solchen Fall an eine kompetente Person mit Augenmass und direktem Zugang zum «Kapitän» delegieren.

Der gleiche Fehler wurde auch beim Militärunglück an der Jungfrau im Jahre 2007 begangen. Geradezu genüsslich schlachteten Fernsehen und die Boulevardpresse die Kleinlichkeit der Bürokratie der zuständigen Stellen aus.

Ad 4 *Aktive Medienarbeit in hohem Rhythmus,*
Konzentration auf zusätzliche Fakten

Jede plötzliche Krise zeichnet sich durch anfängliche Informationsdefizite aus. Es ist eine der zentralen Aufgaben des Krisenstabs, zuverlässige Information einzuholen, zu bewerten und in den Gesamtzusammenhang einzuordnen. Es ist die Arbeit an einem Mosaik, das sich nach und nach zu einem Bild verdichtet. Die Medienarbeit in der Krise konzentriert sich darauf, diese zusätzliche Information zu verarbeiten und zu verbreiten.

Die erste Medienmitteilung nach dem Netzausfall erschien etwa eine Stunde nach dem Eintreten des Ereignisses. Es war eine kurze Meldung von viereinhalb Zeilen. Die zweite Mitteilung, knappe zwei Stunden später, war über eine Seite lang und enthielt bereits Informationen über die Betriebsaufnahme auf einigen Strecken. Um 22 Uhr konnte gemeldet werden, dass die Bahn schweizweit wieder unter Strom stand. Es folgten weitere Mitteilungen um 23.45 Uhr und am nächsten Morgen um 7.30 Uhr, bis zur grossen Medienkonferenz um 10 Uhr.

Auch hier gilt: Fakten und nochmals Fakten!

Ad 5 *Interpretationen auf Herz und Nieren prüfen*

Operationelle Krisen entstehen meist aus einer unglücklichen Verkettung verschiedener Ursachen. Schon deshalb ist die Frage der Kausalität schwierig zu beantworten.

Was war letztlich der Auslöser der Entgleisung in Lausanne (s. Kapitel 3 und 4)? Die Wirkungskette ist in Kapitel 3 geschildert und zeigt das Dilemma zwischen Handlungsdruck und Komplexität auf. Es wäre in diesem Fall auf den ersten Blick einleuchtend gewesen, das Risiko einer Entgleisung mit einer Reihung der leeren Wagen am Ende des Zuges zu reduzieren. Die Versuchung, in einer Krisensituation unter dem Druck der Medien vorschnell solche Aktionen zu proklamieren, ist gross. In unserem Fall hat sich dann gezeigt: Die in Europa angewandten Rangierverfahren verunmöglichen eine derartige Zusammenstellung der Züge mit vertretbarem finanziellem und zeitlichem Aufwand.

Nochmals: Interpretationen, namentlich Aussagen über Kausalitäten, Schuld und Unschuld, sind mit äusserster Sorgfalt zu überprüfen. Insbesondere lasse man sich weder durch den Druck der Medien noch durch selbst auferlegten Zeitdruck zu verfrühten Folgerungen verleiten.

Aktionen führen aus der Krise –
aber Vorsicht vor Schnellschüssen

Ad 6

Krisen sind existenzielle Momente im Leben eines Managers. Er wird emotional durchgeschüttelt und fühlt sich bis zu einem gewissen Grad ohnmächtig. Mit einer Aktion kann er wieder die Kontrolle übernehmen und dem medialen Druck, der Massnahmen fordert, begegnen. Das ist nicht ohne Risiko. Vor einer sorgfältigen Aufarbeitung einer Krise ist es schwierig, effektive Massnahmen zu definieren. Das Risiko blosser Alibiaktionen oder, noch schlimmer, kontraproduktiver Aktionen ist beträchtlich.

Nach dem Unfall in Lausanne, dem dritten in kurzer Folge, war mir klar, dass nun etwas geschehen musste. Gegen den Widerstand innerhalb der Unternehmung und der chemischen Industrie beschlossen wir, die Transporte gefährlicher Chemikalien für einige Zeit auszusetzen. Damit sollte Zeit gewonnen werden, um effektive betriebliche Massnahmen zu ergreifen und die Kontrollen zu verschärfen. Das hatte allerdings einen Haken. Die chemische Industrie wies mit Recht darauf hin, dass das gar nicht möglich sei, weil eine rechtliche Transportpflicht bestand. Die entsprechende Verordnung konnte nur durch den Bundesrat ausser Kraft gesetzt werden. Dieser befand sich aber just in diesen turbulenten Tagen auf seiner «Schulreise». Der damalige Vorsteher des Verkehrs- und Energiewirtschaftsdepartementes, Bundesrat Adolf Ogi, sorgte dafür, dass der Bundesrat noch während der Reise beschloss, die Verordnung für zehn Tage auszusetzen. Während dieser Schonfrist beschlossen wir unter anderem, das Bremsverfahren für schwere Güterzüge zu verändern. Auch das geschah gegen den Widerstand unserer «Betriebler», die der Meinung waren, damit sei der Fahrplan nicht mehr zu halten. Die Massnahme wirkte, und der Fahrplan blieb intakt.

Also: Nicht nur die Interpretationen, auch mögliche Massnahmen müssen auf Herz und Nieren geprüft werden. Oft ist es zweckmässig, Sofortmassnahmen vom anschliessenden Massnahmenpaket zu unterscheiden.

Nach all den Wirren um die Strompanne kam ein Fachmedium zu folgendem Schluss: «Dafür, wie man aus einem Nachrichtenwirbel gestärkt hervorgeht, gab's diesen Sommer aber auch ein Exempel: Die historische Strompanne hat das gute Image der SBB aus zwei Gründen nicht verletzt: weil diese der Information auch in der Krise höchste Priorität einräumte – und weil die SBB nach der brillanten Fahrplan-Umstellung ein grosses Grundvertrauen geniessen.»[69]

Tatsächlich zeigt der Fall der Strompanne, dass man mit guter Krisenbewältigung ein Image verbessern kann. Es ist auch richtig, dass dabei die Reputation einer Institution und die Krisenkommunikation eine wesentliche Rolle spielen. Entscheidend war aber im Fall der Strompanne das hervorragende Krisenmanagement.

2.3 Aufarbeitung der Krise

Der letzte Schritt im Ablauf einer Krise ist ihre Aufarbeitung. Sie erfordert einen gewissen zeitlichen Abstand zum Ereignis. Das Ziel der Übung ist klar: Es geht darum, sämtliche Lehren zu ziehen, damit sich ein derartiger Vorfall nicht mehr ereignet.

Wenige Tage nach dem 22. Juni 2005 traf ich mich mit den Verantwortlichen des Energiebereiches, um den dramatischen Vorfall zu analysieren und ein Massnahmenpaket zu definieren. Schon im Vorfeld erhielt ich gigantische Ordner mit technischen Erläuterungen und Schemas, die zu verstehen ich nicht in der Lage war. Nach ausführlichen Debatten wurde die Struktur des Falls ersichtlich. Es waren letztlich drei Ursachen, die kumulativ zur Panne geführt hatten.

Erstens wurde die Tragweite eines gravierenden Eingriffs ins Stromsystem nicht erkannt. Obwohl zwei von drei Leitungen in den Kanton Tessin ausgeschaltet werden mussten, wurde keine Emergency-Organisation erstellt. Besonders gravierend, dass das involvierte Team die Lage noch falsch einschätzte, weil die Anlagedatenbank fehlerhaft war. Zweitens spielten die Systeme in der Energieleitzentrale in Zollikofen verrückt und spuckten innert Sekunden Dutzende von Meldungen aus. Die Übersicht ging damit vollständig verloren. Und drittens war der Fall, wie oben erläutert, in keinem Risikoszenario vorgesehen.

Auch hier hat sich gezeigt, dass eine korrekte Situationsanalyse bereits den Kern der Entscheidung enthält. Das Massnahmenpaket setzte bei den drei Ursachengruppen an. Es wurden Massnahmen für das Eingriffsmanagement beschlossen (s. S. 93), die Anlagedatenbanken wurden überprüft und ins Revisionsprogramm einbezogen. Die Informationssysteme der Energieleitzentrale wurden analysiert und ein Projekt zu deren Anpassung gestartet. Und schliesslich wurde das Risikomanagement mit der Worst-Case-Analyse ergänzt (s. S. 91). Schon bald konnte ich mit Überzeugung verkünden, dass sich ein solcher Fall nie mehr ereignen würde (obwohl natürlich auch hier ein Restrisiko bestehen bleibt).

Die Krise ist die echte Prüfung für einen Manager. Wer Krisen durchlebt hat, wird in der Rückblende den Allgemeinplatz «jede Krise ist auch eine Chance» bestätigen. David A. Aaker, emeritierter Marketingprofessor aus Berkeley, geht mit seiner Aussage noch weiter: «Die Abwesenheit einer Krise macht Veränderungen so gut wie unmöglich. Was auch immer Sie verändern möchten: Eine Krise hilft!»[70]

In meinem Management-Lehrjahr bei Pierre Arnold, Chef der Migros und in dieser Zeit Archetyp des effektiven Unternehmungsführers, habe ich oft bewundert, wie er in Situationen der Bedrängnis an Kraft und Ausstrahlung gewonnen hat. Er hat mir einmal seine Devise verraten: «Enfin les difficultés commencent!» Das habe ich mir zu Herzen genommen.

Auch das ist ein Element der Antizipation: Man muss sich vorstellen können, wie man sich in einer möglichen Krise verhält. Die kämpferische Haltung, die es in der Krise braucht, kann man sich mental antrainieren. In Kapitel 10 sehen wir, dass mentale Stärke gelernt werden kann. Es ist wie beim Tiefschneefahrer, der sich in der Lawine richtig verhält, weil er dieses Szenario in seinem Kopf unzählige Male durchgespielt hat.

Erst in der Krise zeigen sich die wahren Fähigkeiten eines Managers. Stefan Zweig hat das eindrücklich umschrieben:

«Nichts schwächte den Künstler, den Feldherrn, den Machtmenschen mehr als unablässiges Gelingen nach Willen und Wunsch; erst im Misserfolg lernt der Künstler seine wahre Beziehung zum Werk, erst an der Niederlage der Feldherr seine Fehler, erst an der Ungnade der Staatsmann die wahre politische Übersicht ... Nur das Unglück gibt Tiefblick und Weitblick in die Wirklichkeit der Welt.»[71]

Über das Gewicht von Unternehmungskulturen und den Umgang damit

6

Als ich als junger Stabsmitarbeiter bei den SBB eintrat, war soeben der von einer riesigen Kommission in jahrelanger Arbeit entstandene Bericht mit dem sperrigen Titel «Gesamtverkehrskonzeption Schweiz» erschienen. Ich hatte mich intensiv mit der Materie auseinanderzusetzen und wurde bald zum Spezialisten. Das trug mir einige Einladungen zu Anlässen der Eisenbahnergewerkschaft ein. Ich lernte den ritualisierten Ablauf solcher Anlässe kennen: zuerst die Sektionsgeschäfte, dann das (mein) Referat. Darauf folgte eine Debatte, in der voller Engagement gegen mögliche Veränderungen und die unfähige Unternehmungsleitung polemisiert wurde. Anschliessend der Apéro und das Essen, wo die täglichen Probleme und Sorgen im Vordergrund standen. Ich hatte begriffen, wie wichtig der zweite und dritte Teil der Veranstaltung waren, und blieb fortan nach dem offiziellen Teil immer dabei. So lernte ich die Kultur der Eisenbahner kennen, und es wurde mir klar, welches Gewicht die Gewerkschaft in dieser Kultur hat.

Das Phänomen (Unternehmungs-)Kultur

1

Kultur ist ein «weicher», unscharfer Begriff. Verschiedene wissenschaftliche Disziplinen befassen sich damit. Dementsprechend vielfältig sind seine Definitionen. Ein Pionier in der Erforschung des Phänomens ist Geert Hofstede. Aufgrund grosser Datenmengen definierte er kulturelle Unterschiede anhand folgender Aspekte:[72]

- Individualismus – Kollektivismus
- Risikobereitschaft
- Machtdistanz
- Maskulin – feminin
- Langfristig – kurzfristig

In der Tat sind die Unterschiede erstaunlich. Sie zeigen, wie tief unser kulturelles Erbe verwurzelt ist. Der Wissenschaftsjournalist Malcolm Gladwell erzählt, wie die grosse Machtdistanz in Südkorea die Kommunikation zwischen Pilot und Kopilot beeinflusste, was schliesslich in mehreren Fällen zu Flugzeugabstürzen geführt hat. Er kommt zum Schluss: «Wenn wir die Kulturen ignorieren, fallen Flugzeuge vom Himmel.»[73] Sehr illustrativ ist auch sein Beispiel über die Reisbauern. Der Reisanbau ist viel arbeitsintensiver als jede andere Landwirtschaft und hat über die Jahrhunderte zu einer «Kultur des Fleisses» geführt.[74]

Taleb verweist in seinem Buch auf die enorme Bedeutung von Trial and Error, von Versuch und Irrtum. Nur sei die «Kultur des Scheiterns» in den USA und Europa völlig verschieden. «Dass ich mich in Amerika sofort heimisch fühlte, liegt gerade daran, dass die dortige Kultur zum Prozess des Scheiterns ermutigt, im Gegensatz zu den Kulturen in Europa und Asien, wo Misserfolg gebrandmarkt wird und als peinlich gilt.»[75]

Die Beispiele zeigen, welche immense Bedeutung Kulturen haben und dass sie das Erbe sind von jahrhundertealten Traditionen und Lernprozessen. Kulturen werden aber auch vom Zeitgeist beeinflusst. Der Faktor Machtdistanz ist ein treffliches Beispiel dafür. Sie hat als Folge der 68er-Bewegung und dem allgemeinen Zerfall der (formalen) Autoritäten signifikant abgenommen.

Wir wollen hier unter Kultur gemeinsame Werte und Verhaltensmuster verstehen. Die erwähnten Beispiele betreffen Makrokulturen. Ihnen untergeordnet sind unzählige Mikrokulturen. Art Kleiner, Kolumnist für Culture & Change in der Zeitschrift *strategy + business*, vertritt die Meinung, es gebe in jeder Unternehmung drei Mikrokulturen: die operationelle Kultur, die exekutive Kultur und die Kultur der Ingenieure.[76] Innerhalb der Schweiz unterscheiden sich die Kulturen der verschiedenen Sprachregionen deutlich, ebenso die Kulturen der verschiedenen Altersgruppen.

Auch in einer Eisenbahnunternehmung gibt es eine Makrokultur und verschiedene Mikrokulturen. Die Makrokultur ist von den Faktoren Disziplin, Identifikation mit der Eisenbahn und hohem Engagement geprägt. Der Eisenbahner fühlt sich als Mitglied einer Familie, die einen ausgesprochenen Korpsgeist aufweist. Er ist konservativ, recht veränderungsresistent und besteht oft stur auf der Ansicht, es bestehe quasi ein Naturrecht, dass der Staat für die Eisenbahn aufkommt und dafür viel Geld bezahlt. In dieser Familie der Eisenbahner gibt es verschiedene Gruppierungen. Die stärkste Mikrokultur haben ohne Zweifel die Lokführer. Ich habe immer wieder darüber gestaunt, dass die Kultur der Lokführer überall auf der Welt die gleichen Merkmale aufweist. In seinem Selbstverständnis übt der Lokführer den wichtigsten Beruf bei der Bahn aus und trägt die zentrale Verantwortung. Er ist geprägt von seiner einsamen Arbeit auf dem Führerstand, eine Arbeit, bei der es viel Raum zum Denken gibt. In einer französischen Studie über die Kultur von Lokführern habe ich gelesen: «Ils sont plus tractionnaires que cheminots.» Deshalb gibt es in vielen Ländern ausserhalb der Einheitsgewerkschaft auch unabhängige Gewerkschaften für Lokführer, was den sozialpartnerschaftlichen Dialog nicht immer erleichtert. Die Antipoden der Lokführer im Mikrokosmos einer Bahn sind die Betriebler, welche die Betriebsleitzentralen und Stellwerke bedienen, ohne die ein Zug gar nicht fahren könnte. Für viele von ihnen nehmen sich die Lokführer ganz einfach zu wichtig.

Es gibt Beispiele in der Schweizer Wirtschaftsgeschichte, wo unvereinbare Kulturen zum Kollaps führten. Am berühmtesten ist der Fall Swissair/Crossair. Die Kulturen waren so verschieden, die gegenseitige Abneigung so gross, dass man nicht zu Unrecht von zwei Luftfahrtsekten sprach. Auch bei der Fusion der Solothurner Autophon mit der Berner Hasler zur Ascom waren die Kulturen so unterschiedlich, dass die Ascom nie wirklich abgehoben hat und heute nur noch als bescheidene Restunternehmung existiert.

In einem eindrücklichen Interview äussert sich die oberste Arbeitnehmervertreterin der UBS über den «kulturellen Spagat der UBS» und über den Konflikt zwischen Schweizern und Angelsachsen. «Dieses Zuckerbrot ‹Bonus› ist eine dieser amerikanischen Errungenschaften, die wir in der Schweiz nie ganz verstanden haben ... Die Bonuspolitik der letzten, erfolgreichen Jahre hat uns buchstäblich bestochen.»[77] Tatsächlich prallten bei der Globalisierung der Schweizer Grossbanken die Kulturen diametral aufeinander. Hier die schweizerischen Bankiers, die lange in relativ geschützten Räumen agierten, wo das Senioritätsprinzip hohe Geltung hatte, dort die Amerikaner aus dem Haifischbecken der Wall Street.[78]

Die Beispiele zeigen, dass Firmen ganz spezifische Kulturen haben. Bei Toyota spricht man in dem Zusammenhang sogar von der Toyota-DNA. In einem Artikel «Von Toyota lernen heisst siegen lernen» wurde diese Kultur wie folgt auf einen knappen Nenner gebracht: eine fast religiös betriebene Maximierung der Qualität bei straffem Kostenmanagement.[79]

Während langer Zeit war Kultur kein spezifisches Thema in der Betriebswirtschaft, und auf Effizienz getrimmte Manager hatten die Tendenz, solche «weichen» Faktoren zu vernachlässigen. Der CEO der Swisscom ist ehrlich: «Vor ein paar Jahren hätte ich gesagt: Unternehmungskultur? Was soll das? Sprechen wir lieber über die wichtigen Dinge. Heute bewerte ich Dinge wie Motivation und Kreativität viel höher als früher.»[80] Man kann diese Aussage durchaus verallgemeinern. Die Unternehmungskultur ist daher häufig Gegenstand von Change-Programmen.

Die entscheidende Frage ist: Kann man eine Kultur überhaupt verändern und, wenn ja, wie?

Der Umgang mit Unternehmungskulturen

2

Die Beispiele von Gladwell und Taleb zeigen, wie fest gefügt (Makro-)Kulturen sind: «Unser kulturelles Erbe ist eine mächtige Kraft. Es ist tief verwurzelt und äusserst langlebig. Über Generationen hinweg überlebt es nahezu unverändert.»[81] Wenn allerdings eine Analyse zeigt, dass die vorhandene Machtdistanz dazu führt, dass Flugzeuge abstürzen, ist der Handlungsbedarf offensichtlich. Es muss und kann dagegen angegangen werden.

Ja, man kann Kulturen zumindest in Teilen verändern, das ist aber ein langer Prozess, der viel Geduld erfordert. Was man mit Sicherheit nicht kann, ist eine neue Kultur deklarieren. Es ist ähnlich wie beim Image und der Reputation. Eine positive Veränderung braucht viel Systematik und Zeit. Wie ein Image oder eine Reputation kann aber auch eine Kultur in unglaublich kurzer Zeit beschädigt werden.

> **Checkliste Unternehmungskultur**
> 1. Kultur kennen
> 2. Auf den Stärken der bestehenden Kultur aufbauen
> 3. Instrumente zur Veränderung einer Kultur gezielt einsetzen

Ad 1 *Kultur kennen*

Kultur spielt sich nicht auf den Chefetagen ab. Man muss an die «Front», zuhören und zuschauen, bis man versteht und die verschiedenen innerbetrieblichen Kulturen kennenlernt.

An einer Gewerkschaftsveranstaltung der Rangierarbeiter in Winterthur wurde ich gefragt, ob die SBB einen Beitrag an die Renovation des Friedhofs auf dem Gleisfeld im ehemaligen Rangierbahnhof leisten würden. Man denke an 500 Franken. Wir sagten ja, und ich wurde nach einiger Zeit zu einer kleinen Feier vor Ort eingeladen. Da sah ich diesen Friedhof zum ersten Mal. Er bestand aus einer Miniaturkirche und gut zwei Dutzend kleinen Grabsteinen, zum Andenken an die bei ihrer Arbeit verstorbenen Kollegen. Kirche und die Grabsteine wurden aus Abfällen von «richtigen» Grabsteinen gefertigt. Das Ganze präsentierte sich befreit vom angesetzten Moos wieder wie neu. Wir tranken ein Glas, und ich hörte den Geschichten der altgedienten Rangierer zu, die sich ausschliesslich darum drehten, wie man trotz schwierigster Umstände einen Zug zum Fahren gebracht hatte. So lernte ich die Mikrokultur der Rangierer kennen.

Clausewitz, dem der Begriff Kultur noch fremd war, formuliert seine Empfehlung folgendermassen: «Der Feldherr ... muss den Charakter, die Denkart und Sitte, die eigentümlichen Fehler und Vorzüge derer kennen, denen er befehlen soll.»[82]

Ad 2 *Auf den Stärken der bestehenden Kultur aufbauen*

Jede Kultur hat stärkere und schwächere Seiten. Wie beim Spitzensport gilt es, auf den Stärken aufzubauen und die Schwächen zu bekämpfen.

Disziplin ist ein tief verwurzelter Wert bei einem Eisenbahner. Der Begriff gilt heute eher als Sekundärtugend. In einem Bahnbetrieb, bei dem Pünktlichkeit der oberste Wert ist, ist der Faktor Disziplin indessen unabdingbar und eine ausgesprochene Stärke. Zwischen dieser Disziplin und der konservativen Grundhaltung gibt es einen direkten Zusammenhang. Und da ist mir ein disziplinierter Eisenbahner, der eine innere Abneigung gegen Veränderungen hat, immer noch lieber als einer, der Veränderungen liebt, aber eine eher chaotische Arbeitsweise hat.

Das stärkste Zeugnis für die Stärke der Eisenbahnerkultur war der 23. Juni 2005, der Tag nach der Strompanne. Der grosse Teil der Eisenbahner war bereits um 5 Uhr morgens am Arbeitsplatz, ohne Aufgebot, das zeitlich gar nicht mehr möglich war.

Ad 3

*Instrumente zur Veränderung
einer Kultur gezielt einsetzen*

a) Ereignisse ausnutzen

Ein illustratives Beispiel ist das bereits mehrfach erwähnte Katastrophenjahr 1994 der SBB. Diese Krise mit einer schwarzen Serie von schwersten Unfällen und die dadurch ausgelösten Massnahmen haben die Sicherheitskultur der SBB fundamental verändert. Auch dieser Prozess dauerte Jahre.

Oft wird gar die Meinung vertreten, wirkliche Veränderungen könnten nur durch eine Krise ausgelöst werden. Es gibt Bereiche, wo das ohne Zweifel stimmt. Im englischen Fussball haben erst die Tragödien im Heysel-Stadion und in Sheffield und der anschliessende Ausschluss aus dem Europacup ein fundamentales Umdenken bewirkt.

Glücklicherweise sind es aber nicht nur Krisen, die eine kulturelle Veränderung bewirken.

1986 beschloss das eidgenössische Parlament die Subventionierung des Halbtax-Abonnements der Schweizer Transportunternehmungen. Dieses wurde damals in zwölf verschiedenen Variationen angeboten, in der Grundausstattung kostete es 360 Franken pro Jahr. Es waren 650 000 dieser Abonnements im Umlauf. Neu sollte es als Einheitsabonnement nur noch 100 Franken kosten.

Ich war damals Marketingchef Personenverkehr, und es war mir klar, welche grosse kommerzielle Chance das neue Produkt bedeutete. Wir boten unser Verkaufspersonal zu einer Art Landsgemeinde auf und sammelten Ideen für die Vermarktung. Enthusiasmus und Kreativität waren riesig, und es kamen viele hervorragende Anregungen zusammen. Ein Vorschlag führte dazu, dass die Bahnhöfe Säulen in ihre Verkaufsräume stellten, welche die Anzahl verkaufter Abonnements abbildeten. Damit war der Wettbewerb zwischen den Verkaufsstellen lanciert. Die Werber kreierten eine der besten Kampagnen im Land, mit Francesco Borromini, dem schweizerischen Architekten und Kirchenbauer, der zu dieser Zeit die Hunderternote zierte und nun auf allen Kanälen auftrat. Anlässlich unserer Landsgemeinde fixierten wir auch das Ziel: Ganz unbescheiden peilten wir den Verkauf von einer Million Halbtaxabonnements an.

Der Erfolg stellte sich vom ersten Moment an ein. Die Verkäufe stiegen und stiegen, was zu einer eigentlichen Euphorie führte. Schon bald erreichten wir die Million, was den Bund veranlasste, die zugesprochene Subvention umgehend wieder zu streichen. Nach weiteren zwei Jahren waren bereits zwei Millionen Abonnements im Umlauf.

Aus grösserer zeitlicher Distanz denke ich heute, dass diese Einführung und konsequente Vermarktung des neuen Halbtax-Abonnements das wohl wichtigste Ereignis der letzten Jahrzehnte für die SBB war. Es war das erste Mal, dass man bei den SBB spürte, dass es keinen grösseren Motivator gibt als den Erfolg. Das war die Initialzündung für eine marktorientierte Kultur. Die Aktion machte zudem aus der Schweiz ein Volk von Stammkundinnen und -kunden des öffentlichen Verkehrs.

Und das wiederum war die Basis für den Gewinn der künftigen Volksabstimmungen über Bahn 2000 und die neuen Alpentransversalen.

Oft sind diese Ereignisse externer Art. Von grosser Bedeutung sind regulatorische Veränderungen. Einen enormen Einschnitt bedeutet die Liberalisierung in einem vorher geschützten Markt. Dabei hat man eine lange Vorlaufzeit, in der man sich auch kulturell vorbereiten kann. Ich habe dabei die Erfahrung machen müssen, dass die alte Weisheit zutrifft, wonach sich der Höhlenmensch erst zu regen beginnt, wenn der Bär vor der Türe steht oder eben die Lokomotive des Konkurrenten am eigenen Bahnhof vorbeifährt.

b) Neue Köpfe in der Führung

Die Führung einer Unternehmung kann eine Kultur verändern, oft ist das verbunden mit neuen Köpfen. Erfahrungsgemäss reicht eine Handvoll Menschen an den entscheidenden Stellen für einen Stimmungswechsel und eine positive Veränderung der Kultur. Aber auch das braucht seine Zeit. Das nächste Kapitel befasst sich ausführlich mit diesem Thema.

Es kann aber auch sehr schnell in die falsche Richtung gehen: Wenn eine neue Führungskraft zu offensichtlich in einen kulturellen Fettnapf tritt, und dafür gibt es viele Beispiele, wird man mit Erstaunen feststellen, wie rasch Kulturen zerstört werden können.

c) Neue Struktur

Dieses Thema wurde in Kapitel 2 behandelt. Dort findet sich das Beispiel der Schaffung des Bereiches Immobilien bei den SBB, in den neu auch der Bereich RailClean eingegliedert wurde.

Die Reinigung der Bahnhöfe stand auf der Leiter der Bahnberufe immer auf der untersten Stufe. Es war das Sammelbecken für Menschen, die aus vielen, vorwiegend gesundheitlichen Gründen anderswo nicht mehr einsetzbar waren. Entsprechend war die Kultur in diesem Bereich: resignativ, mit sehr hohen Abwesenheitsraten.

Der Sauberkeitsstatus eines Bahnhofs wird laufend gemessen und ist ein zentrales Qualitätsmerkmal. Im Bereich Immobilien übernahm das Reinigungspersonal eine wichtige Aufgabe und wurde neu ausgerüstet, mit funktionalen und gut präsentierenden Dienstkleidern und allen technischen Hilfsmitteln. Nach einer intensiven Erstausbildung folgten laufend Weiterbildungen. Innert kürzester Zeit entwickelte sich ein Selbstbewusstsein, das vorher nicht in Ansätzen bestanden hatte. Die Mitarbeiter waren sogar bereit, ein neues Zeitmodell zu akzeptieren, das auf der Reinigungsintensität in Abhängigkeit vom Wetter basiert. Das war in einer so stark gewerkschaftlich geprägten Welt ein kleines Wunder. Bei den Umfragen zur Personalzufriedenheit stand RailClean bald an der Spitze aller betrieblichen Kategorien. Ich werde nie vergessen, mit welchem Enthusiasmus ein Mitarbeiter von RailClean im Bahnhof Genf dem gesamten Verwaltungsrat demonstriert hat, wie effektiv er mit seinem neuen, teleskopierbaren Reinigungsgerät das gläserne Hallendach reinigen konnte.

Das Beispiel zeigt: Es kann auch relativ schnell gehen. In der Realität allerdings verlaufen Reorganisationen selten so glücklich. Bei vielen Managern hat man den Eindruck, die Umstrukturierung sei ihr ultimatives Instrument für die Änderung einer Kultur. Die Reorganisation wird damit zum Selbstzweck. Wenn sie, wie es oft der Fall ist, unsorgfältig umgesetzt wird, hat sie tatsächlich Auswirkungen auf die Unternehmungskultur, aber nicht die erwarteten. Häufige und schlecht durchgeführte Reorganisationen sind der häufigste Grund für ein schlechtes Betriebsklima (s. Kapitel 2).

d) Ein herausforderndes Projekt
Die eleganteste Methode, eine Kultur zu verändern, ist die Umsetzung eines grossen anspruchsvollen Projekts, das die Kräfte einer Unternehmung auf ein Ziel und einen Termin hin bündelt und den täglichen Trott überwindet.

In Kapitel 4 wurde das Grossprojekt Bahn 2000 ausführlich behandelt. Es hat die Ausrichtung der SBB auf ein rigoroses Qualitätsmanagement massiv vorwärtsgetrieben. Nach der erfolgreichen Einführung, begleitet von einem gewaltigen Medienecho, wurde vor allem das Selbstwertgefühl der Eisenbahner gesteigert. Das ist in einer Unternehmungskultur eine entscheidende Determinante.

e) Ausbildung
Eine weitere Möglichkeit, eine Unternehmungskultur zu verändern, ist die Ausbildung des Personals.

Über Jahrzehnte war die primäre Aufgabe der Kondukteure in den Zügen die Kontrolle der Fahrausweise und der Ordnung in den Zügen. Die Kultur des Zugspersonals war jener eines Polizeikorps nicht unähnlich. In den 1980er-Jahren kam ein findiger und kreativer Ausbildungsleiter zum Schluss, man müsse dem Zugspersonal eine neue Dienstleistungskultur vermitteln. Er verfügte mit Unterstützung «von oben» Seminare über Transaktionsanalyse für die Kondukteure. Diese Methode war damals gerade in der Mode, und das «ich bin o.k. – du bist o.k.» hatte eine gewisse Popularität erlangt. Wenn man die Kultur der Eisenbahner kennt, kann man sich unschwer vorstellen, wie gedämpft der Enthusiasmus für diese neumodische Methode war. Trotzdem, es wurde durchgezogen. Mit diesem Seminar hat man sich bei den SBB erstmals systematisch mit der Interaktion zwischen dem Personal in den Zügen und den Kundinnen und Kunden auseinandergesetzt. Wenig später kam die Betriebsabteilung, der die Kondukteure damals noch zugeordnet waren, zu einem noch kühneren Schluss: Sie beantragte die Abschaffung der Uniformen inklusive der «Kapitänshüte» und deren Ersatz durch Dienstkleider. Das war ein Tabubruch, der zwar vom Personal begrüsst wurde (in den heissen Sommermonaten war die Mütze alles andere als angenehm), aber bis zu Interventionen in den eidgenössischen Räten führte. Die Debatte, ob mit diesen Änderungen das SBB-Personal auf den überfüllten Perrons noch erkennbar sei, wurde intensiv geführt.

Seither ist eine Generation vergangen. Die Kultur des Zugspersonals hat sich fundamental verändert, aus Polizisten sind anerkannt gute Dienstleister geworden.

Und mittlerweile haben auch viele andere Bahnen in Europa nachgezogen. Und niemand hat Mühe, das Zugspersonal der SBB am Perron zu erkennen.

Das Beispiel illustriert: Es funktioniert, aber es braucht sehr viel Zeit. Und der Generationenwechsel hilft. Umfragen über die Zufriedenheit des Personals zeigen immer wieder, dass ältere Mitarbeitende wesentlich veränderungsresistenter sind als jüngere.

Es ist möglich, auch tradierte Kulturen zu verändern, und es gibt eine ganze Reihe von Instrumenten dafür. Immer aber muss man sich bewusst sein, dass eine Kultur etwas sehr Zähflüssiges ist. Was über lange Zeit aufgebaut wurde, kann aber auch unglaublich rasch zerstört werden. Die grössten Risiken bergen neues Führungspersonal, das mit ganz andern Werten operiert, und unnötige und schlecht umgesetzte Umstrukturierungen. Wer weiss, wie lange es dauert, bis Werte in einer Organisation verinnerlicht sind, der muss ein feines Sensorium dafür entwickeln, die positiven Seiten einer Kultur vor unbedarftem Kahlschlag zu schützen.

Auf dem langen Weg: Die Führung

7

Es war im März 1996, als unser Finanzchef in mein Büro kam und mir mit schwarzem Humor mitteilte, er habe eine gute Nachricht, das Defizit im Geschäftsjahr 1995 belaufe sich auf weniger als 500 Millionen Franken. Exakt waren es 496 Millionen Franken. Und keine Aussicht auf Besserung, im Gegenteil. Wenig später lagen die ersten Planzahlen vor, und sie bestätigten die schlimmsten Befürchtungen. Ich sehe mich noch immer in meinem Büro sitzen, an einem Samstag, mit diesen desaströsen Zahlen, nahe einer tieferen Depression. Da kam ich auf die verrückteste Idee in meinem ganzen Leben als Manager. Der unheilvolle Trend könnte mit einer Lohnkürzung gebrochen werden. Das war zu dieser Zeit ein absoluter Tabubruch. Ganz besonders bei der Bahn, wo alle Mitarbeitenden noch Bundesbeamte waren und die Arbeitsbedingungen und die Löhne vom Bundesrat festgelegt wurden. Es war ganz einfach Notwehr. Kaum war die Nachricht über die Absichten der SBB-Führung in den Medien, ging der Teufel los. Das ganze Arsenal folgte. Die «Arena» im Schweizer Fernsehen, als Kontrahent gegenüber mein ehemaliger Mitschüler und damals Vizepräsident der Eisenbahnergewerkschaft. Ein Kassensturz, in den sämtliche von der Gewerkschaft zugetragenen Fälle von Missmanagement einflossen, mit einem jungen Moderator, der mir kaum die Luft zum Atmen liess, alle Printmedien, eine Grossdemo vor dem Bundeshaus ...

Ich spürte einen enormen Erklärungsbedarf gegenüber den Eisenbahnern. Ich wollte sie direkt über die Hintergründe der ungewöhnlichen Massnahme orientieren und mit ihnen diskutieren. Wir organisierten Veranstaltungen im ganzen Land. Tausende kamen, hörten zu und diskutierten voller Leidenschaft, aber immer anständig im Ton. Nachdem ich diese Tour de Suisse beendet hatte, wurde mir bewusst, dass ich endlich gefunden hatte, was ich schon lange suchte: eine Form, um in dieser grossen Unternehmung mit den Mitarbeitenden den direkten Dialog zu führen. Die Veranstaltung erhielt den Namen «Flächengespräch» und wurde zur Institution. Jedes Jahr trat ich zunächst an 15 Orten auf, später erhöhte sich die Anzahl der Veranstaltungen auf Wunsch der Eisenbahner auf 17, von Sargans bis Genf und von Basel bis Bellinzona.

1 Der Stellenwert der Führung

Management besteht immer aus einer theoretisch-konzeptionellen und einer praktischen Komponente, die sich gegenseitig beeinflussen. Dieses Wechselspiel ist faszinierend, birgt aber auch ein erhebliches Risiko, weil die theoretisch-konzeptionelle Komponente auf Logik beruht, die praktische Seite aber auch von Emotionalität und Irrationalität beeinflusst wird. Letztlich ist einzig die praktische Umsetzung relevant. Im Zentrum dieser Umsetzung stehen Führung und Kommunikation.

Der Begriff Führung ist im deutschen Sprachbereich zwar etwas diskreditiert und wird daher im Zuge der Anglisierung der Managersprache oft als Leadership bezeichnet. Wir bleiben hier bei der klassischen Terminologie. Unter Führung wird die Art und Weise, wie die Menschen einer Unternehmung zur Ausübung ihrer Aufgabe angewiesen und befähigt werden, verstanden.

Führung wird von Menschen innerhalb eines Systems ausgeübt. Gravierende Managementfehler während der letzten Jahre haben dazu geführt, dass sich die Institutionen und der Gesetzgeber ausführlich um dieses System gekümmert haben. Als Überbegriff dafür hat sich der Begriff Corporate Governance etabliert. Darunter wird die Gesamtheit der organisatorischen und inhaltlichen Ausgestaltung und Überwachung der Führung von Unternehmen verstanden. Das wohl wesentlichste Element einer Corporate Governance sind die sogenannten Checks and Balances. Man kann darunter ein Gleichgewicht von persönlicher Verantwortung, Konkurrenz von Ideen und Meinungen und Überwachung verstehen. Dieses Gleichgewicht verhindert riskante Alleingänge von diktatorisch veranlagten Egomanen an der Spitze von Institutionen.

Eigenartigerweise ist die Schlüsselfrage «Wer führt eine Unternehmung?» im Schweizer Aktienrecht sehr offen geregelt. In Deutschland und Österreich sind die Bestimmungen demgegenüber eindeutig: Dort ist der Vorstand für die Führung der Unternehmung verantwortlich, der Aufsichtsrat wählt den Vorstandsvorsitzenden und die Mitglieder des Vorstandes und beaufsichtigt deren Geschäftstätigkeit. In der Schweiz trägt der Verwaltungsrat die oberste Verantwortung und übt die Oberleitung aus. Es ist ihm überlassen, die Geschäftsführung an eine Geschäftsleitung oder einen CEO zu delegieren. Diese offene Umschreibung führt immer wieder zu Rollenkonflikten zwischen Verwaltungsrat oder dessen Präsidenten und dem CEO. Man kann allerdings den Gesetzgeber dahin interpretieren, dass er mit dem Begriff Oberleitung eine bewusste Abgrenzung zur Leitung vorgenommen hat. Dann hätte der angelsächsische Grundsatz «the chairman runs the board, the CEO runs the company» auch hierzulande seine Berechtigung.

Angesichts dieser offenen Situation ist jeder Institution dringend zu raten, die «Kommandoordnung» im Organsationsreglement eindeutig festzusetzen. Andernfalls drohen Rollenkonflikte, wie sie im Fall der Schweizer Post über Monate öffentlich ausgetragen wurden.

2 WAS IST GUTE FÜHRUNG?

Die Eigenschaften und Methoden grosser Führer von Alexander dem Grossen über Dschingis Khan bis zu Napoleon faszinieren die Menschheit seit Jahrtausenden. Biografien solcher Persönlichkeiten bergen neben dem historischen Kontext oft auch einen überraschenden und lehrreichen Einblick in die Führungspraxis.

Vor einiger Zeit hat mich ein Bild gefesselt: ein grosses Segelschiff, in der antarktischen Nacht schief im Packeis liegend. Ich habe mir das Buch mit diesem Bild gekauft und so Ernest Henry Shackleton kennengelernt. Shackleton brach 1914 mit seinem Schiff «Endurance» mit einer Besatzung von 27 Männern von South Georgia Richtung Antarktis auf. Er wollte diesen Kontinent erstmals via Südpol durchqueren. Kaum ein Monat später blieb die «Endurance» im Packeis stecken. Nach einer Odyssee von 635 Tagen und einem unglaublichen Einsatz von Shackleton konnten alle Männer gerettet werden. Ich las das Buch mit zunehmender Faszination, und nach und nach wurde mir bewusst, dass es sich dabei wohl um ein Abenteuerbuch handelte, ebenso sehr aber um ein Buch über Führung.

Shackleton erlebte nach dieser Publikation eine eigentliche Renaissance und gilt heute als einer der grössten Leader der Geschichte. Das ist deshalb erstaunlich, weil Shackleton keines seiner Ziele je erreicht hat. Zwischenzeitlich ist auch ein Buch über Shackletons Führungskunst erschienen.[83] Ausserdem wurden im Gefolge der Shackleton-Revitalisierung ein Imax-Film und im Auftrag der ARD ein hervorragender Dokumentarfilm gedreht. Dieser Film ist unter dem Titel *The Endurance – verschollen im Packeis* als DVD erhältlich. Ich starte in meiner Vorlesung das Kapitel Führung immer mit einer gemeinsamen Betrachtung dieses Films. Die Studierenden erhalten die Aufgabe, auf spezifische Aspekte der Führung von Shackleton zu achten.

Ein anderes Beispiel für einen in Bezug auf Führung inspirierenden biografischen Text findet sich in einer neuen Napoleon-Biografie: «Das erforderte von den Bedienungsmannschaften Übung, Disziplin und ein gewisses Mass an taktischem Verständnis, das sich ihnen durch klare Befehle und vor allem durch das vorbildliche Verhalten des Kommandeurs vermitteln liess … Sein unzweifelhafter persönlicher Mut, seine stete Bereitschaft, selbst bis zur völligen Erschöpfung Hand anzulegen, … sein Talent zur Menschenführung und sein Gespür für die psychologische Wirkung von Propaganda machten ihn … zu einem *soldier's soldier*, … »[84]

Führungskunst und Talent zur Menschenführung sind gerne verwendete Begriffe. Sie provozieren zwei zentrale Fragen: Basiert die Fähigkeit, Menschen zu führen, auf angeborenem Talent? Ist es eine Kunst oder ein Handwerk, das sich lernen lässt?

Die ins Unermessliche gewachsene Literatur über Führung und unzählige um den Erdball verstreute Kaderschmieden lassen den Schluss zu, dass Führung lernbar ist, wobei, wie bei vielen andern Tätigkeiten, von einem gewissen Grundtalent ausgegangen werden muss.

Das wohl erste Führungshandbuch der Geschichte ist die *Benediktus-Regel* und stammt aus dem 6. Jahrhundert. Auch dieses Buch beruht auf einer Biografie, jener des heiligen Benedikt von Nursia. Auf dieser Basis wurden Regeln für die Führung eines Klosters durch den Abt formuliert.

Mein vor der Ernennung des letzten Papstes selten gehörter Vorname hat mich schon früh mit der «Benediktus-Regel» in Verbindung gebracht. Ich habe den Text wiederholt und mit Genuss gelesen. Einiges kann man heute übergehen, so sind zum Beispiel körperliche Züchtigungen kein empfehlenswertes Führungsinstrument mehr. Daneben finden sich aber grossartige Aussagen.[85]

«Ein Abt, der würdig ist, ein Kloster zu leiten, muss immer den Titel bedenken, mit dem er angeredet wird, und muss der Bezeichnung ‹Oberer› durch seine Taten gerecht werden.»[86]

«Der Abt muss wissen: Für jeden Verlust, den der Hausherr bei seinen Schafen feststellt, trifft den Hirten die Verantwortung.»[87]

«Er zeige mehr durch sein Beispiel als durch Worte, was gut und heilig ist.»[88]

«Er soll im Kloster niemand bevorzugen.»[89]

«Weise zurecht, ermutige, tadle! Je nach Zeit und Umständen verbinde er mit der Strenge die Milde.»[90]

«Der Abt soll immer daran denken, was er ist; er soll daran denken, was sein Name besagt. Er soll wissen, wem mehr anvertraut ist, von dem wird auch mehr gefordert.»[91]

«Vor allem darf er nicht über das Heil der ihm anvertrauten Seelen hinwegsehen oder es geringschätzen ... Vielmehr soll er stets daran denken, dass er die Leitung von Seelen übernommen hat, für die er einst Rechenschaft ablegen muss.»[92]

Und schliesslich noch meine Lieblingspassage:

«Kann er einem Bruder nichts geben, dann gebe er ihm wenigstens eine freundliche Antwort. ... *Ein* freundliches Wort geht über die beste Gabe.»[93]

Schreiben Sie sich diese beiden Sätze auf, und denken Sie daran beim nächsten Telefon oder E-Mail!

Wo lernt man Führung? Ich habe die klassischen Schulen bei den Pfadfindern und im Militär durchlaufen, darüber hinaus auch eine Ausbildung zum Bergführer absolviert. Da habe ich gelernt, dass ein Bergführer die absolute Verantwortung hat, die ihm anvertrauten Menschen wieder sicher vom Berg zurückzuführen. Er befolgt dabei einige wenige, aber ganz klare Regeln: Der Bergführer geht an der Spitze. Führt er eine Gruppe, dann reiht er das schwächste Mitglied hinter sich ein, der Stärkste geht am Schluss. Er hält die Gruppe kompakt zusammen. Der Bergführer entscheidet in allen Fragen vom Aufbruch bis ans Ende der Tour.

Die Nähe zu den zitierten Regeln des heiligen Benedikt ist erstaunlich, auch bei ihm stehen die ihm anvertrauten Seelen zuoberst. Natürlich kann man diese Grundsätze nicht eins zu eins auf die Führung irgendeiner Organisation übertragen. Die zugrunde liegende Führungsphilosophie indessen, welche die Verantwortung für das anvertraute Team in den Vordergrund stellt, ist durchaus zeitgemäss. Die Angelsachsen haben dafür ein Wort, das in unserer Sprache in dieser Prägnanz fehlt: *Take care*.

Die Frage, wo man heutzutage Führung lernen kann, ist nicht mehr so offensichtlich wie in meiner Jugend. Die klassische Führungsschule der Armee, ohnehin immer männerorientiert, leidet unter der Identitätskrise dieser Institution und hat stark an Bedeutung verloren. Während vor einiger Zeit eine Generalstabsausbildung bei einer Schweizer Grossbank beinahe eine Conditio sine qua non war, ist sie heute ein Hindernis. Was bleibt, ist in der Regel die interne Führungsausbildung in einer Institution oder on the Job. Eine gute Möglichkeit, erste Führungserfahrung zu sammeln, bietet die Arbeit in Projekten.

Seit über Führung geschrieben und gesprochen wird, steht die Frage nach den *Eigenschaften einer hervorragenden Führungskraft* im Raum. Ein Blick in die Stelleninserate für Führungskräfte zeigt, dass da eigentliche Universalgenies mit einer unglaublich breiten Palette an herausragenden Eigenschaften gesucht werden. Drei Ausschreibungen für mittlere Kaderpositionen, zufällig aus dem Netz geholt, suchen nach Menschen mit: Fachkompetenz und Erfahrung, natürlicher Autorität, Drive, Motivationsfähigkeit, Selbstständigkeit, Zuverlässigkeit, unternehmerischem Denken, Initiative, Sozialkompetenz, rascher Auffassungsgabe, Durchsetzungsfähigkeit, vernetztem Denken, Belastbarkeit, lösungsorientiertem Arbeiten, vorwärtsgerichtetem Naturell, Offenheit, Teamgeist, Persönlichkeit, Effizienz, der Fähigkeit, gegensätzliche Positionen auszugleichen, Fokussierung auf ein gemeinsames Ziel, Führungsflair... Unter dem Titel «Die SRG sucht den Supermann» schreibt die *Neue Zürcher Zeitung*, dass bei der Suche nach einem neuen Generaldirektor der Schweizerischen Radio- und Fernsehgesellschaft eine «eierlegende Wollmilchsau» gesucht werde, die aber selten zu finden sei.[94]

Clausewitz, den wir in Kapitel 1 ausführlich zitiert haben, reduziert die Grundanforderungen an den Feldherrn auf vier Eigenschaften: Charakter, Intellekt, Entschlusskraft und Selbstbeherrschung.

Beeindruckt hat mich die sehr viel umfangreichere Liste von Marvin Bower, die der ehemalige Partner von McKinsey im Alter von 93 Jahren (!) aufgestellt hat, auch wegen seiner klugen erläuternden Bemerkungen:[95]

- **Trustworthiness**

Bewusst an die Spitze gestellt, mit der ultimativen Aufforderung, sich immer an die Wahrheit zu halten.

- **Fairness**

Dieser so typisch angelsächsische Begriff umfasst Eigenschaften wie objektiv, vorurteilslos, unparteiisch.

- **Unassuming behavior**

Arroganz, Hochmut und Egoismus sind gefährliche Führungseigenschaften. Bower stellt dem die Unpretentiousness gegenüber, auch das ein schwer übersetzbarer Begriff.

- **Leaders listen**
«In fact, chief executives ... are generally ... poor listeners.» Bower hat recht. Er empfiehlt den CEOs, bewusst zuzuhören und in Meetings die eigene Meinung nicht gleich zu Beginn einzubringen.

- **Sensitivity to the people**
Wer andere überzeugen will, muss eine Vorstellung über deren Stärken, Schwächen, Bedürfnisse, Freuden und Sorgen haben.

- **Sensitivity to situations**
Ein Leader muss Trends erkennen und daraus Opportunitäten ableiten können.

- **Initiative, Initiative, Initiative**

- **Good judgement**
«Judgement is the ability to combine hard data, questionable data, and intuitive guesses to arrive at a conclusion.» Oder mit einem Begriff, den wir hier immer wieder verwenden: die Fähigkeit zur Pattern Recognition.

- **Broad-mindedness**
Bower versteht darunter die Toleranz gegenüber verschiedenen Meinungen, Flexibilität und einen Sinn für Humor.

- **Flexibility and adaptability**
Eine gut geführte Firma ist bereit, auf Veränderungen in der Wettbewerbssituation sehr schnell zu reagieren.

- **The capacity to make sound and timely decisions**
In einer Unternehmung, in der alle Betroffenen ihre Meinung ohne Druck äussern können, wird die Qualität der Entscheidungen besser, und es fallen weniger einsame Entscheide. Bower warnt vor zu schnellen Entscheidungen und empfiehlt, vor besonders heiklen Entscheidungen nochmals zu schlafen.

- **The capacity to motivate**
Die Fähigkeit, die Bower mit «to move people to action» umschreibt. Zu oft, meint er, werde versucht, mit monetären Anreizen zu motivieren. Viel wichtiger sei das Beispiel einer Führungskraft und die Zufriedenheit, einen nützlichen Beitrag geleistet zu haben.

- **A sense of urgency**
Die Fähigkeit, das Wichtige und Dringende frühzeitig zu erkennen und ihm die notwendige Priorität zu verleihen.

Meine persönliche Liste der Eigenschaften einer guten Führungskraft umfasst sieben Punkte:

2.1 Sachverstand

Bewusst an erster Stelle genannt. Wer sein Metier nicht bis ins Detail kennt, ist nicht in der Lage, seine Führungsfunktion vollumfänglich zu erfüllen. Schon die Benediktiner wussten: «Meister ist, wer sein Metier kennt.»[96]

2.2 Pattern Recognition

In Kapitel 3 wurde dieser Begriff näher erläutert. Wir verstehen darunter die Fähigkeit, aus einer grossen Fülle von Informationen Muster zu erkennen. Dafür wird auch etwa der Begriff kristalline Intelligenz verwendet. In der oben zitierten Liste von Bower handelt es sich um den Faktor Good judgement. Ein konkretes Beispiel für Pattern Recognition findet sich in Kapitel 5, wo dargestellt ist, welches Muster wir bei der Auswertung der Strompanne bei den SBB schliesslich erkannt haben.

Clausewitz umschreibt diese Fähigkeit so: «Hier verlässt also die Tätigkeit des Verstandes das Gebiet der strengen Wissenschaft, der Logik und Mathematik, und wird, im weiten Verstande des Wortes, zur Kunst, d. h. zu der Fertigkeit, aus einer unübersehbaren Menge von Gegenständen und Verhältnissen die wichtigsten und entscheidenden durch den Takt des Urteils herauszufinden.»[97]

Aufgrund von empirischen Studien kommt Daniel Goleman zum Schluss, dass Pattern Recognition den Unterschied zwischen einem Star Performer und dem Durchschnitt ausmache. Pattern Recognition umschreibt er wie folgt: «... *the big picture thinking* that allow leaders to pick out the meaningful trends from the welter of information around them and to think strategically far into the future.»[98]

Das Gegenteil von Pattern Recognition ist das Mikromanagement, wo vor lauter Bäumen der Wald nicht gesehen wird. Führungskräfte auf der obersten Stufe mit einem ausgeprägten Hang zu Mikromanagement können fatal wirken.

2.3 Sensibilität gegenüber Kunden, Mitarbeitenden und Entwicklungen

Den Puls fühlen, ein Gespür haben für künftige Trends. Den Kunden kennen und sich in ihn versetzen können. Die Mitarbeitenden spüren. Das setzt Interesse, Respekt und Neugier voraus, die über den Tellerrand hinausreicht.

2.4 Überzeugung, Leidenschaft, Optimismus

Nur wer mit Leidenschaft für seine Aufgabe kämpft, davon überzeugt ist und diese Überzeugung auch vermitteln kann, wird andere für den eingeschlagenen Weg begeistern können. Ein Indianerhäuptling unserer Zeit hat das prägnant ausgedrückt: «Du musst ihnen Hoffnung geben. Wenn du ihnen keine Hoffnung gibst, werden sie dir nicht folgen.»[99]

Die eindrücklichste Eigenschaft von Ernest Henry Shackleton ist sein scheinbar unverwüstlicher Optimismus, den er gegenüber seinen Männern selbst dann zum Ausdruck brachte, wenn er in seinem tiefsten Innern keinen Ausweg mehr sah. Auch für den Sportpsychologen James E. Loehr ist diese Eigenschaft zentral: «Erfolgreiche Athleten haben gelernt, Gefühle von Zuversicht, Energie, Gelassenheit, Freude und Herausforderung aufleben zu lassen – egal wie sie sich wirklich fühlen.»[100]

2.5 Tatkraft

Es sei immer wieder wiederholt: Die einzige Legitimation für einen Manager ist die Tat. Marvin Bower nennt es Sense of Urgency und Clausewitz Entschlusskraft. Um bei Clausewitz zu bleiben: Was gefordert ist, ist ein intellektueller Macher.

2.6 Kommunikationsvermögen

Begeisterung reicht nicht aus, man muss seine Botschaften auch klar und für alle verständlich vermitteln können.

2.7 Bildung und Horizont

In den wilden 1960er-Jahren hat Herbert Marcuse in seinem Kultbuch *Der eindimensionale Mensch* den einseitig ausgerichteten Menschen als Schreckgespenst charakterisiert.[101] Genauso sollte man sich vor dem eindimensionalen Manager hüten. Früher hiess dieser Typ Bürokrat, heute eher Technokrat. Ausser seiner Managementaufgabe interessiert ihn wenig, und auch da primär der Zahlenteil. Nur wer über den Tellerrand seiner Organisation hinauszusehen vermag, ist in der Lage, prospektiv zu führen. So kommen auch die Autorinnen im zitierten Buch über Ernest Henry Shackleton zum Schluss, dass seine vielfältigen kulturellen Interessen prägend waren für seinen emotional und intellektuell fundierten Führungsstil. Und Napoleon legte Wert darauf, Goethe in Weimar zu treffen, wo er sich mit ihm über *Die Leiden des jungen Werther* unterhalten hat, ein Buch, das er elfmal gelesen hatte.

Auf Englisch lässt es sich prägnant verdichten: Die ideale Führungskraft ist *smart, tough and takes care*. Sie ist ein Beispiel für die Mitarbeitenden.

Dazu gehört auch, dass man die Werte einer Unternehmung vorlebt. Der oberste Wert der SBB ist Pünktlichkeit. Ich habe mich immer bemüht, diesen Wert auch persönlich zu leben, bin pünktlich erschienen und habe die Leute unabhängig von ihrer Funktion nicht warten lassen. Die einzigen Mitarbeiter, die ich in aller Öffentlichkeit zusammengestaucht habe, waren diejenigen, die zu spät zu einer Besprechung erschienen sind (es sei denn, ihr Zug hatte Verspätung).

3 Der Führungsstil

Als ich Betriebswirtschaft studierte, drehte sich das Thema Führung vor allem um den Führungsstil. Man unterschied primär drei Stile, den autokratischen oder autoritären, den demokratischen oder kooperativen bzw. partizipativen und den Laissez-faire-Führungsstil. Dazu kamen viele Unterformen wie der patriarchalische, patronale, charismatische oder der bürokratische Führungsstil. Noch eine andere Schule vertrat den situativen Führungsstil, der sich flexibel der jeweiligen Situation anpasste.

Ich habe geglaubt, der Begriff sei inzwischen nicht mehr gebräuchlich. Die Frage: «Was ist besser: autoritär oder kumpelhaft?» wird aber immer noch diskutiert. In einem Magazin kommt Birgit Schmid zum Schluss: «Der kollegiale Chef ist kein guter Freund. Auch in flachen Hierarchien wird rebelliert.»[102]

Wenn wir die Art und Weise des Umgangs mit den Mitarbeitenden als Führungsstil bezeichnen, so lässt sich seine konkrete Ausprägung nach folgenden Aspekten einordnen:

3.1 Die Balance zwischen Nähe und Distanz

Hier geht es um die Kulturdimension der Machtdistanz (s. Kapitel 6). Wie dort erläutert, hat sich die Machtdistanz in unserem Kulturkreis während der letzten Jahrzehnte so stark verringert, dass man annehmen muss, ein autokratischer Führungsstil sei heute undenkbar. Erstaunlicherweise sind solche Formen der Führung noch nicht ausgestorben.

Ich war ein 68er und habe lustvoll an der Demontage formaler Autoritäten mitgewirkt. Aber ich erinnere mich noch sehr genau, mit welcher Ehrfurcht ich nach meinem Eintritt in die SBB jeweils das Büro des Präsidenten der Generaldirektion betreten habe. Selbstverständlich habe ich ihn immer mit «Monsieur le Président» angesprochen. Als ich Generalsekretär wurde, hat er mir das Du angetragen, was mich eher geniert hat.

Als SBB-Chef habe ich einige Symbole der Machtdistanz bewusst aufgehoben. Es hat sich schnell durchgesetzt, dass mich die Eisenbahner mit meinem Namen und ohne Titel angesprochen haben. Eine Entscheidung mit hohem Symbolgehalt war der Verkauf unserer Dienstwagen. An die Flächengespräche bin ich bewusst immer ohne Begleitung gegangen.

Die Swisscom hat in der ganzen Firma das Du verordnet. Dieses Du ist wohl heute das Mass für den demokratischen Führungsstil. Trotz der damit demonstrierten Kollegialität bleiben die Unternehmungen notwendigerweise hierarchische Gebilde, die auf Ungleichheit basieren. Der bereits erwähnte Artikel stellt fest: «Der Chef bleibt bei allem Chef, den man sich auch mal geteert und gefedert wünscht. Die Beziehung ist delikat, weil sie auf Ungleichheit basiert. Der Typ hat kraft seiner Position Macht, ob er sie nutzt oder nicht.»[103]

Ich habe auf der einen Seite die Machtdistanz bewusst abgebaut, anderseits war für mich eine gewisse Distanz eine unabdingbare Voraussetzung, um die Mitarbeitenden möglichst gleich fair zu behandeln. Ich habe erlebt, dass zu starke emotionale Nähe die Urteilsfähigkeit gegenüber den Leistungen von Menschen eher trübt und zu Subjektivität führt.

Felix Magath, der erfolgreiche Fussballtrainer, von dem die Aussage stammt «Qualität kommt von Quälen», sagt dazu: «Je näher ich ihnen bin, desto weniger Freiheit habe ich, Entscheidungen zu fällen. Zum Beispiel, wer auf die Bank muss. Denn jeder ist von Gefühlen beeinflusst, seltsamerweise auch ich.»[104]

3.2 Die Haltung gegenüber dem operativen Personal

Es ist irritierend, dass die Betriebswirtschaft dafür nicht einmal einen Begriff geschaffen hat, deshalb wird etwa auch von der Front oder der Basis gesprochen.

Bei den SBB habe ich den Eisenbahnern unsere Arbeitsteilung so erklärt: Ihr seid für das Heute verantwortlich und ich für das Morgen. Mir war bewusst: Die Eisenbahner sorgen dafür, dass täglich, ohne jede Pause, Tausende Züge plus minus im Takt verkehren, und nicht wir in unseren Studierstuben. Sie haben den Kontakt mit den Kundinnen und Kunden, und sie spüren, wo die internen Abläufe kranken. Der Abbau der Machtdistanz und die vielen Kontakte haben dazu geführt, dass mich die Eisenbahner mehr und mehr persönlich kontaktiert haben. Meine Assistentin ist mit dieser Korrespondenz und den Telefonen von Mitarbeitenden meisterhaft umgegangen, sodass niemand ins Leere geschrieben oder gesprochen hat. Um die oben zitierte Wortschöpfung zu übernehmen: Ich wollte ein Railroadmen's Railroadman sein.

Respekt und Interesse für die Tätigkeiten sämtlicher Personalkategorien sind Grundvoraussetzungen, um von einer Belegschaft als Chef anerkannt zu werden.

Ich habe immer gerne die Chefs vor Ort durch ihren Wirkungskreis begleitet. Nach fünf Minuten weiss man, wie sie führen. Wer grusslos durch seinen Betrieb geht, ohne nach links und rechts zu gucken und alles selber erklärt, den sollte man so schnell wie möglich ablösen.

Die grossen Feldherren wussten, dass die Moral der Truppe ein entscheidender Faktor für die eigene Stärke war, und sie haben sich entsprechend darum gekümmert. Diese Feldherren sassen auch nicht in irgendwelchen Kommandoständen, sondern befanden sich meist an vorderster Front bei ihrer Truppe.

3.3 Situative Führung

Es gehört zu den zentralen Qualitäten einer Führungskraft, dass sie sich einer Situation anpassen kann. Es ist ganz anders, in einer Krise zu führen als in ruhigen Zeiten. In der Krise gehört der Kapitän auf Deck. Der Zeitdruck ist gross, und das führt unweigerlich zu autoritärerer Führung als während normaler Zeiten.

Wenn ich auf meine Zeit als SBB-Chef zurückblicke, dann kann ich die einsam getroffenen Entscheide an einer Hand abzählen. Das waren allesamt Situationen mit «Notwehrcharakter». Der Handlungsdruck war enorm, es herrschte allgemeine Ratlosigkeit, und eine Konsenslösung war nicht absehbar. Einer dieser Entscheide war die eingangs dieses Kapitels geschilderte Lohnkürzung. Ein anderer Fall war der in Kapitel 4 beschriebene Entscheid zur temporären Aussetzung aller Transporte mit gefährlichen Gütern. Auch aus grosser zeitlicher Distanz bin ich von der Zweckmässigkeit dieser Entscheide immer noch überzeugt.

Die allein gefällte rasche Entscheidung kommt zwar sehr selten vor, aber wenn doch, so muss eine Führungskraft mit grosser persönlicher Überzeugung hinter den getroffenen Entscheidungen stehen und die Umsetzung mit aller Entschiedenheit durchsetzen. Dabei hilft, dass in Extremsituationen ein starkes Bedürfnis nach entschiedener Führung besteht. Der neue Chef der UBS, der nicht das Image eines sehr umgänglichen Menschen hat, aber unbestrittenermassen eine sehr hohe Fachkompetenz, geniesst daher innerhalb und ausserhalb der UBS eine hohe Reputation.

3.4 Das Delegationsprinzip

In Kapitel 2 wurde für eine breite Hierarchie plädiert. Ein breites Führungsdreieck mit einer grossen Kontrollspanne lässt sich nur mit einer konsequenten Anwendung des Delegationsprinzips steuern. Das Delegationsprinzip basiert auf einer weitgehenden Autonomie der Delegationsbereiche. Das funktioniert, wenn eine Reihe von Grundsätzen beachtet werden:

- Die Verantwortung und die für die Aufgabenerfüllung notwendigen Kompetenzen und Ressourcen sind in einer Geschäftsordnung festgelegt
- Das Korrelat der Delegation «nach unten» ist die Information «nach oben»
- Eine Geschäftsordnung mag noch so präzise festgelegt sein, es gibt immer wieder Entscheide, deren Kompetenz im Grauzonenbereich liegt. Es ist auch möglich, dass Entscheide, die klar delegiert sind, eine gesamtunternehmerische Auswirkung haben. Das Delegationsprinzip erfordert daher die Sensibilität, solch heikle Punkte zu erkennen und abzusprechen
- Der Leiter des Delegationsbereiches ist nicht ein «Silodenker», sondern hat auch immer das Ganze im Auge

Bei den SBB kam es immer wieder vor, dass objektiv unbedeutende Entscheide grosse mediale Auswirkungen hatten. So erinnere ich mich, dass junge Marketingfachleute angesichts der sinkenden Nachfrage zum Schluss kamen, die Taschenagenda, die den Inhabern eines Generalabonnements auf Bestellung zugeschickt wurde, abzuschaffen. Die Auswirkungen waren unerwartet heftig, die Geschäftsleitung und vor allem ich persönlich erhielten so viele Briefe von erbosten Kundinnen und Kunden, dass der Entscheid rasch rückgängig gemacht wurde. Ich habe mich geärgert, weil ich von der Massnahme nichts wusste, meinen Kopf aber gleichwohl hinhalten musste.

Man kann es noch einfacher ausdrücken: Die unabdingbare Basis für ein funktionierendes Delegationsprinzip ist das gegenseitige Vertrauen. Vertrauen in die Fähigkeiten, Zuverlässigkeit, Offenheit, Ehrlichkeit und das Wissen, dass es keine verdeckten Spiele gibt.

3.5 Das Kommunikationsverhalten

Im Zeitalter moderner Kommunikationsmittel erlebt der bürokratische – oder terminologisch modernisiert – technokratische Führungsstil eine völlig unerwartete Renaissance. Führung über den Blackberry ist auf den ersten Blick überaus effizient. Das Tool kann aber verheerende Konsequenzen haben, weil es die Gefahr in sich birgt, den direkten Dialog durch einseitige Weisungen von oben zu ersetzen. Gar nicht zu sprechen von der permanenten Störquelle, welche die Konzentration auf Wesentliches empfindlich stört.

Ich habe mich zunehmend genervt, dass während der Sitzungen dauernd mit diesen Geräten hantiert wurde, sogar an Besprechungen mit Kantonsregierungen, was auch sehr unhöflich ist. So musste ich einmal einem Kollegen sagen: «Was nützt es dir, wenn du jetzt weisst, dass wir eine Störung an der Einfahrtsweiche von Uznach haben?»

Die Tendenz, mit dem Blackberry zu führen, ist nur eine Ausprägung des technokratischen Führungsstils. Dazu kommt oft eine Haltung, die davon ausgeht, dass man soziale Systeme «engineeren» kann wie komplexe Maschinen. Technokraten in der Führung sind häufig Kontrollfreaks und Mikromanager. Wie verbreitet diese Tendenz ist, zeigt sich in den in jüngster Zeit in Deutschland aufgeflogenen Fällen von illegalen internen Überwachungssystemen.

Der Ausdruck einer streng hierarchischen Organisation ist der Dienstweg: Alle Informationen laufen systematisch durch alle Stufen der Hierarchie. Das hat neben dem Vorteil einer lückenlosen Information zwei Nachteile: Der Informationsfluss ist langsam, und schlechte Nachrichten werden oft von unten nach oben gefiltert. Wer informiert sein will, was wirklich in der Unternehmung geschieht, muss deshalb den Dienstweg aufbrechen. Es gibt elegante Wege, dies zu tun, ohne dabei das Vertrauen der mittleren Führungsschichten anzukratzen.

Meine Methode, diese internen Filter auszuhebeln, waren immer meine vielen Kontakte mit dem Personal, vor allem die regelmässigen Flächengespräche. Daran konnten auch die Kaderleute teilnehmen und mussten sich nicht übergangen fühlen.

Wenn ich spät am Abend im Zug heimreiste, hatte das Zugpersonal Zeit, und es kam oft zu Gesprächen. Einmal klagte mir ein jüngerer Zugbegleiter, der einen Rollkoffer mit sich trug, er hätte Rückenprobleme. So sei ihm temporär der Gebrauch dieses Rollkoffers gestattet worden. Diese Zeit sei nun um, die Beschwerden hätten sich nicht gebessert, und nun müsse er wohl einen andern Beruf suchen. Am andern Morgen rief ich den Chef Zugpersonal an. Es ging nicht lange, und die Rollkoffer wurden zum Ausrüstungsgegenstand für das gesamte Zugpersonal, was ergonomisch ja durchaus Sinn machte. Einige Monate später traf ich den Zugbegleiter wieder. Er war froh, weiterhin in dem Beruf arbeiten zu können, sagte mir aber, er sei nach seiner Intervention zusammengestaucht worden. Das hat mir gezeigt, dass es bei den SBB immer noch einige schlechte Chefs gab.

3.6 Die Frage der Motivation

An den Flächengesprächen wurde mir eine Frage immer wieder gestellt: «Was machen Sie, um mich zu motivieren?» Darauf habe ich geantwortet, dass sich letztlich jede und jeder selbst motivieren müsse. Das gelte auch für den Rangierarbeiter, der am frühen Morgen bei eisiger Kälte im Gleisfeld seiner gefährlichen Arbeit nachgehe. Wenn ihm das gelinge, dann spüre er, dass ihn die Arbeit weit mehr befriedige, als wenn es ihm ganz einfach stinke. Das ginge mir übrigens selber auch so. Meine Aufgabe sei es, für die Bedingungen zu sorgen, welche eine optimale Eigenmotivation ermöglichen.

Dazu der Sportpsychologe Loehr: «Welcher der sechsundzwanzig Faktoren des Wettkampfprofils, glauben Sie, ist der wichtigste? Die Antwort lautet: Motivation. Aus der Intensität Ihrer Antriebsstärke lässt sich am besten voraussagen, wie weit Sie es in Ihrer Sportart bringen werden. Sie können sich in allen anderen Faktoren verbessern, solange Sie dazu motiviert sind. Fehlt es jedoch an Motivation, bricht der ganze Lernprozess zusammen.»[105]

Die einschlägige Forschung unterscheidet zwischen Hygienefaktoren und Motivatoren. Hygienefaktoren sind Voraussetzungen wie Grundsalär, Sozialleistungen, Arbeitsbedingungen und Arbeitsplatzsicherheit, die erfüllt sein müssen, damit eine Arbeit überhaupt attraktiv ist. Ihre Absenz wirkt sich negativ aus, eine Übererfüllung erzeugt aber keine spezifische Motivation.

Motivatoren haben demgegenüber eine Antriebswirkung. Faktoren wie Sinn der Arbeit, Freude am Resultat einer Arbeit, Erfolg, Teamerlebnis, die Einsicht, dass Motivation das persönliche Wohlbefinden erhöht, all das sind sogenannte innengeleitete oder intrinsische Motivatoren. Ihre Wirkung ist höher als jene der aussengeleiteten oder extrinsischen Motivatoren wie Anerkennung, Status und Belohnung (die Frage der motivierenden Wirkung leistungsbezogener Salärsysteme ist heftig umstritten).

Ich habe immer wieder gestaunt, wie hoch die Motivation während ausserordentlicher Situationen bei den SBB war. Im August 2005 fegten verheerende Gewitterzüge über die Schweiz. Auch die SBB waren schwer betroffen. Ich kam nach Ziegelbrücke, wo sämtliche Bildschirme und Rechner verschlammt auf den Fahrsteigen gestapelt waren. Die Weichen konnten nicht mehr gestellt werden. Trotzdem wurde ein minimales Zugsangebot aufrechterhalten. Etwas später traf ich die Leiterin des Krisenstabes vor Ort wieder, und sie erklärte mir, solche Situationen seien halt am schönsten.

Ernest Shackleton hat für die Rekrutierung seiner Crew folgende Stellenanzeige geschaltet: «Männer für gefährliche Reise gesucht. Geringer Lohn, bittere Kälte, monatelange völlige Dunkelheit, ständige Gefahr. Sichere Heimkehr zweifelhaft. Ehre und Ruhm im Erfolgsfalle.»[106] Es meldeten sich Tausende, und das Inserat gilt mittlerweile als die erfolgreichste Stellenanzeige der Geschichte. Das zeigt zumindest, dass der Einfluss von Geld meist überschätzt wird.

Bei der Euro 2008 waren Tausende Volontärinnen und Volontäre für ein Butterbrot im Einsatz, motiviert einzig durch ein Glücksgefühl, den Groove der Veranstaltung. Ich habe viel mit ihnen gesprochen, es waren glückliche Menschen.

Längst ins Arsenal der Geschichte gehört die Führung mit einem negativen Motivator – der Angst. Wer während des Ersten Weltkrieges nicht aus dem Schützengraben stürmte, wurde von den eigenen Leuten erschossen. Die unglaubliche Serie von Selbstmorden bei France Télécom lassen weitverbreitete Angst in dieser Unternehmung vermuten. Wenn dann getitelt wird «Nun sucht der CEO plötzlich den Dialog», dann ist offensichtlich, wie dort geführt wird. Auch hierzulande wird noch mit Angst geführt, wie beispielsweise aus den Protokollen der Gerichtsverhandlung in der Angelegenheit Verletzung des Amtsgeheimnisses im Sozialamt Zürich deutlich wird. Da galt offenbar eine unantastbare Ideologie, Kritik war nicht nur unerwünscht, wer sich kritisch äusserte, hatte mit seiner Kaltstellung zu rechnen.

Als ich Chef der SBB wurde, war mir klar, wie es mit der Unternehmung stand. Die gesamten Aufwendungen des Bundes für die SBB stiegen um über 13 Prozent pro Jahr, und dieser Trend musste ultimativ gebrochen werden. Es war klar, was das hiess: Personalkosten stabilisieren und dann senken, Investitionen kürzen, den regionalen Personenverkehr neu organisieren, um die markant steigenden Abgeltungen des Bundes wieder zu reduzieren. Zwei Randbedingungen waren allerdings unantastbar: Trotz aller Optimierungen durfte die Substanz des Netzes nicht tangiert werden, und den Eisenbahnern sollte die existenzielle Angst vor Entlassungen genommen werden. So schlossen wir mit den Gewerkschaften einen Vertrag, dem wir den pompösen Namen «Contrat Social» gaben. Der Vertrag war kurz und klar: Die Unternehmung verzichtete auf Entlassungen aus wirtschaftlichen Gründen, die Personalverbände sicherten berufliche und geografische Mobilität der Eisenbahner zu.

In der Folge bauten wir im grossen Stil Personal ab, wobei uns die einseitige Altersstruktur mit sehr vielen direkt nach dem Krieg rekrutierten Jahrgängen zugute kam. Um die internen Umschichtungen zu bewältigen, kreierten wir eine Organisationseinheit, die wir «Neuorientierung und Arbeit», kurz und illustrativ NOA, nannten. Wer seine Stelle verlor, kam zu NOA, wo er auf neue Aufgaben vorbereitet wurde.

Bald erfuhren wir, dass einige Chefs der mittleren Führungsstufen ihren Mitarbeitenden drohten, sie würden zu NOA versetzt, wenn sie nicht parierten. Da wurde mir bewusst, dass auch bei den SBB hier und dort mit Angst geführt wurde. Das ist immer ein Zeichen für die Schwäche eines Chefs.

Wer im 21. Jahrhundert immer noch mit Angst und Einschüchterung führt, ist als Chef inakzeptabel. Er verstösst nicht nur gegen die Würde der ihm zur Führung anvertrauten Menschen, sondern handelt auch ineffizient, weil Menschen, die Angst haben, gelähmt werden und damit nicht ihre beste Leistung abrufen können.

Die Mitarbeitenden sind dann motiviert, wenn:

- Klarheit besteht, wo die Unternehmung steht, welche Ziele gelten und mit welchen Massnahmen diese erreicht werden sollen
- Die Hygienefaktoren und die extrinsischen Motivatoren in Ordnung sind
- Die Arbeit Sinn macht und die Mitarbeitenden in der Lage sind, ihren Beitrag am Ganzen zu erkennen
- Vertrauen in die Unternehmungsführung besteht
- Ein Klima der Offenheit, Leistungsbereitschaft und Kreativität herrscht, das auch Widerspruch zulässt

Dass dem so ist, dafür tragen die Chefinnen und Chefs die Verantwortung. Aber letztlich gilt auch das schöne Wort: «Man kann das Pferd an die Tränke führen. Trinken muss es selber.»

Anstelle eines Führungshandbuchs

4

Während meiner langen SBB-Zeit habe ich einige Male erlebt, dass wir uns in einem intensiven, partizipativen Prozess mit der Führung in der Unternehmung auseinandergesetzt haben. Diese Prozesse waren mobilisierend, und die Resultate, schön gebundene Führungsrichtlinien, konnten sich sehen lassen. Im Alltag allerdings verstaubten diese Broschüren recht schnell in den Schubladen und Büchergestellen. Und in diesem Alltag wurden wir immer wieder mit Führungsproblemen konfrontiert. So kamen wir zum Schluss, dass auch in diesem Fall weniger mehr wäre, und wir ersetzten diese umfangreichen Broschüren durch fünf einfache Führungsgrundsätze. Dabei war uns bewusst, dass damit nicht das ganze, komplexe Universum der Führung abgedeckt würde. Lieber weniger, das aber konsequent umgesetzt, war unsere Devise. In der Folge hat kein Kaderanlass mehr stattgefunden, ohne dass wir einen Punkt dieser Führungsgrundsätze anhand konkreter Beispiele behandelt hätten.

Unlängst hat mir ein oberster Kadermann einer Firma, die von einem grossen ausländischen Konzern übernommen wurde, von der jüngsten Entwicklung berichtet. Früher sei die Unternehmung von gegenseitigem Respekt auf allen Stufen geprägt gewesen, ohne dass das explizit festgehalten worden sei. Heute hätten sie Hochglanzbroschüren, in denen von Respekt die Rede sei, faktisch werde jetzt aber von oben nach unten nur noch dekretiert. Das illustriert, wie schnell Kulturen zerstört werden können und wie unnütz Hochglanzprospekte sind, wenn nicht danach gelebt wird.

Nach all dem Geschriebenen mag es verwegen scheinen, den komplexen Vorgang der Führung auf fünf Punkte zu komprimieren. Trotzdem bin ich überzeugt, dass jemand, der diese fünf Punkte konsequent befolgt, das meiste richtig macht.

Checkliste Führung
1. Präzise Ziele
2. Klare Verantwortung
3. Die richtige Person am richtigen Platz
4. Antizipieren und Handlungsalternativen vorbereiten
5. Priorität den Mitarbeitenden

Ad 1   *Präzise Ziele*
Ein klar gesetztes, anspruchsvolles Ziel ist einer der am stärksten wirkenden Motivatoren. Es ist erstaunlich, welche Kraft damit ausgelöst werden kann. Das Kriterium für die Qualität eines Ziels ist die Messbarkeit. Stellen Sie sicher, dass in jedem Führungsbereich Ziele gesetzt werden, und testen Sie deren Messbarkeit. Die minimale Messskala umfasst ja/nein.

«Each institution will be the stronger the more clearly it defines its objectives.»[107]

Ein Ziel bewirkt nur dann eine starke Motivation, wenn es genügend anspruchsvoll ist. Dazu meint der ehemalige Generalstabschef der US Army, Colin Powell: «Ich kenne keine einzige gute Organisation, in der nicht die Anforderungen höher sind als die Untergebenen zunächst für machbar halten.»[108]

Die Schlüsselfrage, wie hoch die Latte gehängt werden soll, ist delikat. Liegt sie zu hoch, kann das entmutigend wirken, eine zu tiefe Lage löst kaum eine Reaktion aus. In den letzten Jahren herrschte eine Mentalität des «anything goes» oder des «geht nicht, gibt's nicht». Die Ziele wurden geradezu martialisch hochgesteckt. Sinnbild dafür sind die 25 Prozent Eigenkapitalrendite. Dieses allzu ehrgeizige Ziel hat massgebend zur Finanz- und allgemeinen Wirtschaftskrise beigetragen. Das Phänomen der Masslosigkeit des Wollens hat in der Geschichte manchen Herrscher und manche Unternehmung in den Untergang getrieben. Zu ambitionierte Ziele sind oft die Ursache für die Filter innerhalb grösserer Unternehmungen, die verhindern, dass schlechte Nachrichten nach oben gelangen. Ganz einfach weil die Führungskräfte der mittleren Führungsstufen Angst haben.

Bei der Festlegung eines Ziels spielt möglicherweise auch die Aussenwirkung eine Rolle. In diesem Fall sind die Konsequenzen für die Kommunikation zu beachten, und es muss ein bewusstes Erwartungsmanagement betrieben werden (s. Kapitel 9). Deshalb sind die gegen innen formulierten Ziele tendenziell anspruchsvoller.

Soll man vor allem die ganz grossen mittel- bis langfristigen Ziele kommunizieren oder sich auf pragmatische Zwischenziele konzentrieren? Auch bei dieser Frage kann man von den grossen Abenteuern dieser Menschheit lernen. Viele Expeditionen geraten in Extremsituationen in eine Lage, in der das grosse Ziel in den Hintergrund tritt und man sich nur noch auf den Tag oder sogar den nächsten Schritt konzentriert – getreu der Devise: Jede Reise beginnt mit einem ersten Schritt.

Ad 2 *Klare Verantwortung*

Verantwortung ist das entscheidende Kriterium bei der Organisation einer Institution (s. Kapitel 2), aber auch der wichtigste Begriff in der Führung. Bereits in der *Benediktus-Regel* spielt er eine zentrale Rolle. Etymologisch bedeutet der Begriff Verantworten «Red und Antwort stehen vor dem Richter». Er umschreibt die Verpflichtung des Leiters oder der Leiterin einer organisatorischen Einheit, die deshalb auch Verantwortungsbereich heisst. Peter Drucker formuliert diesen Zusammenhang folgendermassen: «Leadership is not rank, titles or money, it is *responsibility*.»[109]

Verantwortung ist immer persönlich und unteilbar. Sie bezieht sich auf den Output einer organisatorischen Einheit und misst sich an den gesetzten Zielen. Dem Verantwortungsträger sind die für die Aufgabenerfüllung notwendigen Kompetenzen und Ressourcen zuzuteilen. Es gibt nur eine integrale Verantwortung. Auf keinen Fall kann man sich auf eine blosse formelle Verantwortung beschränken, wie ein zurücktretender Bankdirektor sich selber entlastend kürzlich erklärt hat. Auch Nichtwissen ist kein Grund für Exkulpation – im Gegenteil, eine Führungskraft, die nicht weiss, was in ihrem Bereich vor sich geht, nimmt ihre Verantwortung ungenügend wahr. Verantwortung wird oft synonym für Schuld verwendet, was nicht korrekt ist. Schuld setzt vorsätzliches oder fahrlässiges Verhalten voraus. Verantwortung kann aber auch dann geltend gemacht werden, wenn keine persönliche Schuld vorliegt. So hat beispielsweise der Forschungschef der ETH Zürich für die Manipulation von Forschungsergebnissen die Verantwortung übernommen und ist von seinem Posten zurückgetreten, obwohl er persönlich in keiner Weise involviert war und nicht einmal zweifelsfrei eruiert werden konnte, wer die Manipulation vorgenommen hatte.

Erfahrungsgemäss ist ein wesentlicher Teil betrieblicher Schwachstellen entweder auf den Faktor Umschreibung der Verantwortung oder die Qualität des Verantwortungsträgers zurückzuführen. Deshalb sind zwei Aufgaben der Führung so eminent wichtig: die klare Definition der Verantwortungsbereiche und die Übergabe der Verantwortung an die dafür geeignete Person.

Ad 3 *Die richtige Person am richtigen Platz*
Die Aufgabe scheint einfach. Aus der Verantwortung ergibt sich ein Profil des Verantwortungsträgers, und es gilt, die Person zu finden, die diesem Profil entspricht. Oder wie die Angelsachsen sagen: «Meet job's profile with people's profile.»

In der Praxis zeigt sich indessen, dass dies im Fall einer anspruchsvollen Position einer der schwierigsten Entscheide ist (s. Kapitel 3). Die Schwierigkeit liegt darin, dass das Profil eines potenziellen Verantwortungsträgers immer hypothetisch ist. Vor allem für die oberen Verantwortungsstufen findet man kaum Kandidaten, die eine dem geforderten Verantwortungsprofil präzise entsprechende Erfahrung haben. Die dadurch entstehende Unsicherheit bei der Wahl gilt für interne Kandidaten, aber noch weit mehr für externe. Wir haben es also mit einem Entscheid zu tun, der nicht nur ausserordentlich wichtig, sondern auch risikobehaftet ist. Dabei wirken sich sowohl eine mögliche Unter- als auch eine Überqualifikation fatal aus.

Wenn ich zurückblicke, dann war in keinem Bereich die Rate meiner zweifelhaften Entscheide grösser als bei den personellen Besetzungen. Ich habe mich immer wieder getäuscht, erstaunlicherweise auch bei internen Kandidatinnen und Kandidaten, und zwar in beide Richtungen. Im schlechteren Fall waren die internen Nachfolger ihrer neuen Verantwortung nicht gewachsen. Glücklicherweise habe ich recht oft auch das Umgekehrte erlebt. Kollegen, die ich seit Langem kannte, sind in einem Masse in ihrer neuen Verantwortung gewachsen, wie ich es ihnen nicht zugetraut hätte.

Natürlich haben wir bei den SBB das ganze Arsenal an Methoden durchgespielt, um diesen Entscheid so rational wie möglich zu treffen. So waren wir in den 1980er-Jahren Pioniere bei den neuen Assessment-Verfahren. Damals war ich bei einer wichtigen Personalentscheidung Mitglied des beurteilenden Teams. Das Verfahren war aufwendig, und daher wurde beschlossen, neben den offiziellen Kandidaten auch eine Reihe von Nachwuchskräften in die Beurteilung einzubeziehen. Das Resultat war überraschend: Keiner der gehandelten Kandidaten wurde zur Wahl empfohlen, sondern einer der Nachwuchskader. Dieser Entscheid erwies sich in der Folge als unglücklich. Das Beispiel zeigt, wie sehr die Resultate solcher Tests täuschen können. In unserem Fall, weil der Kandidat aus dem internen Nachwuchspool viel unbeschwerter in das Verfahren stieg als die Kronprinzen.

Selbstverständlich gehört zu diesem Arsenal auch der Einsatz von Executive Searchs. Ein Personalchef und ein Executive Search arbeiten wochenlang intensiv am Dossier. Long Lists werden zu Short Lists, und irgendwann kommt es zum Interview beim CEO. Am Schluss dieser Prozedur schauen all diese Spezialisten auf den CEO und erwarten seinen Entscheid. Dieser hat aber nur seine Unterlagen gelesen und mit jedem Kandidaten eine Stunde gesprochen. Immerhin, diese Gespräche

habe ich jeweils sorgfältig vorbereitet, um eine vergleichbare Basis für alle Kandidaten zu haben. Ich entschied mich also für den Kandidaten X. Am andern Morgen beschlich mich ein ungutes Gefühl, und ich erinnere mich, dass X einmal mit einem Chef gearbeitet hat, den ich kenne. Ich telefoniere, und schon bald ist mir klar, dass dieser Entscheid korrigiert werden muss. Von da an habe ich bei externen Kandidaten die Referenzen immer persönlich eingeholt.

Als Chef der SBB hatte ich Einblick in mein eigenes Personaldossier, und zu meinem Erstaunen fand sich dort ein umfangreiches grafologisches Gutachten mit einer sehr positiven Beurteilung. Glück muss man haben. Trotzdem habe ich auf die Anwendung dieser Methode verzichtet.

Bei wichtigen Personalentscheidungen muss man:

- Sich der grossen Bedeutung des Entscheides bewusst sein
- Sich von aussenstehenden Spezialisten beraten lassen
- Bei der Beurteilung verschiedene Methoden anwenden, dabei aber eine gewisse Distanz wahren und immer bedenken, dass die Urteile auf «Laborsituationen» und nicht auf dem wirklichen Leben beruhen
- Mehrere Personen aus dem Unternehmen mit einem Kandidaten oder einer Kandidatin unabhängige Interviews durchführen lassen
- Die Referenzen persönlich einholen

Ich habe immer wieder gestaunt, wie schnell eine gute Führungskraft gute Leute um sich geschart hat. Es gelingt ihr, den bestandenen Mitgliedern eines Teams neuen Schub zu verleihen und bei jedem Personalwechsel das Team sinnvoll zu ergänzen.

Der Chef eines Verantwortungsbereiches ist auch für die Zusammensetzung, Qualität und Entwicklung des *Führungsteams* verantwortlich; man spricht heute in diesem Zusammenhang von Diversität. Die Zusammensetzung eines Teams sollte in der Tat vielfältig sein und Faktoren wie intern/extern, Geschlecht, Sprachregion/Nationalität, beruflichen Hintergrund und Alter optimal kombinieren.

Trotz aller Sorgfalt können Fehlentscheidungen nicht ausgeschlossen werden. Das zeichnet sich meist schon relativ rasch ab. In einem solchen Fall muss man schnell und entschlossen handeln. Wenn der Personalentscheid der schwierigste Entscheid ist, dann ist der Entscheid, sich von einer Führungskraft zu trennen oder ihr eine andere Verantwortung zu übertragen, der unangenehmste Entscheid. Und weil dieser Entscheid und das darauf folgende Prozedere so unangenehm sind, führt dies oft zu einer Tendenz des Aussitzens des Problems. Das kommt in den wenigsten Fällen gut heraus, und der dabei angerichtete Schaden kann beträchtlich sein. Da muss man ganz einfach durch.

Ad 4   *Antizipieren und Handlungsalternativen vorbereiten*
Antizipieren, das war immer mein persönliches Credo und daher auch mein Lieblingswort in der Zusammenarbeit mit den Kadern. Umso mehr hat es mich getroffen, dass wir ausgerechnet den Fall einer totalen Strompanne nicht vorhergedacht haben.

Dazu nochmals Peter Drucker: «The most important task of an organization's leader is to anticipate crisis.»[110]

Roald Amundsen, der 1911 gegen seinen Rivalen Robert Falcon Scott um die Ehre kämpfte, als Erster den Südpol zu erreichen, stellte sich vor, was passieren könnte, wenn in dieser unendlichen weissen Landschaft ein Schneesturm aufkommen würde. Sein Team baute auf dem Marsch in regelmässigen Abständen Pyramiden aus Schnee und wickelte schwarze Tücher darum. Sie erreichten den Südpol als Erste, 35 Tage vor dem Rivalen. Bei der Rückkehr gerieten sie tatsächlich in einen Orkan und fanden dank den Orientierungsmarken zurück.

Der junge Trainer des FC Barcelona, der besten Fussballmannschaft der Welt, sagt klipp und klar: «Bei uns wird nicht improvisiert.» Fussball enthalte nur fünf Prozent Unberechenbarkeit. Deshalb werden die Gegner analysiert und Spielzüge vorbereitet.[111]

Das Thema Antizipation ist in Kapitel 5 ausführlich behandelt.

Ad 5   *Priorität den Mitarbeitenden*
Peter Drucker umschreibt die prioritäre Bedeutung der Beziehungen zwischen einem Chef und den Mitarbeitenden mit prägnanten Worten: «… the management of people should be the first and foremost concern of operating managements, rather than the management of things and techniques … It is not primarily skill …, it is, first and foremost, an attitude …»[112] Wichtiger noch als Kenntnisse und Fähigkeiten ist die Haltung gegenüber den Mitarbeitenden.

Colin Powell drückt sich noch präziser aus: «Ein wichtiges Element erstklassiger Führung ist, auf die Moral der Truppe zu achten … Die herausragenden Führungspersönlichkeiten … waren Menschen mit grossem Einfühlungsvermögen. Solche Menschen gehen durch die Produktionshallen oder über ein Batallionsgelände und spüren, dass irgendetwas faul ist.»[113]

Die Flächengespräche liefen Jahr für Jahr nach einem festen Ritual ab. Es wurde ein Motto gesetzt, zum Beispiel «Bereit für Bahn 2000?». Vor jeder Veranstaltung wurden die Chefs vor Ort nach einem festen Schema gebrieft. So kam für jeden Versammlungsort ein umfangreiches Dossier zusammen, das ich vorgängig studierte. Zur Einleitung versuchte ich innert 20 Minuten eine kurze Übersicht zu geben, dann ging die Diskussion los. Nach zwei bis zweieinhalb Stunden folgte der informelle Teil mit einem Glas Mineralwasser und vielen Gesprächen. Die wesentlichen Voten fasste ich unmittelbar nach der Veranstaltung schriftlich zusammen und verteilte sie an meine Kollegen der Geschäftsleitung. An der wöchentlichen Sitzung der Ge-

schäftsleitung konnte so, falls notwendig, direkt reagiert werden. Weniger grundsätzliche Themen habe ich direkt behandelt, oft nach dem Grundsatz des heiligen Benedikt: «... wenigstens ein freundliches Wort».

Nach dieser Tour de Suisse war ich über den Zustand der Unternehmung bestens im Bild. Immer wieder habe ich erlebt, dass bei den Gesprächen auch grundsätzliche, die ganze Unternehmung betreffende Probleme zur Sprache kamen. So hat mich einmal ein Lokführer gefragt, ob ich wisse, dass sie ohne Zugsicherung von Bülach nach Schaffhausen fahren würden. Meine anschliessenden Recherchen ergaben, dass die Aussage stimmte. Die Bahnhöfe waren auf ein neues System angepasst worden, die Lokomotiven aber noch nicht, was aus Sicherheitsgründen inakzeptabel war. Das war ein klassischer Fall, in dem eine unangenehme Information gegen oben gefiltert wurde. Unvergesslich auch das Votum eines Mitarbeiters aus einem Industriewerk, der meinte: «Wer die Wahrheit sagt, wird gemobbt.» Eine ungeheuerliche Aussage. Beim informellen Teil war er präziser und nannte auch Namen. Ich rief sofort den obersten Chef des Bereiches an und bat ihn um Abklärungen. Kurz danach kam sein Feedback, und er musste eine unbefriedigende Führungssituation bestätigen.

Ich habe immer wieder die Erfahrung gemacht, dass sich Chefs der verschiedenen Stufen vor diesem direkten Kontakt mit ihren Mitarbeitenden drücken, meist, indem sie die grosse administrative Belastung als Ausrede vorschieben.

Deshalb gehört die Priorität den Mitarbeitenden gegenüber zu den zentralen Führungsgrundsätzen. Ein Chef, der nicht im Bild ist, was sich in seinem Führungsbereich abspielt, ist am falschen Platz. Die Form dieses Dialoges muss je nach Tätigkeitsbereich bestimmt werden. Es gibt viele Möglichkeiten, die man auch breit anwenden sollte. Zu vermeiden sind angekündigte Besuche im Stil der früheren Inspektionen beim Militär. Man muss den Dialog planen, aber auch sich ergebende Gelegenheiten wahrnehmen. Wenn man z. B. zu einer Sitzung irgendwo in der Firma geladen ist, kann man spontan vor Ort in die Büros schauen. Wie die Form auch gewählt ist, man sollte sich immer an den oben dargestellten Grundsatz von Marvin Bower erinnern: «Leaders listen.»

Mit dem Punkt 5 der Führungsrichtlinien ist auch eine Verpflichtung verbunden: für ein gutes Betriebsklima zu sorgen, in dem sich alle Mitarbeitenden optimal motivieren können. Das, was die alten Truppenführer mit Moral der Truppe bezeichnet haben und von dem sie wussten, dass es einer der wichtigsten Erfolgsfaktoren war. Auch der bereits zitierte junge Trainer des FC Barcelona kommt deshalb zum Schluss, dass sich ein Trainer vor allem um die Atmosphäre im Team kümmern müsse.[114]

5 DIE FÜHRUNGSINSTRUMENTE

5.1 Der Führungsrhythmus

Der Führungsrhythmus ist ein institutionalisiertes System von Sitzungen und Rapporten oder Meetings.

Als Chef der SBB führte ich in direkter Linie zwölf Personen, von der Assistentin bis zu den Kollegen in der Geschäftsleitung. Entsprechend differenziert habe ich meinen Führungsrhythmus definiert. Am Montagmorgen um acht Uhr habe ich mich mit den Kolleginnen und Kollegen getroffen, die nicht in der Geschäftsleitung waren, nur der Generalsekretär und der Chef Kommunikation waren in beiden Gremien dabei. Das war ein ganz kurzes, informelles Meeting ohne formelle Einladung, Traktanden und Protokoll mit einem ebenso formlosen Titel: «Morgenandacht». Eine Informationsrunde, allenfalls mit Auftragserteilung (ich habe in der Regel mit Informationen und Abklärungen bis zu diesem Termin zugewartet), und im Anschluss bei Bedarf bilaterale Besprechungen. Maximaler Zeitbedarf 30 Minuten.

Am Montagnachmittag fand die Sitzung der Geschäftsleitung statt, und zwar open end. In der Regel konnten wir diese wichtigste Sitzung im Führungsrhythmus um 18 Uhr beenden.

Der Chef des Bereichs Immobilien war mir direkt unterstellt, aber nicht Mitglied der Geschäftsleitung. Er war an der «Morgenandacht» dabei. Zudem fand jeden Monat ein formelles Meeting mit dem Führungsteam von Immobilien unter Beizug des Finanzchefs und des Generalsekretärs statt.

Einmal pro Quartal besuchte ich die Divisionen vor Ort. An diesen Rapporten waren die erste und zweite Führungsebene vertreten, und für spezifische Präsentationen wurden Spezialisten beigezogen.

Bei der Euro 2008 waren vier Rapporte institutionalisiert: der monatliche Departementsrapport beim Chef des Departements für Verteidigung, Bevölkerungsschutz und Sport (VBS); der quartalsweise politische Ausschuss unter Leitung des Chefs VBS mit Regierungsräten, Stadtpräsidenten und Vertretern der Fussballorganisationen; der von mir geleitete monatliche Steuerungsausschuss mit den Host-City-Verantwortlichen, Vertretern der Kantone und Fussballorganisationen sowie das monatlichen Ländertreffen, das von meinem österreichischen Kollegen und mir gemeinsam geleitet wurden.

Der Informationsfluss in einer Unternehmung läuft in erster Linie über dieses Rapportsystem auf dem Dienstweg von oben nach unten und umgekehrt. Das funktioniert in der immer schnelllebigeren Welt nur, wenn die Rapporte mit hoher zeitlicher Frequenz stattfinden. Die Beispiele zeigen aber auch, dass man den Rhythmus nach spezifischen Bedürfnissen differenzieren kann und muss.

Es empfiehlt sich, einen Führungsrhythmus mit häufigen, dafür aber kürzeren Sitzungen zu definieren.

5.2 Die Sitzung

Ob man der Veranstaltung Sitzung, Rapport, Meeting oder Konferenz sagt – Fakt ist, dass Führungskräfte für nichts anderes so viel Zeit verwenden wie für diese Art von Aktivität. Die Effektivität von Sitzungen ist somit für jede Führungskraft essenziell.

Sitzungsleitung kann man nirgends lernen. Deshalb muss man gut zuschauen. Das habe ich getan, z. B. bei Carlos Grosjean, dem grossen Neuenburger Politiker, der den Verwaltungsrat der SBB präsidiert hat, als ich junger Generalsekretär war. Er war der effizienteste Sitzungsleiter, der mir je begegnet ist. Bei materiellen Diskussionen hielt er sich konsequent zurück. Lief ein Geschäft in seinem Sinn, hat er sich in der Regel überhaupt nicht geäussert. Andernfalls, so hat er mir erklärt, müsse man «manœuvrer», das war sein Lieblingswort. Ich habe nie erlebt, dass der Rat gegen seine Meinung entschieden hat.

Die Effizienz einer Sitzung hängt in hohem Masse von ihrer Vorbereitung ab. Folgende Punkte sind vorgängig zu klären:

- **Ist die Sitzung wirklich notwendig?**

Die effizienteste Sitzung ist die, die nicht stattfindet. Deshalb muss jede Sitzung ausserhalb des normalen Führungsrhythmus hinterfragt werden. Jedes Meeting muss einen klar definierten Zweck haben. Teamentwicklung ist beispielsweise kein hinreichender Zweck. Ich staune immer wieder, wenn ich junge Studienabgänger, die frisch im Arbeitsprozess stehen, über ufer- und sinnlose Meetings und «Bilas» klagen höre. «Der Teamgedanke beherrscht die Arbeitswelt wie ein Dogma. Eine Folge davon sind nicht nur nutzlose Sitzungen, an denen man im Kreis redet und kollektiv wegdämmert, ohne Resultat am Ende.»[115]

- **Die Natur und den Zweck der Sitzung definieren**

Es gibt viele Formen und Inhalte von Sitzungen: institutionalisierte Sitzung, Ad-hoc-Sitzung, Brainstorming, Workshop, Klausur oder Retraite. Bei jeder dieser Veranstaltungen muss im Voraus ihr Zweck und der Grad der Formalisierung (schriftliche Einladung, schriftliche Unterlagen, Protokoll) bestimmt werden.

- **Die Traktandenliste**

Eine Traktandenliste gehört mit ganz wenigen Ausnahmen *(z. B. bei meiner «Morgenandacht»)* zum eisernen Bestandteil einer Sitzung. Die Punkte einer Tagesordnung sind direkt mit dem Zweck der Sitzung verbunden. Um diese Liste kümmert sich der Chef persönlich. Die Festsetzung der Tagesordnung ist beispielsweise eine der wichtigsten Tätigkeiten des Verwaltungsratspräsidenten. Er definiert die zu behandelnden Punkte und gliedert die Traktandenliste. Eine zentrale, auch taktische Frage ist, in welcher Reihenfolge die Schlüsselfragen an einer Sitzung behandelt werden sollen – am Anfang, wenn die Leute noch frisch sind und das Zeitbudget noch unausgeschöpft ist *(was ich befürworte)*, oder am Schluss.

Die Sitzung der Geschäftsleitung der SBB hatte drei Teile: erstens Finanzen und Produktion, zweitens Geschäfte mit einem formellen, schriftlichen Antrag auf einen Beschluss, drittens die Aussprache. Für den dritten Teil wurden Geschäfte traktandiert, die noch nicht reif für einen Beschluss waren. Nach meiner Erfahrung ist es von Vorteil, komplexe oder besonders heikle Dossiers zuerst in einer Aussprache zu diskutieren und erst in einer weiteren Sitzung einem formellen Beschluss zuzuführen. Das gilt besonders auch für Verwaltungsratsgeschäfte.

Bei der Festlegung der Traktanden muss berücksichtigt werden, ob Präsentationen vorgesehen sind. Das macht oft Sinn, man muss sich aber bewusst sein, dass jede Präsentation in der Regel mindestens eine Stunde kostet.

- **Die Teilnehmer einer Sitzung**

Dieser heikle Punkt hängt wesentlich von der Traktandenliste ab. Es leiden zwar alle unter zu vielen Sitzungen, trotzdem möchte man überall dabei sein. Zu oft wird die Teilnahme an einem Meeting auch als Statussymbol interpretiert. Das gilt umso mehr, wenn damit auch noch eine Art Titel verbunden ist, wie Mitglied der Geschäftsleitung. Mit mathematischer Klarheit gilt aber: je kleiner der Teilnehmerkreis, desto effizienter die Sitzung. In den meisten Fällen lohnt es sich, den Kreis klein zu halten.

Ich habe mich immer dafür eingesetzt, den Kreis der Geschäftsleitung möglichst zu beschränken. Es wurde beispielsweise oft diskutiert, ob der Leiter der Informatik nicht in der GL sitzen müsste. Ich habe das immer abgelehnt, weil der CIO bei der grossen Mehrheit der Traktanden nicht involviert war. Als regelmässiger Teilnehmer hätte er sich auf alle Traktanden vorbereiten und damit gut einen Tag pro Woche einsetzen müssen. Diese Zeit hätte ihm für die Bearbeitung seiner ureigenen Probleme gefehlt. Ich habe es daher vorgezogen, Informatikthemen zu bündeln und einmal pro Monat im Beisein des CIOs zu behandeln.

Der Teilnehmerkreis einer Sitzung sollte sich auf die Personen beschränken, die in die Mehrheit der Punkte auf der Tagesordnung involviert sind. Wer nur zu einem Traktandum etwas zu sagen hat, wird dafür spezifisch eingeladen.

An unseren monatlichen Treffen zur Vorbereitung der Euro 2008 mit unseren österreichischen Kollegen war unser Nachbarland praktisch immer mit ungefähr doppelt so vielen Teilnehmern vertreten. Das war Ausdruck einer spezifischen Kultur, möglicherweise auch durch verdeckte Paritätsüberlegungen von Rot und Schwarz bedingt, mit Sicherheit aber ineffizient.

- **Die Unterlagen**

Zu einer effizienten Sitzung gehören schriftliche Unterlagen, die frühzeitig – im Normalfall zusammen mit der Traktandenliste – verteilt werden. In den Organisationsreglementen der Verwaltungsräte ist das meist bis auf den Tag genau geregelt. In der Realität werden diese Fristen aber selten eingehalten, und es grassiert die Seuche der «Tischvorlage», was der Seriosität der Geschäftsbehandlung abträglich ist.

◆ **Das Zeitbudget**

Normalerweise dauert eine Sitzung von x bis y Uhr. Seit einiger Zeit werden, insbesondere bei Verwaltungsratssitzungen, Zeitbudgets für die einzelnen Punkte der Tagesordnung erstellt. Ich habe noch nie erlebt, dass diese Budgets auch nur annähernd eingehalten werden, man kann sich also diesen Aufwand sparen. Es ist Aufgabe der Sitzungsleitung, bei der Behandlung der einzelnen Traktanden den Faktor Zeit im Auge zu behalten. Eine Ausnahme ist eine Sitzung mit Open End, was im Voraus klar deklariert werden muss.

◆ **Das Protokoll**

Bereits bei der Vorbereitung der Sitzung muss bestimmt werden, ob (im Normalfall: ja) und, wenn ja, in welcher Art ein Protokoll erstellt werden soll und wer Protokollführer ist. Das Protokoll ist aus drei Gründen relevant: als Dokumentation eines Geschäftsvorfalles, als Informationskanal (wichtig: der Verteiler) und zur Dokumentation der getroffenen Beschlüsse (und damit als Basis der Pendenzenkontrolle).

Die Bandbreite der Protokolle geht vom reinen Beschlussprotokoll bis zum Wortprotokoll. In der Regel wird eine Mischform zwischen diesen beiden Extremen angewandt. Wenn es sich nicht um eine Sitzung mit einem hohen Formalisierungsgrad handelt, sollte man sich keinen spezifischen Protokollführer leisten und jemand aus dem Teilnehmerkreis mit dem Abfassen der Aktennotiz beauftragen.

Ich verfasse die Aktennotiz oft selber, auch wenn ich eine Sitzung selber leite. Der Aufwand dafür ist begrenzt, und man hat den Vorteil, dass man die Beschlüsse und Aufträge selber formulieren kann.

Wichtig ist, dass das Protokoll unmittelbar nach der Sitzung erstellt und verteilt wird.

◆ **Die Rahmenbedingungen der Sitzung**

Dazu gehören Ort, Zeit, Verpflegung, Pausen. Diese Rahmenbedingungen beeinflussen das Klima einer Sitzung massgebend. Es braucht keine Prunkräume, um eine gute Sitzung abzuhalten, aber genügend Platz, um mit seinen Dokumenten arbeiten zu können.

Wenn die Teilnehmer eines Meetings schon für An- und Abreise viel Zeit investieren müssen, empfiehlt es sich, die Möglichkeit einer Video- oder Telefonkonferenz zu prüfen. Der Effekt ist erstaunlich. Eine Telefonkonferenz bedingt eine der Geschäftsbehandlung dienliche Limitierung der Teilnehmerzahl und zwingt die Teilnehmer zu kurzen und präzisen Voten. Eine Telefonkonferenz benötigt im Vergleich zu einem normalen Meeting in der Regel nur rund ein Viertel der Zeit und ist daher die mit Abstand effizienteste Form einer Sitzung.

Die Effizienz einer Sitzung hängt entscheidend von der Qualität der Sitzungsleitung ab. Oft ist diese zum Spagat zwischen Effizienz und breiter Meinungsäusserung gezwungen, was eine Menge Fingerspitzengefühl erfordert.

Ich habe in der Regel die Effizienz höher gewichtet, vor allem bei institutionalisierten Sitzungen. Wir mussten gemeinsam lernen, uns knapp und auf den Punkt zu

äussern. Es gab aber immer auch Sitzungen, bei denen die breite Meinungsäusserung von grosser Bedeutung war. Als Präsident des Weltverbandes der Bahnunternehmungen war es mir ein grosses Anliegen, dass sich alle im Komitee vertretenen Bahnchefs zu den wichtigen Fragen äusserten. Allenfalls habe ich Kollegen, die sich nicht gemeldet haben, zu einer Stellungnahme aufgefordert.

Die wichtigste Aufgabe der Sitzungsleitung ist die Synthese einer Diskussion. Die hat in der Regel immer die Form: erstens, zweitens, drittens … Die Fähigkeit zur Synthese hat viel mit der oben geschilderten Pattern Recognition (s. 2.2) zu tun. Letztlich liegt der ganze Zweck einer Sitzung in dieser Synthese.

Eine effiziente Sitzung:

- Ist wirklich notwendig
- Gut vorbereitet
- Beschränkt sich auf die Teilnehmer, die etwas zu sagen haben
- Ist straff geführt
- Führt zu prägnanten Synthesen und Aufträgen
- Ist je nach Umständen als Video- oder Telefonkonferenz organisiert
- Hinterlässt bei allen Teilnehmenden das Gefühl, etwas Nützliches getan zu haben

Es empfiehlt sich, in regelmässigen Abständen eine Feedbackrunde über die wichtigsten Sitzungen durchzuführen.

5.3 Der Bericht

Neben dem Sitzen in Meetings ist das Lesen von Berichten die zweite Hauptbeschäftigung eines Managers.

Ich habe während meiner SBB-Zeit Tausende Berichte gelesen und mich dabei mehr geärgert als gefreut. Müsste ich eine Durchschnittsnote verteilen, so wäre dies höchstens eine 3,5, also ungenügend.

Gute Berichte schreiben lernt man an der Hochschule ebenso wenig wie effizient Sitzungen leiten. Die Merkmale eines guten Berichtes sind:

◆ **Knapper Umfang**
Angesichts der Varietät kann man keine generelle Vorgabe über den Umfang eines Berichtes machen. Ich meine aber, dass es möglich sein sollte, auch über ein sehr komplexes Thema ein Kondensat von maximal drei Seiten zu verfassen. Das setzt allerdings eine gute Pattern Recognition voraus. Erläuterndes Material, Auswertungen usw. können in Anhängen beigegeben werden.

Seit einiger Zeit findet sich in Berichten ein Management Summary. Dieses ist allerdings in der Regel so kurz und allgemein gefasst, dass man den umfangreichen Hauptbericht trotzdem von A bis Z lesen muss. Ein reichhaltigeres, aber vollständiges

Kondensat ist dem vorzuziehen. Die Lektüre der Anhänge hat dann eher fakultativen Charakter.

- Die Logik des Aufbaus: Der Bericht hat einen erkennbaren roten Faden
- Die Verständlichkeit: Bericht und Sprache sind auf die Zielgruppe ausgerichtet
- Eine umfassende Lageanalyse

Die Lageanalyse steht immer am Anfang eines Berichtes. Der erste Abschnitt eines Berichtes heisst daher in der Regel «Die Ausgangslage». Eine korrekte Lageanalyse enthält bereits den Keim einer Entscheidung, wir wiederholen nochmals Peter Drucker: «But once the problem is correctly defined, the decision itself is usually pretty easy.»[116] In diesem Kapitel schlägt sich die Fähigkeit zur Pattern Recognition am deutlichsten nieder.

- Trennung von Fakten und Interpretationen: Es ist eine fast unausrottbare Unsitte, diese beiden Faktoren zu vermischen
- Klare Schlussfolgerungen und Anträge

5.4 Die Stellvertretung

In der Theorie ist die Sache klar: Für jede Funktion gibt es eine geregelte Stellvertretung, die im Fall eines Ausfalls die Verantwortung übernimmt. In der Praxis hat sich vielerorts die Stellvertretung zu einem Funktionsanteil mit Titelcharakter und Entschädigung entwickelt. Das widerspricht dem ursprünglichen Sinn. Noch fragwürdiger sind hauptamtliche Stellvertreter(innen). Es kann Sinn machen, auf feste und geregelte Stellvertretungen zu verzichten und den Entscheid für eine Stellvertretung im Ereignisfall ad hoc zu treffen. In einer solchen Situation können sämtliche Möglichkeiten einbezogen werden: eine Stellvertretung durch eine Person auf der nachgelagerten, der gleichen oder der übergeordneten Führungsebene (was in vielen Fällen eine adäquate Möglichkeit ist).

Bei den SBB haben wir vereinbart, dass im Fall einer operationellen Krise dasjenige Geschäftsleitungsmitglied die Führung übernimmt, das sich räumlich in der Nähe des Vorfalls befindet.

5.5 Kennzahlen oder Key Performance Indicators (KPIs)

In Frankreich heisst das Kennzahlensystem einer Unternehmung illustrativ Tableau de Bord. Hier spricht man etwa von Cockpit oder Management Informationssystem (MIS). Diese Systeme sind ausgesprochen kontextabhängig. Ein geeignetes Cockpit ermöglicht dem regelmässigen Benutzer innert kürzester Frist einen Gesamtüberblick und lässt Probleme möglichst frühzeitig erkennen. Die Entwicklung eines solchen Systems ist eine der wichtigsten Managementaufgaben. Ein wirkungsvolles

Kennzahlensystem enthält nicht zu viele, aber die richtigen und vor allem zeitgerechte, d. h. rasch aufgearbeitete Zahlen.

Einer der grössten Baukonzerne der Welt führt seine vielen Tochtergesellschaften über bloss vier Kennziffern: Auftragseingang, Liquidität, Marge und Umsatz (in dieser Priorität).

Oft werden Kennzahlen wie folgt gegliedert:

- Allgemeine Wirtschaftslage und Konkurrenzsituation
- Markt
- Produktion
- Finanzen

Standardisierte Einheitssysteme wie die Balanced Score Card sind aufwendig, teuer und kommen, weil zu wenig spezifisch, oft nicht auf den Punkt. Das sind vor allem Marketingkonstrukte, die der Beratungsbranche satte Margen bescheren. Mittlerweile ist diese Mode wohl auch schon vorbei.

5.6 Pendenzenkontrolle

An all diesen vielen Sitzungen werden Entscheide gefällt und Aufträge erteilt. Deshalb sind die Beschlüsse der wichtigste Teil in einem Sitzungsprotokoll.

In allen Organisationen, in denen ich tätig war, gab es die Tendenz, Aufträge «versickern» zu lassen oder Termine (die in aller Regel selber gesetzt werden) über die Massen zu überziehen. Deshalb muss ein Chef ein gutes Auge für die Erledigung der Aufträge haben. Natürlich gibt es heute ausgeklügelte IT-basierte Systeme dafür. Mein persönliches System war dagegen archaisch, aber wirkungsvoll. Ich habe jeden Auftrag in eine Klarsichtmappe gelegt und mir das Datum farbig markiert. Vor jeder Sitzung der Geschäftsleitung habe ich den Stapel der pendenten Geschäfte durchgesehen und fällige Aufträge in der nächsten Sitzung angemahnt. Das hatte eine erziehende Wirkung, und es ist mir kaum je etwas durch die Maschen gefallen.

Es gilt, die erteilten Aufträge immer im Auge zu behalten und die Mitarbeitenden zu Auftrags- und Termintreue zu erziehen.

5.7 Kaderausbildung und Kaderanlässe

Die Führungskräfte sind in einen systematischen Lernprozess einzubinden. Diese Kaderausbildung hat sich in grösseren Organisationen oft verselbstständigt. Die Personaldienste kaufen ein Managementmodell ein und lassen es oft auch durch externe Ausbildner unterrichten.

Ich war immer der Meinung, der Chef einer Institution sollte sich persönlich um die Ausbildung der oberen und obersten Kader kümmern. Das hat zwei Vorteile: Er kann seine Managementphilosophie durchsetzen, und er lernt dabei seine Nachwuchskräfte kennen.

Ich hatte mit unseren Ausbildungsspezialisten immer wieder spannende und kontroverse Diskussionen. Für meinen Begriff waren die eingekauften Managementmodelle meist zu komplex. Komplexitätsreduktion wie z. B. die Komprimierung der Führungsrichtlinien war mir ein primäres Anliegen. Ausserdem herrschte eine seltsame Scheu, den Nachwuchskräften auch ganz einfach Wissen zu vermitteln. Wenn Sachverstand die unabdingbare und erste Eigenschaft einer guten Führungskraft ist, dann muss auch Wissen gepaukt werden. Die Kandidaten für die oberste Stufe der Führungsausbildung hatten daher vorgängig zu lernen und wurden zu Beginn des Führungsseminars auf ihr Wissen getestet.

Für institutionalisierte Kaderanlässe gibt es eine riesige Palette von Möglichkeiten. Da wird vom Riverrafting über das Survival Camp bis zum mehrtätigen Seminar im Luxushotel alles angeboten.

Ich habe es dabei so gehalten wie beim Führungsrhythmus: lieber mehrere, dafür kürzere Anlässe. So hat sich das gesamte obere Kader der SBB mindestens quartalsweise an einem späteren Nachmittag getroffen, nach einem festen Ritual: Präsentation, Diskussion, Apéro. Der Erfolg solcher Anlässe misst sich unter anderm an der Durchmischung der verschiedenen Unternehmungsbereiche während des letzten, informellen Teils.

Einmal pro Jahr haben wir ein Treffen zusammen mit den Partnerinnen und Partnern der Führungskräfte organisiert, d. h. Abendessen und Besuch eines kulturellen Anlasses. Was wir nach Möglichkeit vermieden haben, war die Vermischung von Geschäft und gemütlichem Zusammensein. Einmal pro Jahr haben wir uns auch im internationalen Kreis mit Begleitung getroffen, und das war gut so. Eine Abneigung hatte ich gegen die grassierende Seuche von erlebnispädagogischen Veranstaltungen nach «Big Brother»-Manier, wo Klettersteige, reissende Flüsse und anderes mehr bezwungen werden.

Führungskräfte haben auch eine persönliche Verantwortung für ihre Weiterbildung. Mindestens einmal pro Jahr sollten sie für sich selber einen inspirierenden, die geistige Energie belebenden Anlass organisieren (lassen).

Ich habe mir seit Jahren angewöhnt, den Arbeitstag mit einer kurzen Lektüre – z. B. des «Daily Drucker» – zu beginnen.

5.8 Führungsgespräch

Das Führungsgespräch institutionalisiert den bilateralen Austausch zwischen dem Chef und den Mitgliedern eines Führungsdreiecks. Es findet mindestens einmal pro Jahr statt. Sein Rahmen ist in der Regel formalisiert. Die Tendenz zum Formalismus hat sich im Zuge der leistungsorientierten Belohnung verstärkt.

Neben seiner Relevanz für die Lohnfestlegung ist das Führungsgespräch in erster Linie Teil eines systematischen Lernprozesses, und zwar für beide Beteiligten. Ein gutes Führungsgespräch ist daher immer ein wechselseitiger Prozess.

Zentrale Bestandteile eines Führungsgespräches sind die folgenden Punkte:

- Zielerreichung

- Management des Unerwarteten

Die Erreichung von a priori gesetzten Zielen ist das eine. In der Realität aber gilt: «Erstens kommt es anders, zweitens als man denkt.» Die Qualität einer Führungskraft misst sich besonders an ihrem Verhalten in unerwarteten Situationen.

- Teamentwicklung

Hier kommt die Verantwortung eines Chefs oder einer Chefin für die Qualität und die Entwicklung ihres/seines Führungsteams zur Sprache.

Ich bin immer offen in ein Führungsgespräch gestiegen. Zur Vorbereitung habe ich mir Handnotizen als Gesprächsfaden erstellt. Die Synthese als Folge des Gesprächs habe ich schriftlich festgehalten und gegenzeichnen lassen.

Ich habe immer wieder feststellen müssen, dass über gewisse Führungskräfte abfällig gesprochen wurde. Wenn ich mir die entsprechenden Unterlagen aus den Führungsgesprächen habe kommen lassen, fanden sich da nur positive Bemerkungen.

Ein Führungsgespräch erzielt nur dann seine volle Wirkung, wenn es von gegenseitiger Ehrlichkeit geprägt ist. In unserem Kulturkreis besteht offensichtlich die Tendenz, dass man in einem Führungsgespräch nicht den Mut aufbringt, die Dinge klar auf den Punkt zu bringen und sie auch noch schriftlich festzuhalten.

Leider beeinflusst die Epidemie immer komplexerer Beurteilungs- und Bonussysteme die Führungsgespräche zunehmend negativ. Sie führen zu viel bürokratischem Aufwand und gaukeln eine mathematische Genauigkeit vor, die es in diesem sensiblen Bereich gar nicht geben kann. Besonders problematisch wird es, wenn die Personalbürokraten ein Beurteilungssystem vorgeben, das auf einer Normalverteilung beruht. In organisatorischen Bereichen mit wenig Personal ergibt das absurde Ergebnisse und führt zwangsläufig zur Beurteilung im Bereich des Mittelwertes. Wenn man dann noch feststellen muss, dass Boni eigentlich gar keine Boni sind, weil sie nach geltendem Arbeitsrecht «in der Nähe des geschuldeten Lohns» zu qualifizieren sind, wird man erst recht nachdenklich. «Bei den Begriffen Salär, variable Lohnbestandteile, Bonus, Gratifikation und ihren Übersetzungen ins Englische und wieder zurück kommt niemand mehr draus.»[117] Und all dieser Aufwand für ein ausschliesslich extrinsisches Motivationsmodell, dessen Wirkung höchst zweifelhaft ist!

* * *

Gegen Ende des Jahres 1996 stimmte der Bundesrat der Reduktion einiger Gehaltsbestandteile im Umfang von rund zwei Prozent der Lohnsumme und dem Einfrieren dieses Niveaus für insgesamt drei Jahre zu. Die Kaderlöhne wurden überproportional reduziert. Diese Lohnmassnahmen, im Verbund mit anhaltendem Personalabbau, leiteten beim Personalaufwand eine Trendwende ein. Das hat dazu beigetragen, dass das Parlament zwei Jahre später eine Bahnreform beschloss, welche die SBB grosszügig entschuldete und ihr faire Bedingungen für einen Neustart als spezialgesetzliche Aktiengesellschaft des Bundes ermöglichte. In ihrem ersten Geschäftsjahr erzielten diese neu strukturierten SBB einen Überschuss, was ihr ermöglichte, erstmals dem gesamten Personal eine Prämie auszurichten.

Die Gewerkschaften waren in einer schwierigen Lage. Sie wurden überrascht, weil sie nicht erwartet hatten, dass der Bundesrat den SBB grünes Licht für derartige Massnahmen erteilen würde. Die Geschäftsleitung der grössten Eisenbahnergewerkschaft beschloss in der Folge, bei ihren Mitgliedern eine Urabstimmung über einen Streik durchzuführen. Dabei wurde das dafür notwendige Quorum nicht erreicht.

Natürlich waren die Eisenbahner nicht glücklich. Sie haben mir aber abgenommen, dass der Handlungsdruck riesig war, und die Massnahmen schliesslich, wenn auch mit Grollen, akzeptiert und mir deswegen auch keinen persönlichen Vorwurf gemacht. Ohne den intensiven Dialog in den Flächengesprächen wäre das nicht der Fall gewesen.

Ausflug in die Spieltheorie: Verhandeln

Der Zufall wollte es, dass der geltende Gesamtarbeitsvertrag (GAV) auf denselben Zeitpunkt am Jahresende auslief, auf den ich aus den SBB ausscheiden würde. Früh im Jahr legten wir unsere Verhandlungsstrategie fest. Es war klar, dass die Standpunkte und Verhandlungsziele der Verhandlungspartner sehr weit auseinanderlagen. Kam dazu, dass wir nicht nur einen neuen GAV abschliessen wollten, sondern synchron auch über die Löhne für das Folgejahr zu verhandeln hatten. Im Januar fixierten wir den Zeitplan, und einer der Kollegen in der Geschäftsleitung meinte maliziös, ich könne dann unter dem Weihnachtsbaum unterschreiben.

Eine Verhandlung entspricht einer klassischen spieltheoretischen Situation. Jede Partei hat ihre spezifischen Ziele, die oft stark differieren, eine Verhandlungsstrategie und -taktik, die sie verdeckt hält. Deshalb muss in der Vorbereitung einer Verhandlung nicht nur die eigene Position analysiert werden, sondern ebenso jene der Gegenpartei. Letzteres gelingt nur, wenn man sich in die Perspektive seines Verhandlungspartners und seines Umfeldes versetzen kann. Und wie bei einer klassischen Spielsituation spielen die Elemente Überraschung und Geheimhaltung der eigenen Absichten eine wesentliche Rolle.

In einer einfachen Verhandlungssituation geht es nur um einen Parameter, z. B. den Preis einer Leistung. Die Ausgangslage ist klar, die eine Partei will einen möglichst hohen, die andere einen tiefen Preis. Das Verhandlungsergebnis ist immer ein Kompromiss, es kann gar nicht anders sein, obwohl dem Wort ein schaler Nachgeschmack anhaftet. Praktisch läuft eine Verhandlung immer nach dem «Artillerieprinzip»: Langschuss, Kurzschuss, Mitte (im Ziel). Wenn eine Gewerkschaft in einer Lohnverhandlung 5 Prozent mehr Lohn fordert und die Unternehmungsleitung der Auffassung ist, es liege angesichts der wirtschaftlichen Situation überhaupt nichts drin, dann wird man sich oft in der Nähe von 2,5 Prozent finden. Das kann jede Partei als Erfolg verbuchen, ein Element, das in jeder Verhandlung von grosser Bedeutung ist. Man kann es auch anders ausdrücken: Eine Verhandlung ist immer die Suche nach einem ausgewogenen Geben und Nehmen. Und weil das «Artillerieprinzip» immer eine Rolle spielt, ist es entscheidend, mit welchen Forderungen oder Angeboten man in eine Verhandlung steigt.

Checkliste Verhandeln
1. Lageanalyse
2. Verhandlungsparameter
3. Verhandlungsziele
4. Dealbreaker
5. Verhandlungstaktik
6. Konfliktstrategie
7. Kommunikation

Ad 1   *Lageanalyse*

Die Lageanalyse trägt der spieltheoretischen Situation Rechnung und befasst sich gleich intensiv mit der eigenen wie der Position der Gegenpartei. Dabei muss man sich in die Perspektive der Gegenpartei versetzen und eine Vorstellung über deren Strategie und Taktik entwickeln, die im Verlauf einer Verhandlung immer wieder adaptiert wird. Dazu kommt die Aufarbeitung von Informationen über die Gegenpartei, z. B. über die Teilnehmer in deren Verhandlungsdelegation.

Die Lage bei der Verhandlung eines neuen GAV war durch zunehmende Konkurrenz unter Bahnunternehmungen geprägt. Im Jahr zuvor hatte die grosse Eisenbahnergewerkschaft erstmals einen GAV mit unserem Konkurrenten BLS abgeschlossen und diesen Abschluss als Erfolg gefeiert. Dabei wurden die Arbeitszeit auf 41 Stunden erhöht und zahlreiche Zulagen abgeschafft. Damit hatte sich die BLS einen Konkurrenzvorteil verschafft, was so für die SBB nicht akzeptabel war. Damit waren wir in einer argumentativ vorteilhaften Situation, und wir spürten, dass sich die Gewerkschafter dessen auch bewusst waren. Zentrales Ergebnis der Analyse war, dass eine Verlängerung des geltenden Vertrages in dieser Situation nicht infrage kam. Bei der Analyse der Position unseres Kontrahenten galt es zu differenzieren: Die Verhandlungen wurden von den Gewerkschaftsfunktionären geführt, und die hatten ihre spezifischen Präferenzen. Dahinter stand aber die Gesamtheit der Eisenbahner, und deren Meinung war nicht zwangsläufig deckungsgleich mit jener der Funktionäre. Wir wussten, dass der Schutz vor Kündigungen aus wirtschaftlichen Gründen (früher im «Contrat Social» geregelt; ein Begriff, der offiziell längst nicht mehr existierte, für die Eisenbahner aber immer noch grosse symbolische Bedeutung hatte) für die Eisenbahner von zentraler Bedeutung war. Die Funktionäre legten weniger Gewicht auf diesen Punkt. In dem mit der BLS abgeschlossenen Vertrag fand sich jedenfalls keine entsprechende Bestimmung.

Die Analyse darf sich nicht auf den engen Bereich des Gegenstandes einer Verhandlung beschränken, sondern muss das ganze Beziehungsfeld mit dem Verhandlungspartner einbeziehen. Oft ist es möglich, daraus indirekte Verhandlungsparameter abzuleiten, die den taktischen Spielraum einer Verhandlung vergrössern.

Ad 2   *Verhandlungsparameter*

Wenn es darum geht, einen Preis auszuhandeln, ist die Situation auf den ersten Blick klar und einfach. Ausgangspunkt ist entweder ein bereits geltender Preis, der Preis einer Offerte oder ein Begehren des Kunden. Eine solch eindimensionale Situation gilt es nach Möglichkeit zu vermeiden, um nicht in ein Gewinner-Verlierer-Schema zu geraten. Man sollte deshalb so viele Verhandlungsparameter wie nur möglich einbeziehen, um Verhandlungsspielraum und zusätzliche taktische Varianten zu gewinnen. So können in unserem Preisbeispiel Parameter wie Lieferkonditionen, Qualitätsstandards, Volumen, Zahlungsbedingungen eingebracht werden.

Bei unserer GAV-Verhandlung war der Fächer der Verhandlungsparameter sehr gross. Wir gliederten diese Parameter in die Kategorien Geld (Zulagen, Spesen, Lohnfortzahlungen, Prämien für Unfallversicherung u. a. m.), Zeit (Arbeitszeit, Ferien, unbezahlter Urlaub, Flexibilisierungen), Soziales (Kündigungsschutz, Friedenspflicht, NOA [s. S. 133], Reintegration) und weitere Themen.

Ad 3 *Verhandlungsziele*

Das oberste Ziel für die GAV-Verhandlungen der SBB waren konkurrenzfähige Arbeitsbedingungen, konkret die Erhöhung der wöchentlichen Arbeitszeit auf 41 Stunden (wie bei der BLS, ohne Kompensation über den Lohn), Vereinfachung und Abbau von Zulagen und eine weitere Flexibilisierung im Arbeitseinsatz bei SBB Cargo.

Die Ziele werden als Maximal- bzw. Minimalziele formuliert. Sie gehören zu den Informationen, die während der Verhandlung unbedingt vertraulich bleiben müssen. Innerhalb dieses Zielbereichs liegen die zum geeigneten Zeitpunkt und unter Berücksichtigung des «Artillerieprinzips» eingegebenen Verhandlungsangebote.

Ad 4 *Dealbreaker*

Ein Meister der Verhandlungskunst ist Jakob Kellenberger, der frühere Staatssekretär und heutige Präsident des Internationalen Roten Kreuzes. Seine Maxime ist: «Eine Verhandlung kann nur gelingen, wenn sie auch scheitern darf. Es ist eine sehr schlechte Voraussetzung, wenn sich jemand vorstellt, eine Verhandlung müsse um jeden Preis gelingen.»[118]

Deshalb gilt es, die Dealbreakers, das sind die Randbedingungen, ohne die ein Verhandlungsergebnis nicht akzeptiert werden kann, bereits im Vorfeld der Verhandlungen präzise zu definieren. Dabei handelt es sich in der Regel ebenfalls um einen Faktor, der vertraulich gehalten werden muss.

In den Verhandlungen mit der Ferrovie dello Stato über einen Fusionsvertrag im Güterverkehr war eine Beteiligung von 50 Prozent ein solcher Dealbreaker.

Ad 5 *Verhandlungstaktik*

Der Taktik kommt bei jeder komplexen Verhandlung eine entscheidende Rolle zu. Dabei sind folgende Faktoren zu beachten:

◆ Gemeinsamkeiten hervorheben

Zu Beginn einer Verhandlung sollte man nicht die eigene Position, sondern die gemeinsamen Interessen in den Vordergrund stellen. Das schafft auch ein entspanntes Verhandlungsklima.

Wir haben bei den Verhandlungen um einen neuen GAV immer wieder unser gemeinsames Interesse an einer konkurrenzfähigen Unternehmung, die in der Lage ist, langfristig Arbeitsplätze zu sichern, bekräftigt.

- Der Erfolg der Gegenpartei

Eine Verhandlung mit einigermassen ausbalancierten Kräfteverhältnissen kann nur gelingen, wenn die Verhandlungsdelegation beider Parteien einen gewissen Verhandlungserfolg – vor allem auch gegenüber ihrer Klientel, allenfalls auch in der Öffentlichkeit – ausweisen kann. Es empfiehlt sich, schon im Vorfeld einer Verhandlung auszuloten, wie man seine Ziele erreichen kann, ohne die Gegenpartei zum Verlierer zu stempeln.

Aus diesem Grund haben wir bei der GAV-Verhandlung noch ein zusätzliches Ziel formuliert: Die Aufenthaltsdauer in der NOA (s. S. 133) sollte je nach Lebensalter und Dauer der Firmenzugehörigkeit befristet werden. Damit wäre der bisher geltende Kündigungsschutz massiv aufgeweicht worden. Das war ein taktisches Ziel, das wir im Lauf der Verhandlung preisgeben würden. Wir waren uns immer bewusst, dass der ausgehandelte GAV den Gewerkschaftsmitgliedern in einer Urabstimmung zur abschliessenden Genehmigung unterbreitet werden musste.

Das Gesicht zu wahren, spielt in schwierigen Verhandlungen immer eine dominante Rolle.

- Das Verhandlungsangebot

Das Verhandlungsangebot liegt innerhalb des Zielrahmens und enthält eine Kompromissmarge. Diese muss so gewählt werden, dass sie noch glaubwürdig ist, muss aber auch das Angebot der Gegenpartei berücksichtigen. Der Zeitpunkt der Bekanntgabe eines Verhandlungsangebotes ist von entscheidender Bedeutung. Es ist meist von Vorteil, wenn man sein Verhandlungsangebot nicht als erste Partei eingibt.

- Die Verhandlungsführung und das Verhandlungsteam

Das Verhandlungsteam ist auch in einer komplexeren Situation so klein wie möglich zu halten. Wenn die Gegenpartei mit einem grösseren Team antritt, ist dies kein Nachteil, im Gegenteil. Die Parteien können sich über die hierarchische Stufe des Verhandlungsleiters absprechen. Der Verhandlungsleiter ist hierarchisch genügend hoch anzusiedeln, man muss aber der Möglichkeit einer Eskalation auf eine höhere Ebene Rechnung tragen.

Ein Verhandlungsleiter muss in der Verhandlungssache absolut sattelfest sein und sich über ein hohes Mass an Gelassenheit, Geduld und taktischem Geschick auszeichnen. Für spezifische Fragen zieht er Experten bei.

- Das Verhandlungsmandat und die Einbindung der involvierten Interessen

Für die GAV-Verhandlungen hat uns der Verwaltungsrat ein Mandat erteilt. Er gab uns die Verhandlungskompetenz, definierte die obersten Ziele und die Verhandlungsmarge. Verhandlungsleiter war der Personalchef. Für die Verhandlungen schufen wir ein Begleitgremium mit den Leitern der Geschäftsbereiche. Die Geschäftsleitung war laufend involviert und fasste bei Bedarf Zwischenentscheide. Auch der Verwaltungsrat war immer einbezogen und hat, auf Antrag der Geschäftsleitung, im Lauf der Verhandlungen das Verhandlungsmandat angepasst.

Der Rahmen für die Verhandlungsdelegation muss klar abgesteckt und die Einbindung aller interessierten Stellen sichergestellt sein. Der Worst Case in einer Verhandlung ist ein Verhandlungsergebnis, das von der abschliessenden Entscheidungsinstanz nicht akzeptiert wird.

- **Der Zeitrahmen**

Hier geht es um die Festlegung der Gesamtdauer der Verhandlung, die Gliederung der Verhandlung in Phasen, allenfalls mit Milestones für die Terminierung des Einsatzes von Anreizen und Druckpunkten und einer möglichen Eskalation. Dieses Timing wird während einer laufenden Verhandlung immer wieder hinterfragt und sollte so flexibel wie möglich sein. Fixpunkte mit dem Charakter eines Ultimatums sind zu vermeiden. Deshalb sollte man Termine wenn möglich nicht öffentlich verkünden.

Als wir die Verhandlungen für einen neuen GAV Anfang Jahr in Angriff nahmen, stand uns bis zum Auslaufen des geltenden Vertrags ein knappes Jahr zur Verfügung. Es war uns bewusst, dass diese Verhandlung vor allem für die Gegenpartei sehr schwierig würde. Wir stellten uns darauf ein, dass sie die Verhandlungen zunächst verzögern und dann eine Konfliktstrategie wählen würde, mit einer nationalen Demonstration und Streikdrohungen als Höhepunkt. Dem trugen wir in der Terminplanung Rechnung und gingen davon aus, dass die Verhandlung erst im Dezember in die entscheidende Phase treten würde.

- **Die Strukturierung der Verhandlung**

In einer komplexen Verhandlung mit mehreren Verhandlungsparametern oder gar Kategorien von Parametern macht es kaum Sinn, über sämtliche Themen gleichzeitig zu verhandeln. In der Regel empfiehlt es sich, in einer ersten Phase die weniger kontroversen Themen einer Lösung zuzuführen. Dabei müssen aber die Querbeziehungen zu den andern Fragen immer berücksichtigt werden. Der Prozess wird somit in komplexeren Fällen immer iterativ.

Wir versuchten, uns in unserer GAV-Verhandlung zunächst über die weniger kontroversen Punkte bei den weiteren Themen zu einigen. Das war zwar möglich, brachte die Verhandlung insgesamt aber nicht weiter, weil immer klar war, dass die Knacknüsse bei den Themen Geld, Zeit, absolute Friedenspflicht und Kündigungsschutz lagen.

- **Anreize und Druckpunkte**

Die Position in einer Verhandlung hängt entscheidend davon ab, ob im Lauf des Prozesses spezifische Anreize oder Druckpunkte eingesetzt werden können. Ein Druckpunkt ist der Einbezug eines Faktors, der für die Gegenpartei von besonderer Bedeutung ist, der aber nie als Drohung oder gar als Ultimatum eingebracht werden sollte. Zu Beginn einer Verhandlung muss man sich erstens über die entsprechenden Möglichkeiten im Klaren sein und zweitens den Einsatz dieser Instrumente in den Zeitplan einbauen.

In den GAV-Verhandlungen haben wir einen Anreiz lange zurückgehalten: die Vertragsdauer. In der Vergangenheit wurde ein GAV jeweils auf zwei Jahre abgeschlossen. Wir waren bereit, auf eine vierjährige Vertragsdauer zu wechseln, was dem beim Personal (allerdings nicht unbedingt bei den Gewerkschaftsfunktionären) weitverbreiteten Wunsch nach Stabilität entgegenkam.

Ein Druckpunkt war die Kündigung des geltenden GAV. Die SBB hatten noch nie einen GAV gekündigt, und es war klar, dass die Gegenpartei einen solchen Akt zum Gegenstand einer Eskalation primär in der Kommunikation machen würde. Wir gingen davon aus, dass die Delegation der Gewerkschaften die Verhandlungen derart verzögern würde, bis wir in Zeitnot gerieten. Wir legten daher eine Deadline für die Kündigung fest, um auch zeitlichen Druck aufzubauen.

Ein möglicher Druckpunkt kann auch eine einfacher strukturierte Verhandlung, beispielsweise über einen Preis, entscheidend beeinflussen. Ich erinnere mich an Verhandlungen über den Preis für den Bahntransport mit einer grossen Bierbrauerei. Das war ein klassischer Käufermarkt. Der Verhandlungspartner setzte gezielt den möglichen Lastwagentransport zu wesentlich tieferen Preisen als Druckpunkt ein. Zwischen dieser Brauerei und den Bahnhofbuffets in unseren Bahnhöfen bestand anderseits eine ganze Reihe von Verträgen über Getränkelieferungen. Da genügte in der Regel schon ein Hinweis, um zu einem vernünftigen Kompromiss zu kommen.

◆ Zugeständnisse

Die Regel lautet: niemals einseitige Zugeständnisse machen. Ein einseitiges Zugeständnis verschiebt die mathematische Mitte nach dem «Artillerieprinzip» zulasten der eigenen Position, ohne dass dafür etwas erhalten wird. Es gilt: «Für das Gehabte gibt man nichts.»

◆ Ultimatum und Drohung

Sind beides in der Regel untaugliche oder gar kontraproduktive Instrumente. Wenn sich das Ultimatum oder die Drohung als wirkungslos erweisen, schwächt man seine Verhandlungsposition. «Mit Druck kann man nur erfolgreich verhandeln, wenn man unzweifelhaft in einer Machtposition ist und kein zweites Mal mit diesem Partner Geschäfte machen will… Es ist elementar wichtig, Verhandlungen nie auf die Machtfrage hinauslaufen zu lassen.»[119]

◆ Das Time-out

Ist ein wichtiges Instrument zur Entspannung in festgefahrenen Situationen oder wenn die Emotionen hochgehen. Das Time-out erlaubt die Absprache innerhalb eines Verhandlungsteams, allenfalls auch informelle Kontakte mit der Gegenpartei.

◆ Die Eskalation der Verhandlung

Bei den meisten komplexen Verhandlungen gibt es einen Zeitpunkt, bei dem die noch offenen – natürlich besonders heiklen – Punkte auf eine nächsthöhere Verhandlungsstufe eskaliert werden. Verhandlungen sind immer auch Rituale, und zu einer wichtigen Verhandlung gehört auch die «Nacht der langen Messer», in der bis in den frühen Morgen um Lösungen gerungen wird.

Letztlich haben sich unsere Erwartungen über den Verhandlungsverlauf bestätigt. Ende März gaben wir die Kündigung des GAV bekannt. Die Situation eskalierte laufend, bis Anfang September eine grosse nationale Demonstration stattfand. Erst im Anschluss daran war es möglich, wieder substanziell zu verhandeln. Trotzdem kündigte die grosse Eisenbahnergewerkschaft Mitte November Kampfmassnahmen auf den 15. Januar an. Wie geplant, wurde die Eskalation auf eine höhere Ebene der Verhandlungsführung erst Mitte Dezember ausgelöst. Die Medien meldeten, dass jetzt der SBB-Chef selber in die Verhandlungen einsteige. Die Position der Gegenpartei war zu diesem Zeitpunkt klar: Sie lehnte die 41-Stunden-Woche immer noch grundsätzlich ab, war aber bei einer entsprechenden Kompensation über Lohn und Ferientage bereit, über den Schatten zu springen. Ein Streitpunkt wurde als unverhandelbar bezeichnet: Beim Kündigungsschutz geben sich die Bähnler kompromisslos, wurde über die Medien verbreitet. Die Sitzung der Delegationen fand am Abend statt. Ich überraschte die Verhandlungsdelegation der Gewerkschaften mit einem Vorschlag, bei der 40-Stunden-Woche zu bleiben, aber auf jegliche Lohnerhöhung zu verzichten. Der Überraschungseffekt wirkte. Spät in der Nacht nahm mich der Präsident der grossen Eisenbahnergewerkschaft während eines Time-out auf die Seite und unterbreitete mir ein Angebot, auf das wir eintreten konnten. Unser Verwaltungsrat tagte am andern Morgen und gab grünes Licht für die Unterzeichnung, die noch am gleichen Tag stattfand.

Die Phase der Eskalation ist heikel. Die Verhandlungsleitung wird nun durch die oberen oder obersten Chefs übernommen, und die haben auch bei optimalem Einbezug selten einen umfassenden materiellen Background in der Verhandlungssache. Deshalb muss die Stufe der Eskalation spät und mit bester Vorbereitung erfolgen. Bei der Verhandlung der Schweiz mit Deutschland über das Flugregime des Flughafens Zürich wurde offensichtlich zu früh auf die Stufe Minister eskaliert. Mit fatalen Folgen.

◆ Der informelle Austausch

Viele Verhandlungen sind quasi öffentlich, weil die Verhandlungsparteien intern laufend über den Stand orientieren und auch die Öffentlichkeit bewusst einbeziehen. Dem muss mit einer Kommunikationsstrategie Rechnung getragen werden. Daneben ist es wichtig, auch hinter diesen Kulissen Kontakte zu pflegen. Das ist zwar ein heikler Punkt, weil der Vorwurf der Klüngelei erhoben werden könnte. Trotz dieser Bedenken kann ein informeller Austausch der Positionen und das Ausloten von Möglichkeiten im kleinen Kreis für das Gelingen komplexer Verhandlungen matchentscheidend sein.

Ich habe vor meinem persönlichen Einstieg in die GAV-Verhandlung mit den Chefs aller beteiligten Gewerkschaften ein informelles Gespräch unter vier Augen geführt. Das war zum Ausloten der Möglichkeiten und Grenzen von grossem Nutzen und hat zum guten Verhandlungsergebnis beigetragen.

- ◆ Der Ort der Verhandlung

Es gibt vier Möglichkeiten: bei der einen oder andern Partei, alternativ bei der einen und der andern Partei oder an einem neutralen Ort. Bei heiklen Verhandlungen ist der neutrale Boden vorzuziehen.

Ad 6

Konfliktstrategie

Schwierige Verhandlungen sind durch gegensätzliche Positionen mit erheblichem Konfliktpotenzial geprägt. Auf diese möglichen Konflikte muss man sich schon bei der Festlegung der Verhandlungsziele und -taktiken präventiv einstellen und dafür einen Plan B entwickeln. Darin ist beispielsweise das Vorgehen im Fall eines Streiks festzulegen. Andernfalls kann es wie 2007 bei der Deutschen Telekom gehen: «Das Telekom-Management hat die Gegenwehr der Betroffenen offenbar völlig unterschätzt ... Selbst handfeste Drohungen des Managements konnten die Telekom-Beschäftigten bisher nicht nachhaltig einschüchtern. Täglich legen bis zu 15 000 von ihnen die Arbeit nieder. Und dabei erfahren sie erstaunlicherweise auch noch Zuspruch aus der Bevölkerung.»[120]

Anders die Gewerkschaften des Kabinenpersonals der Swiss. Zur Frage der Vorbereitung auf einen Streik meinte ihr Präsident: «Wir könnten einen Ordner hervornehmen und morgen streiken. Es wäre fahrlässig, darauf als Gewerkschaft nicht vorbereitet zu sein.»[121]

Unter diesem Punkt sollte man sich ebenfalls präventiv über den Grundsatz «Eine Verhandlung muss auch scheitern können» aussprechen und auch dafür einen Eventualplan bereitstellen.

Ad 7

Kommunikation

In schwierigen Verhandlungen sollten sich die Partner über die Kommunikation im Grundsatz einigen. Es gibt drei Möglichkeiten: keine Kommunikation, eine gemeinsame Kommunikation, individuelle Kommunikation, allenfalls mit Absprache der Termine.

Es gibt viele heikle Dossiers, über die eine stille Verhandlung vorteilhaft wäre (beispielsweise im Falle der Causa Libyen). Im Zeitalter der Hyperkommunikation ist das allerdings in den meisten Fällen eine Illusion. Auch die zweite Möglichkeit kommt bei stark gegensätzlichen Verhandlungspositionen selten infrage.

Deshalb ist das Erstellen eines wirkungsvollen Kommunikationskonzeptes (s. Kapitel 9) im Rahmen einer komplexen Verhandlung eine Schlüsselaufgabe. Es geht darum, seine Position der Öffentlichkeit gegenüber in ein möglichst gutes Licht zu stellen, im Wissen darum, dass die Gegenpartei genau dasselbe versucht. Deshalb muss man sich systematisch auf eine in den Medien geführte Auseinandersetzung um die öffentliche Sympathie vorbereiten. Diese Sympathie für eine Verhandlungsposition kann im Lauf einer Verhandlung eine zentrale Rolle spielen. Das hat sich beispielsweise neulich beim Streik der Lokomotivführer in Deutschland gezeigt, als die Bahnbenutzer trotz erheblicher persönlicher Unbilden bis am Schluss viel Verständnis für die Forderungen der Lokomotivführer zeigten.

Wir haben in der Kommunikation über die GAV-Verhandlung immer wieder mit der Gleichbehandlung mit der BLS argumentiert. Das war eine einfache und gut nachvollziehbare Botschaft. Die Gegenpartei hatte sichtlich Schwierigkeiten, dieses Argument schlüssig zu kontern. Besondern Wert haben wir auf die interne Kommunikation gelegt und unsere Position in einem spezifischen Newsletter und der SBB-Zeitung immer wieder plakativ dargestellt und erläutert. Ich habe mich während des ganzen Jahres auch häufig persönlich über die laufenden Verhandlungen geäussert. Ich habe zum Ausdruck gebracht, dass angesichts der schwierigen Ausgangslage höchstens eine mittlere Unzufriedenheit beider Verhandlungspartner erwartet werden könne. Das habe ich auch an den Flächengesprächen in diesem zweiten Halbjahr im direkten Dialog mit den Eisenbahnern betont. Diese Diskussionen waren auch für die GAV-Verhandlungen von grossem Nutzen, konnte ich mir doch ein gutes Bild über die Befindlichkeit und die Präferenzen unseres Personals machen. Die finale Kommunikation über das Verhandlungsergebnis haben wir mit der Gegenpartei abgesprochen und sorgfältig darauf geachtet, dass der Ton zurückhaltend war. Die Gewerkschaften konnten eine Lohnanpassung, einen zusätzlichen Ferientag, die Beibehaltung des Kündigungsschutzes sowie eine Laufdauer von vier Jahren als Erfolg verbuchen, die SBB die 41-Stunden-Woche, eine zusätzliche Flexibilisierung und die Friedenspflicht. Auch mit gehörigem zeitlichem Abstand bin ich der Meinung: ein gutes Ergebnis für beide Parteien.

Wahrnehmung ist Realität: Die Kommunikation ist alles

Als neu ernannter Generaldirektor der SBB wurde ich zum Interview mit einem als aggressiv geltenden Journalisten geladen. Zuerst fragte er mich, wie viel ein Retourbillett von Bern nach Zürich kostet. Ich wusste es nicht. Das war eine Lektion fürs Leben.

Michael Schumacher hat noch vor seinem Comeback in einer Titelgeschichte im *Spiegel* erklärt: «... ich habe lange gebraucht, um ... die Arbeitsweise der Medien zu verstehen.»[122]

Die Ereigniskette, die am 9. November 1989 zum Fall der Berliner Mauer geführt hat, ist lang. Das letzte und schliesslich entscheidende Element der Kette war eine schlecht redigierte Medienmitteilung und ein schlecht informierter Regierungssprecher.

Während der Koalitionsverhandlungen für die schwarz-gelbe Koalition in Deutschland einigte man sich auf die Eröffnung eines sogenannten Schattenhaushaltes. «Aber dann zeigte sich die Macht der Medien. Selten ist ein Plan so einhellig vernichtend kommentiert worden. ... Die Parteichefs kassierten den Vorschlag wieder ein.»[123]

Die Beispiele zeigen:

- Kommunikation ist von zentraler Bedeutung
- Man kann nur gut kommunizieren, wenn man die Funktionsweise der Medien versteht
- Kommunikation ist Knochenarbeit

Ich habe seit bald 30 Jahren Kontakt mit den Medien. Während dieser Zeit hat die Bedeutung der Kommunikation unablässig zugenommen. Wie die Erfahrung zeigt, gibt es kaum einen unternehmerischen Bereich, in dem Risiken eines Fehlverhaltens grösser sind, oft mit fatalen Folgen. Es ist ein Zeichen dieser Entwicklung, dass dieses Kapitel so umfangreich geworden ist.

Erstaunlicherweise ist der Begriff Kommunikation im deutschen Sprachbereich erst spät aufgetaucht. Noch in den 1980er-Jahren gab es in den Firmen keine Kommunikationsabteilungen. Die organisatorischen Einheiten, die sich damals mit dem befassten, was wir heute Kommunikation nennen, hiessen etwa Information und PR. In klarer Abgrenzung davon war die Werbung in der Regel bei den Produktsparten angesiedelt. Diskussionen gab es allenfalls bei der Imagewerbung, welche die Informations- und PR-Abteilung vereinnahmte, was die Werbefachleute ungern sahen.

Kommunikation ist ein Begriff, für den es keine allgemein anerkannte Definition gibt. Botho Strauss bezeichnet ihn als brutales Müllschluckerwort. Ein Definitionsmerkmal immerhin ist unbestritten: die *wechselseitige* Übermittlung von Signalen. Diese Signale gehen über alle Sinne, also weit über das Verbale hinaus.

1 Die Medien verstehen

Ich bin ein Medienfreak. Ich richte meinen Wecker so, dass ich als Erstes die Morgennachrichten am Radio höre. Beim Frühsport sehe ich das «Morgenmagazin» von ARD/ZDF. Beim Frühstück lese ich die erste Tageszeitung, im öffentlichen Verkehr zur Arbeit die zweite. Spezifische Artikel reisse ich mir für eine spätere Lektüre heraus. Wöchentlich kommen zwei, drei, vier Zeitschriften dazu. Während meiner SBB-Zeit ging ich auf dem Weg zur Arbeit immer an einem Kiosk vorbei, wo ich die Aushänge der Tageszeitungen studiert habe. So konnte ich die tägliche Medienlage zuverlässig einschätzen. Ich lese hauptsächlich im Zug.

Wer professionell kommunizieren will, muss Medien in ihrer ganzen Vielfalt konsumieren, nicht widerwillig, sondern neugierig und mit Freude.

«Mehr denn je spielen die Medien in unserem Leben eine Rolle ... Mittlerweile beherrschen sie einen grossen Teil unseres Tagesablaufes. Die Schweizer konsumierten ... 2005 pro Tag im Durchschnitt 4,5 Stunden Medien aller Art.»[124]

Personen und Institutionen im öffentlichen Interesse und die Medien leben in einer Symbiose. Die Medien sind unverzichtbare Multiplikatoren von Botschaften. Für die Medien anderseits bieten diese Personen und Institutionen den Stoff für gute Geschichten. Man ist also aufeinander angewiesen.

1.1 Der Medienmarkt

Der Medienmarkt funktioniert wie ein ganz normaler Markt. Auch hier werden Waren gehandelt, und es gilt das Gesetz von Angebot und Nachfrage. Dabei ist die Resonanz der Nachrichten das Mass aller Dinge. Auch im Medienmarkt gilt das Gebot der Differenzierung und ganz besonders der Satz des Psychologen Hans-Georg Häusel: «Alles, was keine Emotionen auslöst, ist fürs Gehirn wertlos.»[125] Wie auf jedem andern Markt muss primär ein ausreichender Gewinn erzielt werden, um zu überleben, und das ist, wie wir sehen werden, nicht selbstverständlich. Wer von den Medien erwartet, sie sollten doch mehr über Positives berichten, hat diese Mechanismen nicht begriffen.

Die Ware, die auf dem Medienmarkt gehandelt wird, ist die Nachricht.

«Nachrichten [sind] einfach ein Gut, das in Quantität und Qualität durch Angebot und Nachfrage bestimmt wird. Nachrichten sind kein unverfälschtes Spiegelbild der Realität.»[126]

«Nachricht ist, was sich unterscheidet: Die Ausnahme, das, was aus dem Rahmen fällt. Am schönsten fällt das Negative aus dem Rahmen. Also favorisieren Journalisten negative Normabweichungen.»[127]

Das illustriert die folgende, oft zitierte Geschichte: «Mann geht in die Kirche», das ist offensichtlich keine Schlagzeile, aber «Mann geht in die Kirche und wird erschossen» schon. Die Geschichte zeigt, warum gute Nachrichten eben oft keine

Nachrichten sind. Der Medien-Mainstream fokussiert sich also primär auf das Aussergewöhnliche. Das schafft aber auch Raum für Medien, die sich über das Gewöhnliche differenzieren. So pflegt einer der erfolgreichsten Titel der letzten Jahre, die *Schweizer Familie*, einen positiven Ansatz (was auch die Werbekunden honorieren).

Aus Sicht der Medien bestimmt sich der Wert einer Nachricht nach folgenden Kriterien:[128]

- Nähe, Aktualität, Neuwert
- Relevanz
- Originalität
- Öffentliches Interesse
- Human Touch: Konflikte, Dramatik, Emotionen
- Prominenz
- Fortschritt

Die *Akteure auf dem Medienmarkt* sind ausgesprochen vielfältig. Der Markt ist von der Produktionsweise her in die Segmente Radio, Fernsehen, Print und Web aufgeteilt. In jedem dieser Bereiche gab es in den letzten Jahrzehnten massive Umwälzungen.

Das *Radio* wurde durch das Aufkommen privater Stationen aufgemischt und hat aufgrund dieses Drucks zielgruppenspezifische Kanäle aufgebaut. Das Radio ist ein tendenziell subsidiäres, aber sehr präsentes und flexibles Medium mit grosser Reichweite. Radio gehört wird vor allem bei den Morgenritualen, im Auto, im Büro und bei der Hausarbeit.

Fernsehen ist im deutschsprachigen Raum immer noch mehrheitlich öffentlich-rechtlich, wird aber seit Jahren von den Privaten bedrängt, die in vielen Bereichen den Ton angeben. Es ist immer noch das Medium mit der grössten Reichweite. Kein anderes Medium eignet sich so gut für den Transfer von Emotionen. Das Medium verliert allerdings bei jüngeren Generationen an Bedeutung.

Am meisten diversifiziert ist der Bereich *Print*. Die Zeitung ist das klassische Medium schlechthin. Diese Szene geriet in den letzten Jahrzehnten durch das Aufkommen der Boulevardblätter, der Sonntagszeitungen und in der jüngsten Zeit der Gratiszeitungen in Bewegung. Zu den klassischen Wochenmagazinen kommt eine Vielfalt von Fachzeitschriften.

Das jüngste und dynamischste aller Medien ist das *Web*. Es hat den ganzen Markt nachhaltig verändert und entwickelt sich mit enormer Dynamik weiter, unterstützt durch eine ebenso dynamische Telekomindustrie. Das Web hat nicht nur den Markt verändert, sondern auch die Arbeit der Medienschaffenden. Nutzergenerierte Inhalte spielen eine immer grössere Rolle.

«Das Internet ist die verführerischste Recherchiermaschine seit der Erfindung des Journalismus, so faszinierend wie gefährlich. Es ist schneller als alles, was vorher da war. Es ist umfangreicher. Vor allem aber: Es ist leichter zu manipulieren als jedes andere Medium. Ein paar Klicks im Schutz der Anonymität reichen völlig aus.»[129]

Der grundlegendste Unterschied zwischen den klassischen Medien und dem Web wird etwa so umschrieben: Die klassischen Medien *wecken* Bedürfnisse, das Internet *befriedigt* Bedürfnisse. «Online finde ich nur, was ich suche. In der Zeitung finde ich Inhalte, die ich nicht suche. Picasso sagte: Ich suche nicht, ich finde. Das war das Prinzip seine Kreativität. Um im Internet etwas zu suchen, muss ich zuerst gefunden haben.»[130]

Der Medienmarkt zeichnet sich durch folgende Charakteristiken aus:

◆ **Wettbewerbsintensität**

Der Medienmarkt ist ausserordentlich hart umkämpft. Sowohl bei den Sonntagszeitungen als auch bei den Gratiszeitungen besteht ein Überangebot. Die klassischen Zeitungen werden von den Gratisblättern bedrängt, und das Internet führt zur Substitution der audiovisuellen Medien und der Printmedien.

◆ **Geschäftsmodell**

Bei den herkömmlichen Medien wird die Wertschöpfung zu einem wesentlichen Teil durch Inserate und Werbung generiert. Bei einer klassischen Zeitung bringen die Inserate rund zwei Drittel des Ertrags, die Abonnementsgebühren etwa ein Drittel. Die Distribution der Zeitung beansprucht rund ein Drittel des Aufwands. Daher liegt die Idee nahe, auf die Distribution der Zeitung zu verzichten und sie gratis abzugeben.

Die Werbung sucht eine möglichst präzis umschriebene Zielgruppe und eine möglichst hohe Resonanz des Mediums für möglichst wenig Geld. Deshalb sind Auflage und Einschaltquote für ein Medium überlebenswichtig.

Die öffentlichen audiovisuellen Medien finanzieren sich zum überwiegenden Teil durch Gebühren. Ein Teil dieser Gebühren fliesst nach der Revision des Radio- und Fernsehgesetzes auch an private Sender.

Sowohl die Finanzierung über Werbung wie über Gebühren führt zu Abhängigkeiten. Das Werbevolumen ist stark zyklisch. Das gilt insbesondere für die Stelleninserate, über Jahrzehnte das Rückgrat der Einnahmen von Tageszeitungen. Dazu kommt die starke Konkurrenz durch das Internet. Nicht einfacher ist die Abhängigkeit von Gebühren und damit letztlich von politischen Entscheiden.

Diese Geschäftsmodelle und der starke Wettbewerb führen zu einem grossen Kostendruck auf den Redaktionen. In Deutschland werden Redaktionen bereits ausgelagert und Medienschaffende zu Niedrigstlöhnen beschäftigt. In einer Wirtschaftskrise verschärft sich die Situation nochmals dramatisch. «In Pasadena hat James Macpherson die Neuerfindung des Journalismus derweil noch weiter getrieben. Er setzt jetzt vor Ort kostenlose Freiwillige ein, meist Rentner, die mit Videokameras nach seinen Anweisungen zum Beispiel Pressekonferenzen filmen – wie ferngesteuerte Roboter. Dann überträgt er die Videos nach Indien und lässt seine Schreib-Profis dort die passenden Artikel verfassen. ... Zwischen Texten und Textilien gibt es dann endgültig keinen Unterschied mehr.»[131]

Noch immer haben die klassischen Medien kein tragendes Geschäftsmodell für das Web gefunden. Die meisten stellen ihre Inhalte kostenlos ins Netz, was hohe

Kosten verursacht und kaum Erträge einbringt. Ein knallharter Markt also. Seit Jahren sinken die Auflagen der klassischen Tageszeitungen, insbesondere bei den Boulevardblättern. Der *Blick* hat in der Schweiz seine jahrzehntelange Stellung als stärkstes Blatt an *20 Minuten* verloren. In Deutschland, einem Markt ohne Gratiszeitungen, kämpft *Bild* gegen enormen Auflagenverlust.

1.2 Das Vokabular der Medien

Anhand folgender Begriffe aus der Medienwelt lassen sich die Grundprinzipien journalistischer Arbeit darstellen. Die Begriffe stammen vorwiegend aus dem Printbereich, spielen in ähnlicher Form aber auch bei den andern Medien eine Rolle.

a) Titel
Entscheidender Blickfang, der den Artikel auf den Punkt bringt. Wird nicht zwingend vom Autor des Artikels gesetzt, sondern von Spezialisten oder der Redaktionskonferenz. «Unser Angelhaken, er soll den Leser ködern.»[132] Der Titel entzieht sich dem Recht aufs Gegenlesen eines Interviews und birgt Überraschungen.

b) Lead
Die in eine kurze, prägnante Botschaft zusammengefasste Essenz des Artikels. Oft der einzige Textteil, der gelesen wird.

c) Bild und Bildlegende
Haben in den letzten Jahren enorm an Bedeutung gewonnen. Als Blickfang oft noch wichtiger als der Titel. Die Bilder werden immer grösser und farbiger. Die neuen Techniken der Bildbearbeitung erweitern die Einsatzmöglichkeiten.

d) Aushang
Tägliches Informationsblatt, das am Kiosk oder der Zeitungsbox aufgehängt wird und auf dem in der Regel der Titel des Hauptartikels der Frontseite nochmals zugespitzt formuliert ist.

e) Relevanz
Die Redaktoren stufen die Artikel nach ihrer Wichtigkeit ein und placieren sie dementsprechend. Oft ist die Resonanz der Massstab für die Relevanz.

f) Resonanz
Die Aufmerksamkeitswirkung eines Mediums, eines Artikels oder einer Sendung. Gemessen als Auflage oder Quote.

Es gibt keine absolut sicheren Quotenbringer. Selbst ehemals sichere Rezepte wie «Sex sells» bieten heute keine Garantie mehr. Das bestverkaufte Heft des *Spiegels* trug den Titel «Die Heilkraft der Bewegung», mit den beiden Erfolgselementen Frau und Gesundheit. Bei Fokus war es «Benimm und Stil». Die Rekordschlagzeile bei *Bild* lautete: «Wir sind Papst.» Generell gilt, dass Storys um bekannte Menschen Quote bringen, ebenso gute Tiergeschichten.

g) Story

Eine Geschichte macht aus einer Nachricht ein Produkt mit Emotion und erzeugt damit Resonanz. «Mehrwertsteuer: Bundesrat will Einheitssatz», das ist eine fade Nachricht. «Mehrwertsteuer: Merz im heftigen Streit mit Leuthard», das ist eine gute Geschichte.[133]

«Der König starb, und die Königin starb», das ist eine blosse Aneinanderreihung von Informationen. «Der König starb, und dann starb die Königin vor Kummer», ist eine Geschichte.[134] *Bild* gelang es, aus dem ersten Obama-Besuch in Berlin eine Story zu machen. Als das Gerücht aufkam, Obama werde ein bestimmtes Fitnessstudio besuchen, stellte man dort eine Journalistin an die Geräte. Tatsächlich trainierte Obama dort, und die Story war perfekt.

h) Primeur

Eine erstmals verbreitete neue Nachricht. Vor allem die Sonntagszeitungen versuchen, mit einem Primeur auf ihrer Frontseite hohe Aufmerksamkeit zu erwecken. Titel, Lead, Bild und Aushang werden in den Dienst des Primeurs gestellt. Das Mass für die Primeurproduktion ist die Anzahl Zitierungen, aufgrund deren Rankings erstellt werden.

i) Nachzug

Ein Primeur wird von andern Medien aufgegriffen. Das sind am Sonntag die audiovisuellen, am Montag die übrigen Medien. Im Nachzug wird das Medium, das den Primeur veröffentlicht hat, zitiert. Deshalb sind Primeurs so wichtig. Dieses Spiel betreiben insbesondere Sonntags- und Tageszeitungen des gleichen Verlags.

j) Thesenjournalismus

Ein Medienschaffender hat eine These und sucht selektiv nach Informationen, die seine These stützen.

k) Personifizierung

Es ist eine Tatsache, dass Storys mit Menschen eine grössere Resonanz haben als rein sachliche Darstellungen. Deshalb wird nicht einfach über eine Pensionskasse geschrieben, sondern über den frechsten Pensionskassenverwalter im Land. In allen Bereichen mit Öffentlichkeitswirkung, und das sind mittlerweile viele, gilt es daher, die dem ehemaligen Präsidenten der USA Harry S. Truman zugeschriebene Devise zu beachten, dass nicht in die Waschküche gehen soll, wer den Dampf nicht erträgt.

Unweigerliche Folge dieser Entwicklung ist ein stetes Verschieben der Grenze zwischen privat und öffentlich. Man mag das bedauern, zu ändern ist es nicht. Der Druck, unter dem die Medien stehen, ist zu gross. Eine Person im öffentlichen Interesse muss sich daher immer bewusst sein, dass sie unter Beobachtung steht.

Ist ein bekannter, in die Schlagzeilen geratener Professor, dem seine Kleider entwendet wurden, da er sich nach dem Bordellbesuch weigerte, die Dienste zu bezahlen, ein Medienopfer oder ein unbedarfter Zeitgenosse? Kann sich ein Politiker, der sich im illustren Kreis offensichtliche sexistische Entgleisungen erlaubt, auf seine Privatsphäre berufen? Ist der bekannte Banker, der an einem Golfturnier seine Score

Card fälscht, ein Opfer oder ein Dummkopf? Sicher ist nur, dass sich kaum ein Medium solche Geschichten entgehen lässt. Eine Person mit einem gewissen Bekanntheitsgrad muss sich dessen stets bewusst sein.

l) Zuspitzung

Ein Sachverhalt wird übertrieben dargestellt. So hatte der *Blick* 2003 über eine Reihe strafrechtlich relevanter Vorfälle bei der Berner Polizei mit der Schlagzeile «Polizei-Skandal – sie stehlen Drogengeld, klauen Polizeiauto und schänden Leiche» berichtet. Der Presserat rügte den *Blick* wegen unzulässiger Zuspitzung.

m) Skandalisierung

Ein Skandal (oder eine Affäre) ist ein aufsehenerregendes Ärgernis. Die Schweiz wurde einst vom Mirage-Skandal erschüttert, die USA vom Watergate-Skandal. Skandalisierung bezeichnet eine Tendenz der Medien, eher unerhebliche Vorfälle zum Skandal aufzubauschen.

n) Alarmismus

Der berühmteste Alarmismus betrifft den Weltuntergang. Als Quotenbringer beliebt sind Alarmismen um Epidemien oder Seuchen. Im Vorfeld der Euro 2008 wurde munter Alarmismus mit Epidemien betrieben. Auch die Schweinegrippe verabschiedete sich nach einem weltweiten Medienhype still und leise.

o) Kampagne

Eine Fortsetzungsgeschichte mit täglichen Schlagzeilen zum gleichen Thema oder um die gleiche Person. Wenn die Geschichte gut ist, ist eine Kampagne der sicherste Quotenbringer. Deshalb hat eine britische Zeitung, die detaillierte Informationen über unglaubliches Spesenrittertum von Politikern zugespielt erhielt, diese Geschichte Tag für Tag häppchenweise veröffentlicht.

p) Rudeljournalismus

Eine Kampagne wird von der Mehrzahl der Medien übernommen. Der Begriff wurde im Zusammenhang mit der in praktisch allen Medien geführten Kampagne gegen einen Bundesrat erfunden.

q) Empörungsbewirtschaftung

Geschichten, die Empörung verursachen, sind gute Geschichten. Am meisten Empörung verursachen exzessive Gehälter, Boni und goldene Fallschirme.

r) Spin Doctor

Medienspezialist bei Institutionen und Beratungsfirmen, der die Fakten zurechtbiegt, den Geschichten einen Dreh gibt und versucht, die Medien zu beeinflussen.

1.3 Der Umgang mit den Medien

Eine ganz freie Wildbahn ist der Medienmarkt nicht. Die Branche hat sich selber einen Journalistenkodex auferlegt und die Pflichten und Rechte der Journalistinnen und Journalisten definiert. Dabei gilt das Prinzip der Fairness in Bezug auf die Wahrheit, die Prüfung der Quellen, den Quellenschutz, die Respektierung der Privatsphäre einzelner Personen.[135]

In den Richtlinien dazu wird auch das Interview behandelt:
«Das journalistische Interview basiert auf einer Vereinbarung zwischen zwei Partnerinnen/Partnern, welche die dafür geltenden Regeln festlegen... Im Normalfall müssen Interviews autorisiert werden. Die interviewte Person darf jedoch keine grundsätzlichen Änderungen vornehmen, welche dem Gespräch eine andere Orientierung geben. ... In solchen Fällen haben Medienschaffende das Recht, auf eine Publikation zu verzichten oder den Vorgang transparent zu machen.»[136]

Für die spezifischen Bedingungen seines Mediums hat auch das Schweizer Fernsehen publizistische Richtlinien erlassen.

Checkliste für den Umgang mit den Medien
1. Distanz
2. Dienstleistungsbereitschaft
3. Argumente und Thesen ernst nehmen
4. Sich nie überraschen lassen
5. Gesagt ist gesagt
6. Gleichbehandlung
7. Medien nicht öffentlich kritisieren, Beschwerden nur in Ausnahmefällen
8. Nehmerqualitäten

Ad 1 *Distanz*

Medienschaffende sind Profis, die unter schwierigen Bedingungen eine gute Arbeit leisten wollen. Grundbedingung für eine gute Zusammenarbeit mit den Medien ist der Respekt vor dieser Tätigkeit und den Menschen, die sie ausüben.

Es ist erstaunlich, welche Feindbilder des Journalisten gepflegt werden. Sie sind entweder Ausdruck von Ignoranz gegenüber der Funktionsweise des Medienmarktes oder ganz einfach von grosser Naivität.

Ebenso naiv ist die Anbiederung. «Ausdruck dieser Kumpanei ist... der Gebrauch des Du. Duzis ist das Mass der Distanzlosigkeit», schreibt Kurt Zimmermann in seiner anregenden Medienkolumne.[137] Diese Haltung ist ebenso naiv, weil sie davon ausgeht, dass diese Anbiederung zu pfleglicher Behandlung durch die Journalisten und mehr Medienpräsenz führt. Man merke sich: Wenn die Story läuft, wird sie der Medienschaffende publizieren, mit grösster Freude und ohne jede Rücksicht auf persönliche Befindlichkeiten.

Ein zentrales Mass für die Distanz zu den Medienschaffenden ist die Erreichbarkeit. Man sollte sich von den Medien nie überraschen lassen und die Handynummer keinem Journalisten geben (was für die Kommunikationsfachleute natürlich nicht gilt).

Zu Beginn meiner Zeit als SBB-Chef hatte ich noch kein Handy, und die Journalisten haben zu Hause angerufen, vorzugsweise am Sonntag. Ich ging grundsätzlich nie ans Telefon. Gattin und Söhne reagierten bei Anrufen von Journalisten reflexartig: «Um was geht es? Er ruft zurück.» Der Rückruf kam immer, aber meistens war es jemand aus der Kommunikationsabteilung.

Es geht auch um eine gewisse Distanz zu den Inhalten der Medien. Ein wichtiges Instrument der Medienarbeit ist der Medienspiegel, in dem Artikel über die Institution oder ein Thema (z. B. die Euro 2008) zusammengefasst werden. Neuerdings gehört auch die firmenbezogene Analyse von Blogs dazu. Im Fall der SBB, aber auch beim Projekt Euro 2008 war das jeden Tag ein ganzer Stoss von Medienartikeln. Das führte fast zwangsläufig zu einer Übergewichtung. Man darf sich deshalb von dieser Innensicht nicht zu sehr vereinnahmen lassen.

Ad 2 *Dienstleistungsbereitschaft*

Medienschaffende sind Profis, ihr Rohstoff sind Informationen. Natürlich hängt die Bereitschaft, solche Informationen zu liefern, von der Natur eines Geschäftes ab. In einer öffentlichen Unternehmung wie den SBB ist es gar keine Frage, die Öffentlichkeit hat Anspruch auf Information.

Was Journalisten wollen, formuliert das Medienausbildungszentrum MAZ wie folgt:[138]

- Unterstützung
- Verständnis für kritische Fragen
- Rechtzeitige und genaue Information
- Auskunftsperson
- Wahrheitsgemässe Angaben
- Gleichbehandlung mit andern Journalisten

Dazu kommt eine Disponibilität von Auskunftspersonen, an die immer höhere Ansprüche gestellt werden.

Ad 3   *Argumente und Thesen ernst nehmen*
Gegen diesen Punkt wird am meisten verstossen, in vielen Fällen mit verheerenden Auswirkungen. Die Geschichten laufen immer nach dem gleichen Muster ab: Ein Medium veröffentlicht einen Primeur mit massiven Vorwürfen gegen eine Person oder eine Institution. Die Person oder die Institution fühlt sich als Medienopfer, greift das Medium an oder ignoriert den Sachverhalt in der Öffentlichkeit. Sie wählt damit eine Strategie des Aussitzens und hält sich an den Spruch: «An jedem Tag wird eine neue Sau durchs Dorf getrieben.»

Für das Medium ist das grossartig, nun besteht die Chance, den Primeur zur Kampagne zu entwickeln.

Dabei ist klar, ein persönlicher Angriff trifft, geht ins Mark und ärgert ungemein. Es gibt deshalb nur ein professionelles Vorgehen: den ersten Ärger verrauchen lassen, ein Minimum an Distanz gewinnen, einen Artikel oder audiovisuellen Beitrag im Detail analysieren. Es braucht in solchen Situationen viel Überwindung, um in einem zugespitzt formulierten Artikel einen Kern von Berechtigung zu finden. Und wenn es diesen Kern gibt, muss adäquat reagiert werden.

Ein lehrreiches Beispiel bieten die Vorwürfe der *Weltwoche* gegen die damalige Vorsteherin des Zürcher Sozialamtes. Die massiv Angeschuldigte verweigerte jede Diskussion. Die Geschichte eskalierte, als bei den Krawallen um den 1. Mai 2007 ein Luxuswagen abgefackelt wurde und die *Weltwoche* publik machte, dass es sich dabei um das Auto einer Fürsorgebezügerin handelte. Dann wurde reagiert, aber gegen innen, weil vertrauliche Informationen an die Medien gelangt waren. Die ins Visier genommenen Mitarbeiterinnen setzten sich, natürlich wieder in der *Weltwoche*, zur Wehr. Erst Wochen nach dem ersten Artikel bequemte sich die Vorsteherin zum Interview. Zu retten war nichts mehr, der Rücktritt war unvermeidlich. Medienopfer oder unprofessionelles Vorgehen?

Das Gegenbeispiel ist eine alte Geschichte. Die Solothurner Regierung pflegte sich mit Anhang von Energieunternehmungen zu grösseren Reisen einladen zu lassen. Die Medien bekamen Wind davon und lancierten eine Kampagne mit dem Titel «Spanienreisli». Der spätere Bundesrat Willi Ritschard konterte umgehend: «I ha ä Seich gmacht.» Ende der Story.

Ad 4   *Sich nie überraschen lassen*
Einem Medienschaffenden sollte man nie unvorbereitet begegnen, weder persönlich noch telefonisch. Man muss wissen, welche Themen im Raum stehen und welchen Medienschaffenden man allenfalls trifft. Die Botschaften und Argumente muss man im Kopf abgelegt haben, wenn nötig in verschiedenen Sprachen.

Ad 5 *Gesagt ist gesagt*
Früher konnte man aufs Vergessen hoffen. Diese Zeiten sind seit dem Internet vorbei. Deshalb ist eine intensive Vorbereitung so wichtig. Man sollte nicht nur auf seine Spontaneität vertrauen, denn gute Pointen sind das Resultat sorgfältiger Vorbereitung.

«Darum bereite ich mich tagelang auf solche Auftritte vor. Ich weiss, ich brauche für einen Auftritt drei, vier Geschichten. Ich brauche zwei Gags pro Minute. Das ist eine Wahnsinnnskopfarbeit, das vorher zu überlegen. Ich übe das zigmal vor den Verwandten, erzähle die Geschichten mal kürzer, mal länger. Hinterher muss das natürlich spontan wirken ... aber spontan ist da nichts.»[139]

Ein Interview für ein Printmedium hat eine virtuelle Dimension. Ein direkt ab Tonband geschriebenes Interview wäre viel zu lang und kaum lesbar. Es gehört zu den anspruchsvollsten Aufgaben des Journalisten, die Aussagen korrekt und stilistisch einwandfrei zu verdichten.

Der Interviewte hat das Recht, ein schriftliches Interview gegenzulesen. In der Regel wird man vom Interviewenden darauf hingewiesen. Man sollte sich an den Grundsatz halten, dabei möglichst wenig zu korrigieren. Zu unterlassen ist die Korrektur von geäusserten Inhalten (deshalb läuft meist das Tonband mit). Dazu muss man vor allem die Leute aus der Kommunikationsabteilung erziehen, die in der Regel das Interview autorisieren und die oft die Tendenz zur Verschönerung haben. Auch das Gegenlesen hat mit Respekt gegenüber den Medienschaffenden zu erfolgen. Wer ganze Interviews umschreibt, dessen Image ist bei den Journalisten schnell weg. Aus Sicht des Medienschaffenden tönt das so: «Zickig, besonders zickig oder nur mässig zickig? Zur optimalen Vorbereitung auf ein Interview gehört, dass wir Bescheid wissen über die Gepflogenheiten unseres Interviewpartners.»[140]

Bei vorfabrizierten Interviews für die elektronischen Medien haben die Journalisten die Tendenz, mit vielen Fragen nachzuhaken und den Beitrag nach ihrem Gusto zu schneiden. Auch darauf muss man vorbereitet sein und den Mut haben, ein Interview abzubrechen, wenn es in dieser Tendenz zu weit geht. Nach dem Interview kann man mit dem Journalisten absprechen, welche Teile des aufgenommenen Materials verwendet werden. Faktisch ist aber kaum zu verhindern, dass die Beiträge thesengerecht geschnitten werden.

Die fairste, aber auch anspruchsvollste Gesprächsform in den audiovisuellen Medien ist deshalb das Liveinterview.

Ad 6 *Gleichbehandlung*
Medienlandschaften sind von verschiedenen Grossverlagen geprägt. Wer sich bei einem sichtbar anbiedert, handelt sich unweigerlich mit den andern Probleme ein. Auch ein Exklusivinterview, in dem wesentliche Neuigkeiten vermittelt werden, ist unter Umständen problematisch.

Ad 7

Medien nicht öffentlich kritisieren,
Beschwerden nur in Ausnahmefällen

Medien spitzen zu, bauschen auf, bewirtschaften Empörung. Damit muss man leben. Man kann sich immer noch damit trösten, dass unsere Medien im Vergleich mit englischen Boulevardzeitungen wie Kirchengesangbücher wirken. Vor allem aber sind die Medien stärker. Es kommt immer wieder vor, dass sich Medienopfer beim Chefredaktor oder gar beim Verleger beschweren. Der Journalist muss danach vielleicht sogar eine Rüge einstecken (was keinesfalls sicher ist), kann aber warten, denn seine Gelegenheit zur Revanche kommt bestimmt. Wer mit grobem Geschütz auffährt, z.B. mit einer superprovisorischen Verfügung, muss mit der Solidarisierung der ganzen Medienbranche rechnen. Jedenfalls sollte man es nicht machen wie der ehemalige Torhüter der Schweizer Fussballnationalmannschaft, der in einem Liveinterview am Fernsehen nach einem Match seinen ganzen Frust über die Medien abgelassen hat. Im Aushang des *Blicks* war am nächsten Tag zu lesen: «Klappe zu – Bälle halten!»

Ich habe immer wieder erlebt, dass wir uns über eine Darstellung in den Medien masslos geärgert haben und uns in der ersten Reaktion einig waren: «Das lassen wir uns nicht bieten.» Wenn der gröbste Ärger verraucht war, haben wir praktisch immer davon abgesehen, Massnahmen zu ergreifen, meist mit dem Argument, eine Geschichte nicht nochmals aufzukochen.

Man muss die Grenzen der Toleranz im Umgang mit den Medien recht weit ziehen. Wenn diese offensichtlich verletzt wurden, lasse man sich von einem erfahrenen Rechtsanwalt beraten.

Ad 8

Nehmerqualitäten

Wenn sich ein Fussballtrainer lauthals über die Medien beklagt und meint, es sei nicht Aufgabe der (im Übrigen überaus handzahmen) örtlichen Zeitungen, den Fussballclub kritisch zu begleiten, so demonstriert er nur, dass er das Spiel nicht begriffen hat. Diesem Thema hat Kurt Zimmermann unter dem Titel «An die Mimosen»[141] eine Kolumne gewidmet, natürlich nennt er einige Namen. Es macht den Medienschaffenden doppelt Freude, auf einem so empfindsamen Zeitgenossen herumzureiten.

Gefährlich ist übrigens auch eine permanent positive Berichterstattung über eine Person. Die Demontage eines Heiligenscheins bietet nämlich Stoff für eine hervorragende Story.

Die Kommunikation von Institutionen

2

In der heutigen Medienwelt ist *jede* Institution mit dem Phänomen der Kommunikation konfrontiert. Wenn «Murphy's Law» zuschlägt, wird eine noch so verborgene Organisation ins Licht der Öffentlichkeit gezerrt. Jahrelang hat die Stiftung Bernaville ihre Arbeit mit geistig Behinderten ohne jegliche öffentliche Aufmerksamkeit verrichtet. Kurz nach der Eröffnung des neuen Bärenparks in Bern stieg einer ihrer Schützlinge ins Gehege und wurde von einem Bären angefallen. Mit einem Schlag war Bernaville im Kreuzfeuer der Medien.

2.1 Verantwortung

Institutionelle Kommunikation gibt es seit Jahrtausenden. Primär ging es in der Vergangenheit um die Beeinflussung der Stimmung von Bevölkerung und Truppen während kriegerischer Auseinandersetzungen. Der Ansatz war durchaus manipulativ, und man sprach offen von Propaganda. Nazideutschland hatte bekanntlich seinen Propagandaminister, was den Begriff diskreditierte. Hier und dort mögen Kommunikationsstrategen immer noch manipulative Vorstellungen hegen. Die heutige Medienlandschaft macht eine Manipulation der Öffentlichkeit indessen schwierig. Dazu tragen insbesondere auch die neuen, webbasierten Medien bei. Trotzdem gilt noch immer: «Kommunikation darf ... auch als Kampf um Sympathie angesehen werden.»[142]

Kommunikation ist eine Grundaufgabe in jeder Institution. Damit stellt sich die Frage nach der Verantwortung und Organisation der Kommunikation innerhalb einer Organisation. Die Antwort hängt von der Grösse der Organisation ab. Im Fall einer Aktiengesellschaft trägt der Verwaltungsrat gemäss OR 718 die oberste Verantwortung für die Kommunikation. Er hat dafür zu sorgen, dass diese professionell organisiert und ausgeübt wird. Mit Vorteil legt er in seinem Organisationsreglement fest, wer die Unternehmung gegen aussen vertritt. Auch das hängt von der Grösse der Firma ab. In grossen Unternehmungen mit einer personellen Trennung von Verwaltungsrat und Geschäftsleitung ist es in der Regel der CEO. Dieser ist wesentlich näher am Geschäft als der Verwaltungsratspräsident. Umfassende Sachkenntnis ist der Schlüssel für wirkungsvolle Kommunikation. Der Verwaltungsrat legt in seinem Organisationsreglement oft fest, dass der Verwaltungsrat gegen aussen ausschliesslich durch seinen Präsidenten vertreten wird.

Börsenkotierte Unternehmungen unterliegen einer besonderen Kommunikationsverantwortung mit gesetzlich vorgegebenen einschränkenden Rahmenbedingungen.[143]

Der oberste Kommunikator einer Unternehmung ist in der Regel der CEO. Er ist der Kopf und die Stimme des Unternehmens. Natürlich delegiert er einen grossen Teil dieser Aufgabe. Fakt ist, dass sich ein CEO dem unaufhaltsamen Trend zur Personalisierung, der von allen Medien gepflegt wird, nicht entziehen kann. Man mag das bedauern, ändern kann man es nicht. Institutionen werden in der heutigen medialen Welt durch ein Gesicht repräsentiert. Die Fähigkeit zu kommunizieren ist deshalb eine Schlüsselqualifikation für Führungskräfte. Gegen innen war sie das schon immer, ohne gute Kommunikation kann man nicht führen. Relativ neu ist das grosse Gewicht der Kommunikation gegen aussen.

Alle grossen Unternehmungen haben die Kommunikationsfunktion in einer organisatorischen Einheit zusammengefasst. Oft ist diese direkt dem CEO unterstellt. Der Chef dieser Einheit, der Kommunikationschef oder Head of Corporate Communication (CC), ist ein klassischer Stabschef mit viel Einfluss. Damit er seine Aufgabe wahrnehmen kann, muss er über alle Vorgänge innerhalb der Unternehmung im Bild sein. Auch wenn er nicht formell Mitglied einer Geschäftsleitung ist, sollte er in diesem Gremium Einsitz haben.

Das Anforderungsprofil für eine(n) CC ist anspruchsvoll und umfasst folgende Kriterien:

- Beherrschung des Handwerks: Schreibkompetenz, Argumentationsfähigkeit, Betreuen der Medienschaffenden
- Kommunikativ gegen aussen
- Guter Kontakt mit den Medien
- Konzeptionelle Fähigkeiten
- Gespür für Entwicklungen
- Anerkannte(r) Koordinator(in) innerhalb der Unternehmung

Eine wesentliche Rolle in der Kommunikationsarbeit spielen die Beratungsunternehmen. Grossen Unternehmungen ist zu raten, ihre Kommunikation periodisch von Consultants überprüfen zu lassen. Kleine und mittlere Unternehmungen können es sich oft nicht leisten, eine eigene Kommunikationsorganisation zu führen. Hier macht es Sinn, eine längerfristige Geschäftsbeziehung mit einer Beratungsfirma aufzubauen, sodass in Zeiten mit besonderen Kommunikationsaktivitäten ohne Verzug auf diese Kapazität zurückgegriffen werden kann.

2.2 Interne Kommunikation

2.2.1 Einführung

Die Kommunikation im Innern einer Institution spielt im Führungsprozess eine entscheidende Rolle und ist daher prioritär. Ihre Ausgestaltung hängt in hohem Masse von der Grösse einer Institution ab. In übersichtlichen Organisationen, wo jede jeden kennt, ist die interne Kommunikation einfacher. Allerdings besteht da die Gefahr, dass man sich zu sehr auf die informelle Ebene verlässt. Es ist daher zu empfehlen, unabhängig von der Grösse, gewisse Abläufe zu institutionalisieren.

Das Phänomen formeller und informeller Kommunikation existiert bei allen Unternehmungen, unabhängig von ihrer Grösse. Unter informeller Kommunikation versteht man den ungeplanten Austausch von Informationen, oft basierend auf zufälligen Begegnungen. Ein wesentliches Element der informellen Kommunikation sind Gerüchte. Grundsätzlich gilt, dass eine intensive, offene und dialogorientierte formelle interne Kommunikation auch die informelle Kommunikation beeinflusst. Letztlich ist die Art und Weise der informellen Kommunikation in einer Unternehmung auch Ausdruck ihrer Kultur.

2.2.2 Instrumente der internen Kommunikation

a) Der Dialog

In Kapitel 7 wird der Führungsrhythmus behandelt. Er ist das Rückgrat der internen Kommunikation. In den institutionalisierten Rapporten wird Information mündlich über die Führungsdreiecke weitergegeben und wandert so in beide Richtungen der Hierarchie. Der Vorteil dieser Informationsübermittlung liegt in ihrer Unmittelbarkeit und Schnelligkeit. Ihr Nachteil ist die mögliche unterschiedliche Interpretation einer Information, was deren Inhalt bei der Weitergabe verändern kann. Wir erinnern uns noch alle an das beliebte Kindergartenspiel, wo die Kinder in einem Kreis flüsternd ein kompliziertes Wort weitergeben, und an den Spass, wenn das letzte Kind im Kreis ein völlig anderes Wort meldet. Man kann dem mit dem Protokollieren von Rapporten begegnen. Das hat ausserdem den Vorteil, dass die nicht direkt betroffenen Führungsdreiecke mitinformiert werden.

Die persönliche Information durch eine Führungskraft und ein darauf bauender Dialog sind ohne Zweifel das wirkungsvollste Instrument der internen Kommunikation. Deshalb wird der Informationsfluss über die Führungsdreiecke mit regelmässigen Informationsveranstaltungen und Aussprachen ergänzt. Auch bei besonderen Ereignissen werden oft spezifische Informationsveranstaltungen durchgeführt. Der Wert einer solchen Veranstaltung hängt davon ab, inwieweit es gelingt, vom Stil ex cathedra wegzukommen. Die Kultivierung des Dialogs ist eine der wirkungsvollsten Massnahmen, um die in grossen Unternehmungen vorhandenen Filter, die verhindern, dass unangenehme Informationen an die Unternehmungsspitze gelangen, auszuschalten (s. Kapitel 7).

Eine gelebte Dialogkultur hat Auswirkungen auf die informelle Kommunikation. Sie senkt insbesondere die immer noch existierenden Hemmschwellen im Austausch zwischen verschiedenen Hierarchieebenen.

b) Die schriftliche Information

Obwohl die schriftliche Information der persönlichen, mündlichen Informationsvermittlung grundsätzlich unterlegen ist, ist sie oft das effizienteste, schnellste und manchmal auch einzig mögliche Mittel, insbesondere in grossen Organisationen. Bezüglich technischer Ausgestaltung gibt es viele Möglichkeiten.

Das altgediente *Anschlagbrett* ist immer noch eine der wirkungsvollsten Methoden, um dringende Informationen so schnell wie möglich zu verkünden. Man sollte daher die Anschlagbretter bezüglich Ausgestaltung, Inhalt und operativer Abwicklung von den Kommunikationsdiensten betreuen lassen.

Nicht nur grosse Institutionen, auch kleinere Organisationen publizieren regelmässig *Mitarbeiterzeitungen oder -magazine*. Die Wirkung einer solchen Publikation hängt von den gleichen Faktoren ab wie bei andern Medienprodukten. Auch hier ist letztlich die Resonanz entscheidend. Dabei ist zu beachten, dass es einen natürlichen Lesewiderstand gibt. Viele Menschen haben nach einem harten Arbeitstag nur beschränkt Lust, eine Mitarbeiterzeitung zu lesen. Eine gute Mitarbeiterpublikation wird von Medienprofis gemacht. Kommt sie als Hofberichterstattungsorgan daher, kann man sich die Kosten sparen. Der Unternehmungsleitung kommt die Rolle des Verlegers zu. Sie sichert den für eine gute Aufarbeitung der Informationen notwendigen redaktionellen Freiraum. In modernen Mitarbeiterpublikationen muss auch Platz für Dialog und Kontroverse sein.

Bei den SBB haben wir zunächst jeden Monat, dann alle 14 Tage die «SBB-Zeitung» herausgegeben. Ihre Aufmachung ist boulevardorientiert und wird daher von den Eisenbahnern auch «SBB-Blick» genannt. Die Zeitung wird gelesen, auch von den Familienmitgliedern, was durchaus beabsichtigt ist. Die Redaktion wagte sich an schwierige Themen und liess kritische Leserreaktionen zu. Die «SBB-Zeitung» wurde wiederholt als beste Mitarbeiterzeitung prämiert. Da sie auch Fachjournalisten lesen, können über diesen Kanal gezielt Informationen an die Öffentlichkeit vermittelt werden.

Viele Möglichkeiten bietet die *E-Mail*. Jürgen Dormann hat, als er CEO der ABB war, dieses Instrument meisterhaft eingesetzt. Bei seinem Antritt steckte die ABB in einer existenziellen Krise. Er hat von Beginn weg jede Woche eine E-Mail an alle Mitarbeitenden geschrieben, kurz, prägnant, in einer klaren Sprache. Er hat die Situation erläutert, die daraus abzuleitenden Handlungen und Prioritäten. Dabei war er sehr direkt. So prangerte er z.B. die Tendenz zu unzähligen komplexen Konzepten und den mangelhaften Umsetzungswillen an. Oder die Unsitte, sich in PowerPoint-Präsentationen zu verlieren: «Where is the Power and where is the Point?», fragt er provokativ. Im Vorwort zu den von der ABB herausgegebenen Dormann Letters[144] erläutert er, dass er mit diesem Medium bewusst die Filter, die den Informationsfluss in der Unternehmung verhindern, ausschalten wollte – mit Erfolg. Er hat auf jede seiner E-Mails viele Reaktionen erhalten. In seiner nächsten E-Mail hat er dafür gedankt und darauf hingewiesen, dass er alles gelesen hat. Einzelne der angesprochenen Themen hat er gezielt aufgegriffen. Das Instrument greift allerdings nur, wenn alle Mitarbeitenden Zugriff zur E-Mail haben, was nicht überall der Fall ist.

Ein nur wenig verwendbares Instrument ist der *Brief* an die Mitarbeitenden. Generell wird immer weniger geschrieben, was die Wirkung eines Briefes erhöht. Er muss daher gezielt eingesetzt werden.

Ich habe bei den SBB immer aufs Jahresende allen Mitarbeitenden einen persönlich gehaltenen Brief geschrieben, den «Hirtenbrief», wie ihn unsere Kommunikationsspezialisten nannten. In einigen wenigen Fällen haben wir dieses Instrument auch bei ausserordentlichen Ereignissen benutzt, gerade weil bei den SBB viele Mitarbeitende, vor allem in den Aussendiensten, nicht per E-Mail erreichbar sind. Der Brief wurde per Post an die Heimadresse zugestellt, was ihm eine besondere Bedeutung verliehen hat.

Viel Aufwand wird in vielen Firmen für das Intranet betrieben. Dabei sollte das Kosten-Nutzen-Verhältnis im Auge behalten werden. Das Intranet ist als operationelle Informationsbasis, z. B. für Organigramme und Telefonverzeichnisse und für dringende und wichtige Informationen, ein effizientes Instrument. Die Informationsvielfalt vieler Intranets ist beeindruckend. Es stellen sich aber Fragen nach dem Aufwand für die Bereitstellung dieser Information und dem dadurch ausgelösten noch viel grösseren Aufwand für deren Lektüre.

Die neuste Form der schriftlichen Information ist der *Blog* im Intranet. Er ist der E-Mail verwandt, bietet aber die Möglichkeit eines Dialogs, der von allen Mitarbeitenden des Intranets eingesehen werden kann. Der Entscheid für einen Blog muss daher mit Bedacht gefällt werden. Der Zeitaufwand ist erheblich, und es empfiehlt sich, einige «Anstandsregeln» ausdrücklich zu fixieren.

c) Via externe Kommunikation

Die eigenen Mitarbeitenden sind die aufmerksamsten Empfänger der externen Unternehmungskommunikation. Vor allem Informationen über elektronische Medien haben eine grosse Resonanz innerhalb der Unternehmungen. Deshalb muss bei der externen Kommunikation immer die Wirkung gegen innen berücksichtigt werden.

2.2.3 Grundsätze der internen Kommunikation

> **Checkliste interne Kommunikation**
> 1. Priorität der internen Kommunikation
> 2. Medien/Rhythmus institutionalisieren
> 3. Es geht nichts über den persönlichen Dialog

Ad 1 *Priorität der internen Kommunikation*

Es ist ein zentrales Führungsprinzip, dass die Mitarbeitenden *zuerst* über wichtige Entwicklungen informiert werden. Das stellt organisatorisch oft hohe Anforderungen, weil man davon ausgehen muss, dass eine breite interne Information grundsätzlich eine öffentliche Information ist. Das führt dazu, dass man bei wichtigen Ereignissen die interne und externe Information zeitlich sehr nahe planen muss.

Ad 2　*Medien/Rhythmus institutionalisieren*
Dialog und schriftliche Information in all ihren Formen müssen in Form und Periodizität definiert und ihre Umsetzung sichergestellt werden. Damit wird auch die informelle Kommunikation beeinflusst. In kleineren Unternehmungen verhindert man damit, dass ausschliesslich informell informiert wird, was das Risiko birgt, dass grundsätzliche Fragen und Probleme unausgesprochen bleiben. Bei der externen Kommunikation muss beachtet werden, dass die eigene Belegschaft eine aufmerksame Zielgruppe bildet.

Ad 3　*Es geht nichts über den persönlichen Dialog*
Man muss sich immer bewusst sein, wie Kommunikation wirkt. Eine nur auf Schriftlichkeit basierende Information ist einseitig auf die Ratio ausgerichtet. Ausserdem fliesst sie meist auf einer Einbahnstrasse in der Hierarchie von oben nach unten.

2.3 Externe Kommunikation

2.3.1 Einführung

Externe Kommunikation dreht sich immer um die Begriffe *aktiv – proaktiv – reaktiv – passiv*. Ziel ist, die Kommunikation *aktiv* zu führen. Je mehr eine Institution im Fokus der Öffentlichkeit steht, desto grösser ist die Wahrscheinlichkeit, dass auf externe Entwicklungen reagiert werden muss. Mit *proaktiver* Kommunikationspolitik bereitet man sich auf Eventualitäten vor. So war es z. B. seit Langem absehbar, dass die Bonuspolitik der Banken zu einem zentralen Thema wird. Die entsprechenden Sprachregelungen hätten frühzeitig vorbereitet werden können. *Passiv* bezeichnet man die bewusste Nichtinformation über ein Ereignis, mit gleichzeitiger Vorbereitung für den Fall, dass trotzdem Öffentlichkeit hergestellt wird.

2.3.2 Instrumente der externen Kommunikation

a) **Kommunikationspolitik**

Die Kommunikationspolitik formuliert die Grundsätze der Unternehmungskommunikation. Dabei geht es um folgende Elemente:

- Offensive/defensive (*low key*) Grundhaltung, Tonalität (auch in Abstimmung mit der Werbung)
- Zurückhaltung bei Ankündigungen
- Grundhaltung bezüglich Transparenz
- Definition der Sprecher (Anchor-Persons)
- Koordinationsbedarf
- Regeln für den Umgang mit den Medien
- Grundsätze für die Public Affairs
- Grundsätze für Sponsoring

Es ist ratsam, in der Kommunikationspolitik auch die Frage des «Lecks» zu behandeln. Es ist eine Tatsache, dass den Medien immer wieder vertrauliche Informationen zugespielt werden. Die Motivation dafür ist vielfältig. Sie reicht von der Gewissensnot über die Profilierung bis zum pekuniären Interesse. Eine vertrauensbildende interne Kommunikation, die auch die Bildung von Gerüchten verhindert, ist unabdingbar, um derartige Kommunikationspannen zu verhindern.

Tatsächliche oder vermeintliche gravierende interne Vorfälle sollten an eine vertrauenswürdige Stelle innerhalb der Unternehmung gemeldet werden können. Dabei muss gewährleistet werden, dass der Name des Informanten (Whistle Blower) geschützt bleibt. Als Meldestelle bietet sich der Chef der internen Revision an.

Immer wieder stellt sich die Frage nach der Klassierung interner Dokumente. Man sollte damit restriktiv umgehen und nur *eine* Klassierungsstufe verwenden. Wenn ein Dokument als vertraulich klassiert wird, sind strikte Regeln zu beachten. Am wirkungsvollsten ist es, wenn jede Seite eines Dokuments mit dem Namen des Empfängers unterlegt ist, sodass das Kopieren verhindert wird. Man muss sich bewusst sein, dass der Kreis derjenigen, die mit einem solchen Dokument in Berührung kommen, grösser ist als der Empfängerkreis.

In Deutschland scheint das Problem systematischer Lecks so gross geworden zu sein, dass mit regelrechten Geheimdienstmethoden dagegen vorgegangen wird. Sowohl die Deutsche Bahn wie Telekom Deutschland GmbH haben weite Teile oder sogar die ganze Belegschaft systematisch bespitzelt. Das ist der wohl direkteste Weg, um eine Unternehmungskultur zu vergiften. Fakt ist, dass man selbst mit den rabiatesten Methoden kaum je fündig wird.

b) Kommunikationsplanung

Der Begriff Kommunikationsplanung wird auch etwa im Sinne des unten behandelten Kommunikationskonzepts verstanden. Wir verstehen Kommunikationsplanung als die Fixierung von Kommunikationsaktivitäten auf der Zeitachse. Das kann eine Jahresplanung sein oder eine Planung im Rahmen eines Kommunikationskonzepts.

Basis einer Jahresplanung sind Ereignisse. Diese sind zum einen Teil gegeben (z. B. die Information über die Jahresergebnisse), andere können frei gesetzt werden.

Bei der Euro 2008 waren die Daten für den Abschluss der Qualifikationsspiele, die Auslosung, das Eröffnungsspiel und den Final frühzeitig bekannt. All diese Ereignisse waren Eckpunkte des Kommunikationsplans. Dazu kamen fakultative Elemente, wie beispielsweise ein Anlass «One Year to Go». Im Rahmen einer offensiven Kommunikationspolitik, wie sie bei der Euro 2008 betrieben wurde, wird damit ein möglichst durchgehender Kommunikationsteppich gelegt. Bewusst kann man dafür auch die Zeiten genereller Kommunikationsflauten (Anfang Januar und Hochsommer) einbeziehen.

c) Kommunikationskonzept

Ein Kommunikationskonzept kann sich auf Projekte, Ereignisse, Probleme oder eine Positionierung beziehen.

Bei der Euro 2008 haben wir ein Kommunikationskonzept sowohl für das Gesamtprojekt wie für einzelne Anlässe (z. B. den Final Draw, die Auslosung der Gruppen) erstellt (s. Anhänge 7 und 8).

Problembezogen war das Kommunikationskonzept, das wir bei den SBB während der Einführung des neuen Zugsteuerungssystems ETCS erarbeiteten, weil das Vorhaben mit unerwarteten Schwierigkeiten und Verzögerungen verbunden war.

Nach meiner Erfahrung tut man sich mit Kommunikationskonzepten oft schwer. Ich habe schon richtige Ungetüme vorgesetzt erhalten, die vor lauter Wald die Bäume nicht mehr erkennen liessen.

Mit folgendem Grundraster liegt man in der Regel gut:

- **Ausgangslage**

Die kurze, prägnante Lageanalyse. Dabei gilt, was oben unter dem Titel «Der rationale Entscheidungsprozess» (s. Kapitel 3) und «Der Bericht» (s. Kapitel 9) bereits erläutert wurde.

- **Zielgruppen**

Segmentierung der potenziellen Empfänger von Nachrichten

- **Kommunikationsziele**

Es gilt, was oben zur Formulierung von Zielen erläutert wurde. Entscheidend ist ihre Messbarkeit. Das Beispiel im Anhang zeigt, dass klar formulierte Kommunikationsziele messbar sind. Die Kommunikationsziele differieren allenfalls je nach Zielgruppe.

- **Botschaften**

Die Botschaft ist die Essenz einer aktiven Kommunikationspolitik. Sie wird nachstehend behandelt.

- **Stolpersteine**

Es gibt selten eine Ausgangslage, die keine potenziellen Konflikte enthält. Es ist zu empfehlen, diese in diesem Abschnitt offenzulegen (auch wenn das nicht allen gefällt).

Wir haben in unserem Kommunikationskonzept für die Euro 2008 den Europäischen Fussballverband Uefa als Stolperstein bezeichnet, sehr zum Unwillen dieser Organisation. Tatsächlich hat uns diese Problematik während der ganzen Vorbereitungszeit grosse Mühe bereitet.

- **Verantwortung**

Bezeichnung der Anchor Person(s). In heiklen Fällen gilt es auch die Eskalationsmöglichkeiten präventiv zu definieren.

- **Räumliche und zeitliche Planung der Kommunikationsaktivitäten**

d) Botschaft

Die Formulierung der Botschaft ist der anspruchsvollste und wichtigste Part der Kommunikationstätigkeit. Eine gut formulierte Botschaft ist

- verständlich
- überzeugend
- kurz

Sie verdichtet die zentralen Anliegen der Kommunikation auf die Essenz. Als Faustregel gilt: Die Botschaft sollte nicht länger sein als gesprochene 30 Sekunden, und zwar unabhängig von der Komplexität des Sachverhaltes. Das ist etwa die Zeit für ein Statement in der «Tagesschau».

In der oben geschilderten Auseinandersetzung um einen neuen Gesamtarbeitsvertrag war unsere Botschaft sehr einfach und eingängig: «Die Gewerkschaften haben mit der BLS einen neuen Gesamtarbeitsvertrag abgeschlossen und unterzeichnet. Wir verlangen nichts anderes als die Gleichbehandlung.»

Nach der Bekanntgabe des Rettungspaketes für die Schweizer Banken im Oktober 2008 hat ein Politiker folgende Botschaft formuliert:
«Es geht nicht um die Banken. Es geht um unser Geld, das wir diesen Banken anvertraut haben.» Eine sehr prägnante Botschaft, um dieses komplexe Thema auf den Punkt zu bringen.

Wir haben uns bei den SBB seinerzeit schwer getan, die Botschaften für die Einführung der Bahn 2000 am 12. Dezember 2004 zu formulieren und den Weg zu finden, wie das aussergewöhnlich komplexe Projekt einfach und verständlich kommuniziert werden könnte. Bis uns der Zufall zu Hilfe kam. Mitte Jahr lag der grafische Fahrplan vor, ein Gewirr von Linien und Zahlen auf Plakatformat, nur für den Fachmann lesbar. Ein kreativer Journalist der «Neuen Zürcher Zeitung» vereinfachte das Gebilde und stellte die Zugsläufe auf einer Doppelseite farbig dar. Ein Blick auf dieses Bild genügte, um die Komplexität des Projekts zu erfassen. Die Lehre: Es muss nicht immer Sprache sein.

Es empfiehlt sich, die Formulierung von Botschaften zusammen mit den Kommunikationsfachleuten immer wieder zu üben.

e) Sprachregelung (auch: Informationsplattform)

Der Begriff Botschaft wird für zwei Sachverhalte verwendet:

Im Fall eines Ereignisses wird eine Botschaft für alle potenziellen Auskunftsgeber formuliert, um die Aussagen zu koordinieren und zu vereinheitlichen. Besonders wichtig ist das, wenn verschiedene Organisationen betroffen sind.

Im Vorfeld der Euro 2008 gab es während der Schweizer Fussballmeisterschaft immer wieder Vorfälle von Gewalt und Pyrotechnik in den Stadien, was die Medien veranlasste, bei den vielen involvierten Organisationen nach den Auswirkungen auf die Euro 2008 zu fragen. Hier haben wir jeweils umgehend Sprachregelungen getroffen. Hätten wir optimal antizipiert, dann wäre frühzeitig eine proaktive Sprachregelung für das Thema Gewalt in den Stadien definiert worden und nicht erst beim Eintreten der Ereignisse (meistens am Wochenende, was zu erheblichen Schwierigkeiten in der Koordination geführt hat).

Für den Fall, dass man sich für eine passive Kommunikation entscheidet, oder als Vorbereitung für mögliche Ereignisse wird ebenfalls eine Sprachregelung getroffen.

Nach einigen schwierigen Übungen ist uns das auch bei der Euro 2008 gelungen (s. Anhang 9).

f) Fragen und Antworten (Q & A)

Q & A steht für Questions and Answers, oft auch FQ & A für Frequent Questions and Answers.

Die Auflistung aller denkbaren Fragen zu einem Thema ist eine der Lieblingstätigkeiten der Kommunikationsfachleute. Dazu gehören insbesondere auch böse Fragen (Nasty Questions). Die Ermittlung möglicher Fragen ist eine kreative Tätigkeit, die sich auch mit den Schwachstellen eines Kommunikationsinhaltes auseinandersetzt. Das kann Rückkoppelungen auf den Gegenstand der Kommunikation auslösen.

Man muss sich bewusst sein, dass die Q & A ein Hilfsmittel für die Anchor-Person der Kommunikation sind. Sie muss die denkbaren Antworten memorieren. Die Fragen sollten gut gegliedert und nicht zu zahlreich sein, um die Aufnahmefähigkeit nicht übermässig zu strapazieren. Es geht primär um die Schlüsselfragen und darum, die Antworten in prägnanten Botschaften zu formulieren. Bei öffentlichen Auftritten geht es oft auch um präzises Wissen. Auch dieses muss in den Q & A enthalten sein.

Die Q & A für die Gruppenauslosung der Euro 2008 war in die Bereiche Sicherheit, Verkehr, Unterkunft (z. B. mit einigen konkreten Hotelpreisen), Fanzonen und Public Viewing (mit dem Fassungsvermögen der einzelnen Zonen) gegliedert und enthielt über 50 Fragen und Antworten.

g) Medienmitteilung

Die für eine Organisation und die Medienschaffenden einfachste Möglichkeit, eine Nachricht zu vermitteln, ist eine *Medienmitteilung*, auch Communiqué genannt. Dabei muss man sich bewusst sein, dass 90 Prozent der Medienmitteilungen im Papierkorb der Medienschaffenden landen. Grundbedingung für eine Medienmitteilung ist die Relevanz der Nachricht. Medienschaffende sind sehr sensibel, wenn sie das Gefühl haben, dass reine Produktpromotion in eine Medienmitteilung gepackt wird. Einer solchen Nachricht ist der Papierkorb sicher.

Das MAZ formuliert folgende Anforderungen an eine Medienmitteilung:[145]

- Ist die Nachricht wichtig?
- W-Fragen beantworten: Wer? Wie? Wo? Wann? Warum?
- Pyramidenförmige Struktur (Wichtiges zuerst)
- Prägnanter Titel

- Im Lead das Wichtigste zusammenfassen
- Kontaktmöglichkeit mit Koordinaten
- Kurz und knapp, wenn möglich nicht mehr als eine Seite

Für die Medienmitteilung gilt das Gleiche wie für eine Zeitung: Am wichtigsten sind der Titel und der Lead. Der Titel einer Medienmitteilung sollte deskriptiv und nicht marktschreierisch abgefasst werden. Wenn eine Mitteilung publiziert wird, setzt der Journalist ohnehin seinen eigenen Titel. Im Lead wird die oben erläuterte Botschaft placiert (s. Anhang 10).

Medienmitteilungen sollten anhand der nachstehend präsentierten Checklisten für Sprache und externe Unternehmungskommunikation überprüft werden.

h) Medienkonferenz

Wenn eine Medienkonferenz (oft PK genannt, als Abkürzung für die früher gebräuchliche Pressekonferenz) veranstaltet werden soll, braucht es entsprechende Relevanz. Die Frage «Braucht es die PK?» muss daher kritisch und restriktiv beantwortet werden. Mit einer PK beansprucht man kostbare Zeit der Medienschaffenden, und dem Ereignis wird eine wesentlich höhere Bedeutung zugemessen als einer blossen Medienmitteilung.

Relevanz ist keine absolute Grösse und hängt auch von der generellen Nachrichtenlage ab. Am 11. September 2001 und während der folgenden Tage war die Relevanz jeder Nachricht ohne Bezug zu den Ereignissen in den USA bescheiden. Das kann bei der Verkündung schlechter Nachrichten ein Vorteil sein, ist allerdings kaum je planbar.

Wenn man sich für eine PK entschieden hat, gilt es Folgendes zu regeln:

- **Den Zeitpunkt der Medienkonferenz**

Der Freiheitsgrad bei der Ansetzung des Termins variiert je nach Thema. Es ist recht selten, dass man auf einen bestimmten Zeitpunkt fixiert ist, ausser in Krisen, da hat man kaum eine Wahl. Der Zeitpunkt hängt von der angestrebten Aufmerksamkeitswirkung ab. Es gibt Pflicht-PKs, in der Regel über unangenehme Themen, wo keine grosse Resonanz erwünscht ist. Man kann versuchen, diese auf einen Zeitpunkt mit grosser Nachrichtenfülle zu legen, was aber nur schwer planbar ist. Eine beliebte Möglichkeit ist in solchen Fällen, eine PK an einem Freitag oder gar Freitagnachmittag anzusetzen. Seit es die Sonntagszeitungen gibt, haben die Samstagszeitungen an Gehalt verloren. Es findet ein eigentlicher Schichtwechsel statt, die Redaktoren der Tageszeitungen gehen ins Wochenende, deshalb ist der Redaktionsschluss am Freitag früher als an allen andern Tagen. Von einer PK an einem Freitag ist abzuraten: Die Gefahr, dass die Journalisten die Absicht durchschauen, ist gross und damit das Risiko, dass die Schlagzeile zwar nicht am Samstag, aber als Primeur in einer Sonntagszeitung mit weit grösserer Resonanz erscheint.

In den meisten Fällen bezweckt die PK eine hohe Aufmerksamkeit. Wenn man in der Wahl des Termins ziemlich frei ist, bieten sich die Zeiten grösserer Nachrichtenflauten an: Anfang Januar und im Sommer, aus Mediensicht auch als Sommerloch bezeichnet. Bei den SBB und bei der Euro 2008 haben wir am Mittwoch keine PKs durchgeführt (ausser in Krisen), weil dann normalerweise die PK des Bundesrates stattfindet.

Der Zeitpunkt einer PK muss auch auf den Reifegrad eines Sachverhaltes abgestimmt werden. Ich habe immer wieder erlebt, dass man eine PK fixiert und im schlechtesten Falle schon dazu eingeladen hat, obwohl der Gegenstand der PK noch gar nicht reif war. Es gibt bei den Kommunikationsfachleuten eine Tendenz, mit der Festsetzung von Terminen Druck zu machen. Das krasseste Beispiel war die Ankündigung des Rollouts der neuen Boeing 787 (Dreamliner) am symbolträchtigen 8. Juli 2007 (7/8/7 nach amerikanischer Schreibweise). Der effektive Rollout hat sich um Jahre verzögert.

PKs sollten wenn möglich zwischen 10 und 10.30 Uhr angesetzt werden. Da können die Medienschaffenden ohne allzu grosse Hetze die Mittagsnachrichten bedienen. Journalisten arbeiten bis spät in den Abend. Eine PK am frühen Morgen ist daher nicht ratsam.

- **Den Ort der Medienkonferenz**

Die beiden wichtigsten Bedingungen sind gute Zugänglichkeit (Medienschaffende sind oft mit dem öffentlichen Verkehr unterwegs) und gute Arbeitsbedingungen, d. h. genügend grosse Tische für die Medienschaffenden. In gewissen Fällen mag bei der Wahl auch die Symbolik des Ortes mitspielen (beispielsweise ein Ort an der Sprachgrenze).

- **Die Einladungen für die Medienkonferenz**

Die Einladungsliste hängt naturgemäss vom Gegenstand einer PK ab. Grundsätzlich ist das Gebot der Gleichbehandlung zu beachten. Es macht einen schlechten Eindruck, wenn an einer PK zu viel Personal der durchführenden Organisation anwesend ist.

- **Die Redner an der Medienkonferenz und der zeitliche Ablauf**

In der Regel sollten nicht mehr als drei Redner an einer PK auftreten. Die maximale Redezeit sämtlicher Redner sollte 40 Minuten nicht überschreiten. PKs sind der einzige Ort, wo man sein Referat vom Blatt ablesen muss. Die Journalisten, denen der Text vorliegt, können so schon beim Zuhören mit dem Redigieren beginnen.

- **Unterlagen für eine Medienkonferenz**

Zu jeder PK gehört eine Pressemappe. Diese enthält die Medienmitteilung (oft mit eingebauten Zitaten der Redner), die Referate der Redner und allenfalls eine Zusammenstellung der wichtigsten Informationen (sog. Fact-Sheets). In der Regel werden diese Unterlagen an der PK aufgelegt. Vor allem die elektronischen Medien wünschen oft eine frühere Zustellung, weil sie mehr Zeit für die mediengerechte Aufarbeitung eines Beitrages benötigen. Es gehört zum Grundsatz der Dienstleistungsbereitschaft, dass man solche Wünsche erfüllt.

Wenn die Unterlagen vorher abgegeben werden, sind sie mit einer Sperrfrist versehen. In der Regel halten sich Medienschaffende daran.

◆ **Der Ablauf einer Medienkonferenz**

Die PK wird in der Regel vom Chef oder von einem Mitarbeitenden des Kommunikationsdienstes moderiert. Nach den Reden leitet sie oder er die Diskussion. Oft gibt es nur wenige Fragen, die Journalisten sparen sich diese lieber fürs anschliessende Interview auf und sichern sich damit eine gewisse Exklusivität. An PKs mit vielen Medienschaffenden sorgen die Kommunikationsfachleute dafür, dass die Interviewwünsche in einer geordneten Folge erfüllt werden. Zuerst sind immer die elektronischen Medien, die ihre Beiträge für die Mittagsnachrichten verfassen, zu bedienen. Bei den Interviews mit den Printmedien sollte ein Kommunikationsspezialist mithören, damit er in der Lage ist, die Interviews anschliessend zu autorisieren.

Soll man die Medienschaffenden zu einem Apéro oder zum Essen einladen? Es ist eher Zurückhaltung geboten, auch bei der Abgabe von Geschenken. Die Medienschaffenden haben (glücklicherweise) ein gutes Sensorium für alles, was nach Begünstigung riecht.

i) Hintergrundgespräch

Bei den SBB haben wir jeweils im Januar (Nachrichtenflaute) einen Insiderapéro für Eisenbahnjournalisten organisiert. Bei dieser Gelegenheit konnte ich über eine Stunde z. B. die komplexen Zusammenhänge zwischen der Schweizer Bahnpolitik, den Entwicklungen in Brüssel und den SBB im Detail darstellen. Das wurde sehr geschätzt.

Bezüglich abzugebender Unterlagen gilt das Gleiche wie bei der Medienkonferenz. Man sollte sich bewusst sein, dass die Medienschaffenden bei so viel Beanspruchung auch etwas Brauchbares für ihre Berichterstattung erfahren wollen. Man muss sich daher bei der Planung überlegen, was sich für eine sofortige Publikation eignet und welches die entsprechenden Botschaften sind.

j) Interview

Nachrichten können auch via Interview an die Öffentlichkeit übermittelt werden. Dies hat den Vorteil, dass der Medienschaffende gezielt ausgewählt werden kann. Das wird allerdings schnell als ein Verstoss gegen die Gleichbehandlung angesehen. Deshalb ist diese Methode bei wichtigen Ereignissen nicht zu empfehlen.

k) Web

Die Information über das Web spielt eine immer grössere Rolle und bietet vielfältige Möglichkeiten: über die Homepage, Blogs, Social Networks wie Facebook und Xing und den systematischen Einbezug von Suchmaschinen. Vorteile der webbasierten Kommunikation sind die präzise Erfassung einer Zielgruppe (gewisse Kategorien würde man über andere Kanäle auch kaum erreichen), die Geschwindigkeit und Reichweite, die Möglichkeit eines Dialogs und die geringen Kosten. So orientiert Roger Federer im Wesentlichen über seine Homepage und erreicht damit auch eine umfassende Information über andere Kanäle. Die webbasierte Kommunikation wird beim Einsatz anderer Instrumente in der Regel flankierend eingesetzt.

l) Bewusste Nichtinformation

Auch die bewusste Nichtinformation ist ein Instrument. Sie basiert auf dem Entscheid, nicht aktiv zu informieren. Im Fall von Anfragen wird mit «kein Kommentar» reagiert. Das kann z.B. während heikler Verhandlungsphasen sinnvoll sein. In die Nähe dieser Nichtinformation rückt die Bekanntgabe von Entscheiden über Trennungen im Topmanagement: Über die Trennung wird zwar informiert, nicht aber über deren Gründe. Von dieser Regel sollte im Interesse der Firma und der ausscheidenden Person nie abgewichen werden. Deshalb wird striktes Stillschweigen meist auch in einer Austrittsvereinbarung geregelt. Anstelle der Information tritt daher eine Floskel wie «wegen unterschiedlicher strategischer Auffassungen» und im Übrigen «kein Kommentar». Für die Medienschaffenden ist das ohne Zweifel eine unbefriedigende Situation. In öffentlichkeitswirksamen Fällen werden sie versuchen, die Hintergründe zu recherchieren und möglicherweise entsprechende Gerüchte publizieren. Auch dazu gibt es eine oft verwendete Floskel: «Zu Gerüchten nehmen wir keine Stellung.»

Die Grenzen zwischen der bewussten Nichtinformation und dem «Aussitzen» sind fliessend. Dabei muss die Situation immer wieder analysiert werden, «Aussitzen» kann sich kontraproduktiv auswirken.

m) Geschäftsbericht

Für eine Aktiengesellschaft ist die Erstellung eines jährlichen Geschäftsberichtes von Gesetzes wegen erforderlich. Bestandteile des Geschäftsberichtes sind Jahresrechnung, Jahresbericht und allenfalls eine Konzernrechnung. Verantwortlich dafür ist der Verwaltungsrat. Auch die Statuten von Institutionen mit andern Rechtsformen fordern in der Regel die Erstellung eines Jahresberichtes.

Das Gesetz verlangt vom Jahresbericht einer AG die Darstellung des Geschäftsverlaufs sowie der wirtschaftlichen und finanziellen Lage der Gesellschaft. Er hat damit primär die Funktion einer Chronik. Die unablässig wachsende Branche von Kommunikationsberatern hat sich der Erstellung und Produktion von Geschäftsberichten bemächtigt. Was vom Gesetz her als nüchterne Darstellung der Geschäftstätigkeit gedacht ist, hat sich nicht zuletzt deshalb immer mehr zu einem PR-Instrument entwickelt. Die Beratungsbranche hat es sich genial eingerichtet: Sie produziert nicht nur die Geschäftsberichte, sondern hat auch deren Rating organisiert. Deshalb wird heute in den VR-Sitzungen unter dem Traktandum Geschäftsbericht weniger über Inhalte als über Fotostrecken diskutiert. Gelesen werden Geschäftsberichte nur selten. Deshalb ist das Aufwand-Nutzen-Verhältnis im Auge zu behalten.

n) PR und Public Affairs

PR hat sich als Abkürzung für Public Relations eingebürgert. Der Begriff (auf gut Deutsch: Öffentlichkeitsarbeit) ist mittlerweile in die Alltagssprache eingegangen, ist vielschichtig und wenig präzise. So versteht man darunter etwa die Bestrebungen, ein für eine Institution oder ihre Produkte oder Dienstleistungen günstige öffentliche Meinung zu schaffen. Mit dieser Definition wird allerdings die Abgrenzung zur Informationsvermittlung, zur Werbung und zum Sponsoring schwierig.

Wir halten uns an eine enge Definition und verstehen darunter Massnahmen neben der eigentlichen Informationsvermittlung, die geeignet sind, eine Institution und ihre Leistungen in den redaktionellen Spalten eines Mediums erscheinen zu lassen. Darunter fallen beispielsweise Tage der offenen Türe, Jubiläen und andere Events.

Es war bei den SBB immer wieder erstaunlich, wie Tausende an einem Wochenende in einen Rangierbahnhof geströmt sind, wenn wir dort etwas zeigten. Ein so grosses Interesse führt zu einer Berichterstattung in den Medien. Die Jubiläen «150 Jahre Schweizer Bahnen» und «100 Jahre SBB» haben eine grosse Aufmerksamkeit bei den Medien und der Bevölkerung erzielt.

Als Public Affairs wird jener Teil der Öffentlichkeitsarbeit bezeichnet, der sich an Politik und Öffentlichkeit richtet, um die Politik zu beeinflussen. Oft wird dafür auch der noch direktere, aber eher negativ belegte Begriff Lobbyismus verwendet. Es gibt Unternehmungen, vor allem aber Verbände, die das ganz unverhohlen tun und einen altgedienten oder noch aktiven Politiker als Head of Public Affairs einstellen. Man sollte dabei das alte Wort «Man merkt die Absicht und ist verstimmt» beherzigen und sich etwas zurückhalten. Zu aggressives Lobbyieren führt zu Gegenreaktionen.

Oft spielt die Politik für eine Institution eine wichtige Rolle und ist daher für die Kommunikation eine spezifische Zielgruppe. Ein entscheidender Faktor ist das Beziehungsnetz zwischen der Leitung der Institution und den entscheidenden Repräsentanten der Politik. Ausserdem ist es unabdingbar, dass man die politischen Mechanismen im Detail kennt.

Für die SBB wie für das Projekt Euro 2008 war die politische Ebene von existenzieller Bedeutung. Meine Chance war, dass ich schon früh und regelmässig vor parlamentarische Kommissionen geladen wurde. Auftritte vor solchen Gremien sind wie Prüfungen. Man hält ein kurzes Einstiegsreferat, dann folgen mehrere Fragerunden. Wenn man die Prüfung bestehen will, braucht es Respekt vor den Parlamentariern, eine effiziente Vorgehenstechnik und breites und tiefes Wissen im Fachgebiet.

Ein Parlamentarier hat das Recht, jede Frage zu stellen, und er tut das auch. Ich habe mich ab und zu darüber mokiert, dass nach einem strategischen Ausblick über die SBB die erste Frage eines Kommissionsmitgliedes die nach der Gültigkeitsdauer des Retourbilletts war. Auch eine solche Frage ist mit ausgesuchter Aufmerksamkeit entgegenzunehmen und präzise zu beantworten. Grosse Manager aus der Privatwirtschaft sind schon vor parlamentarischen Kommissionen aufgetreten, haben ein brillantes Referat gehalten, aber schon bei der ersten Frage nonverbal gezeigt, was sie vom Fragesteller halten. In den Augen der Parlamentarier waren sie arrogant.

Ich habe mir für diese Auftritte eine spezifische Vorgehenstechnik zugelegt. Ein A4-Block quer, in der Mitte unterteilt. Links habe ich mir die Essenz der Fragen notiert, rechts, praktisch simultan, die Elemente einer Antwort. Und oben auf jeder Seite habe ich mit Grossbuchstaben geschrieben: STOISCH, was mich immer wieder daran erinnert hat, cool zu bleiben.

Mein Ehrgeiz war, jede Frage exakt zu beantworten. Das bedingt einen hohen Aufwand an Vorbereitung. Wenn man die Fragen mehrheitlich beantworten kann, ist es kein Problem, einmal zu sagen: Das weiss ich nicht, wir schicken die Antwort ans Kommissionssekretariat.

Es geht um Glaubwürdigkeit. Und die erzielt man nicht primär mit Einladungen an Golfturniere, sondern mit professioneller Arbeit.

Das war auch im Fall der Euro 2008 so. Das zentrale Instrument war das Projektreporting, das den Politikern die Botschaft von professioneller Projektführung vermittelte (s. Kapitel 4).

Deshalb sollte für diesen Teil der Kommunikationstätigkeit eher der Begriff Überzeugungsarbeit verwendet werden. Die wichtigste Voraussetzung dafür ist, das politische System auf allen Ebenen zu verstehen. Dazu muss man wissen: Politiker sind interessiert, und sie suchen immer nach Bereichen, in denen sie Vorstösse einbringen können. Wenn das Thema etwas verspricht, wird sich ein Politiker gerne auf einen Kaffee einladen lassen, und schon haben Sie den ersten Mosaikstein eines Netzwerkes gelegt.

o) **Werbung**
Der Unterschied zwischen Werbung, Informationsvermittlung und PR ist einfach: Für Werbung wird bezahlt. Dafür kann man selber texten (lassen) und Bildwelten einsetzen.

Werbung als wichtiges Marketinginstrument ist nicht Gegenstand dieses Buches. Es sei aber darauf hingewiesen, dass die Tonalität aller Instrumente der Kommunikation, darunter gerade auch die der Werbung, aufeinander abgestimmt werden muss.

p) **Sponsoring**
Beim Sponsoring unterstützt eine Institution explizit eine Person, eine Organisation oder eine Veranstaltung mit Geld oder geldwerten Leistungen. Sponsoring steht im Dienste der allgemeinen Kommunikationspolitik. Oft wird Sponsoring mit klassischer Werbung kombiniert.

Früher hatte Sponsoring oft einen etwas zufälligen Charakter. Weil der CEO ein Ruderer war, hat man den Rudersport unterstützt. Heute wird das Kosten-Nutzen-Verhältnis viel rationaler abgewogen.

Viele Firmen haben eine Sponsoringpolitik festgelegt, die bei einer bekannten Versicherung folgendermassen formuliert ist: Es werden nur mittel- bis langfristige Projekte mit Breitenwirkung unterstützt, diese Projekte müssen den Werten der Unternehmung entsprechen, die Engagements sind zeitlich beschränkt, und grundsätzlich werden keine Einzelpersonen gesponsert.

Die Ziele für ein Sponsoring sind differenziert. Sponsoring kann eine sehr effiziente Massnahme sein, um eine Marke bekannt zu machen. Voraussetzung dafür ist eine hohe Medienpräsenz des Sponsoringpartners, insbesondere im Fernsehen.

Besonders beliebt, aber nicht ohne Risiken, ist in dieser Beziehung das Sportsponsoring. So war die Tour de France ein hervorragender, relativ günstiger, global wirksamer Multiplikator für die Marke eines Hörgeräteherstellers. Wie weit die Dopingvorfälle der Unternehmung geschadet haben, ist kontrovers. Die beiden Schweizer Marken, die Martina Hingis und Roger Federer gesponsert haben bzw. noch sponsern, haben damit ihren Produkten einen Bekanntheitsgrad verliehen, der mit klassischer Werbung nicht zu bezahlen gewesen wäre.

Der Hörgerätehersteller hat von der Tour de France ins Musikbusiness gewechselt und sponsert nun z. B. das Neujahrskonzert in Wien. Zwischen dieser Musik und dem Produkt der Firma lässt sich unschwer ein sehr direkter Bezug herstellen. Es kommt vor, dass mit Geldzuwendungen Gruppierungen oder Events unterstützt werden, um politische Akzeptanz zu erreichen, z. B. Vereine in einem Dorf, wo man einen Laden eröffnen möchte.

Das VIP-Programm bei Anlässen ist heute bei vielen Firmen ein unverzichtbarer Bestandteil der Kundenbetreuung. Sponsoring eröffnet hier besondere Möglichkeiten.

q) Pflege und Entwicklung des Brands

Als Brand wird das Image einer Marke oder Institution bezeichnet. Damit verbunden sind die von einer Marke oder Institution ausgelösten Assoziationen. Das sei am Beispiel der Firma Bosch, die unter diesem Namen Küchengeräte anbietet, erläutert. Wenn man eine Dame nach ihrer Assoziation zur Marke Bosch fragt, dann antwortet sie mit grosser Wahrscheinlichkeit mit «Bohrmaschine». Das ist möglicherweise nicht die beste Voraussetzung, um den neuen Geschirrspüler zu verkaufen.

Die Voraussetzungen für wirkungsvolles Brandbuilding sind:
Eine klare Positionierung (s. Kapitel 1), Wissen über die brandbestimmenden Faktoren und Sensibilität gegenüber dem Thema.

Ich staune immer wieder, wie unsensibel Chefs gegenüber dem Brand ihrer Firma oder ihrer Produkte sind. Das war auch bei mir selber lange so. Wahrscheinlich, weil ein Manager von seiner Ausbildung, seinem Selbstverständnis und seiner Kultur her stark auf die linke Gehirnhälfte, d. h. auf Verstand und Logik, zentriert ist.

Es waren zwei Schlüsselerlebnisse, die meine persönliche Haltung verändert haben. Zum einen der Fall der Swissair – oder vielmehr, was daraus folgte. Die Nachfolgeorganisation Swiss engagierte den Stardesigner Tyler Brûlé, der einen neuen Brand aufbaute. Mit viel Geld ging es darum, Emotionen in die neue Marke zu verpacken. Erst da wurde mir klar, welches Vakuum die Swissair in der Schweiz hinterlassen hatte und dass kaum eine Unternehmung so prädestiniert war, diesen Leerraum zu füllen wie die SBB. Die Emotionen im Zusammenhang mit den SBB mussten nicht künstlich geschaffen werden, sondern waren vorhanden.

Das zweite Schlüsselerlebnis hatte ich nach einem Referat über die SBB. Wie immer habe ich am Schluss ein Bild mit meinem Lieblingsplakat gezeigt. Eine attraktive Dame, lesend im Zug, der Blick des Betrachters aus dem Zugfenster auf eine Seenlandschaft, die Legende «17 Seiten/Stunde». Ich habe meine Ausführungen mit

dem Hinweis auf die emotionale Seite des Bahnfahrens abgeschlossen. Nach mir sprach der Chef einer Unternehmung für Luxusgüter. Er hat seine Rede mit einem Hinweis auf den Schluss meines Referates begonnen und erklärt, seine Firma verkaufe nur Emotionen.

Mein letzter Auftritt vor meinen europäischen Kollegen Bahnchefs trug den Titel «Beyond the rational». Ich wies darauf hin, dass es neben all den rationalen Themen, die unser Leben als Bahnmanager bestimmen, auch eine emotionale Komponente gibt, die von grösster, auch monetärer Bedeutung ist. Dann habe ich die brandbestimmenden Faktoren einer Bahn aufgezählt und abgehandelt: die Züge mit ihrer fast flächendeckenden Sichtbarkeit, das Personal in den Zügen und in den Bahnhöfen, der CEO und vor allem die Bahnhöfe. Es ist unglaublich, wie der Wert der Bahnhöfe über Jahrzehnte verkannt wurde. In der Gründerzeit als Industriekathedralen in die Zentren gebaut, wurden sie jahrzehntelang sträflich vernachlässigt. Hier und dort hat sich gar der Begriff Bahnhofsviertel eingebürgert, und das ist kein Kompliment für die Bahn.

Man muss wissen, was seinen Brand ausmacht, und ihn entsprechend pflegen. Man muss aber auch die Natur von Brands kennen. Brands sind konservative Gebilde. Eine Marke ist ein Orientierungspunkt, der gerade in einer immer volatileren Welt an Gewicht gewinnt. «Verbraucher suchen in gut geführten Marken das Immergleiche.»[146] Coca-Cola gilt als der stärkste Brand der Welt. Die Geschichte ist berühmt. 1985 kam die Führung von Coca-Cola zum Schluss, dass die Geschmacksrichtung ihres Coke dringend einer Modernisierung bedürfe. Zwar war man sich der Risiken bewusst und änderte die Ingredienzen nur minimal. Mit riesigem Aufwand wurde «New Coke» auf den Markt gebracht. Die Übung scheiterte grandios. *Business Week* schrieb vom Marketingschnitzer des Jahrhunderts.

Ein Massnahmenpaket zur Pflege und Entwicklung des Brands setzt eine umfassende Analyse voraus. Diese misst die Ist-Positionierung und vergleicht sie mit dem Sollzustand. Dann gilt es jeden brandbestimmenden Faktor zu analysieren. Daraus leitet sich der Handlungsbedarf ab. Das kann beispielsweise bei einer Bahnunternehmung ein Programm zur Erneuerung der Bahnhöfe sein oder ein Ausbildungsprogramm zur Repositionierung des Personals in den Zügen.

Es ist hier nicht der Ort, um bei den klassischen brandbildenden Massnahmen, die den Zusatz Corporate tragen, in die Tiefe zu gehen. Über Corporate Design und Corporate Identity wurde genug geschrieben. Diesen Corporate-Ansatz hat Armin Reins mit der Corporate Language erweitert.[147]

2.3.3 Der Rohstoff der Kommunikation: Die Sprache

«So wie ein Brand durch Corporate Design ein einheitliches Gesicht bekommt, so verleiht ihm Corporate Language (CL) eine charakterliche, unverwechselbare Sprache.»[148]

Sprache ist ein zentraler Faktor für das Vertrauen in einen Brand. Nur wer verstanden wird, ist glaubwürdig. Und deshalb überzeugt der Ansatz von Reins. Er moniert, dass zwischen der Sprache einer Unternehmung (von der Werbung über die Medienmitteilung, den Geschäftsbericht bis zum CEO-Statement) und ihrer Positionierung ein enger Zusammenhang besteht, und empfiehlt, im Rahmen einer CL die Grundsätze für den Sprachgebrauch festzulegen. Dazu gehört eine Liste von positiven und negativen Schlüsselwörtern.

Er geht in seinem Buch überaus kritisch mit dem in der deutschsprachigen Unternehmungswelt angewandten Sprachverständnis um. Es ist eine Tatsache, dass die Sensibilität gegenüber der Sprache im deutschen Sprachraum nicht ausgeprägt ist. Das ist in Frankreich anders, besonders aber im angelsächsischen Raum, wo Creative Writing an den Hochschulen ein beliebtes und gut besuchtes Fach ist.

Im Management ist nicht nur die mangelnde Sprachsensibilität ein Problem. Ausbildung, Kultur und schichtspezifischer Umgang führen dazu, dass sich erschreckend viele Manager einen Slang angewöhnt haben, der ausserhalb ihres Kreises nur noch eingeschränkt verstanden wird. Es fällt auf, dass diese Manager nicht in der Lage sind, ihre Sprache auf unterschiedliche Zielgruppen anzupassen.

Ich musste es auch lernen, an unzähligen Veranstaltungen mit den Eisenbahnern. Wenn man an einem Sonntag an einer Gewerkschaftsversammlung vor Rangierarbeitern referiert, welche die ganze Arbeitswoche bei Wind und Wetter auf dem Gleisfeld gearbeitet haben, lernt man, dass beim ersten Managerslangwort sich die Mienen verfinstern.

Wer verstanden werden will, muss drei Dinge tun. Erstens eine Sensibilität gegenüber diesem so zentralen Thema Sprache entwickeln. Zweitens jeden Text und jeden Auftritt sorgfältig vorbereiten und auf den sprachlichen Gehalt überprüfen. Diesem Zweck dient die Checkliste Sprache. Und drittens lernen. Das Sprachverständnis schult man am besten beim Lesen, aber nicht primär von Managementbüchern.

«Lesen ist eine integrale Quelle der geistigen Entwicklung; es fördert Imagination, Kreativität, Disziplin und Reflexionsfähigkeit wie kein anderes Medium.»[149]

> **Checkliste Sprache**
> 1. Einfach, verständlich und kurz
> 2. Auf die Zielgruppe abgestimmt
> 3. Modewörter vermeiden
> 4. Zurückhaltung mit abstrakten Begriffen
> 5. Bilder erzeugen
> 6. Wenig Adjektive – Vorsicht bei Superlativen
> 7. Aktiv vor passiv

Ad 1   *Einfach, verständlich und kurz*

«Ich habe mir nicht die Zeit genommen, mich kürzer zu fassen», diese Aussage wird dem berühmten Mathematiker Blaise Pascal zugeschrieben. Die gleiche Aussage in einem andern Kontext stammt aus einem Katalog für Trekkingausrüstung: «Perfektion ist nicht dann erreicht, wenn man nichts mehr hinzufügen kann, sondern wenn man nichts mehr wegnehmen kann.»

Der *Spiegel* schreibt: «Dabei fehlt Steinmeier fast alles, was einen modernen Parlaments- und Talkshowpolitiker ausmacht. Er kann keine kurzen Sätze.» Und weiter hinten wird Müntefering als «Künstler der kleinen Sätze» beschrieben, die bei ihm «wie Weisheiten klingen und Politik besser zusammenfassen als Doktorarbeiten».[150]

Ein Musterbeispiel für substanzreiche Kürze stammt vom grossen Schweizer Rechtsgelehrten Eugen Huber. In dem von ihm geschaffenen Zivilgesetzbuch legte er mit einmaliger Lakonik fest: «Heirat macht mündig.»[151]

Ein Gegenbeispiel aus einer in einer Zeitung publizierten Analyse:

«Die neuen Selektions-, Interpretations- und Inszenierungslogiken der medienvermittelten Kommunikation färben uns die Welt anders ein, und die Akteure aller Teilsysteme müssen zu dieser Einfärbung beitragen, um Resonanz zu erhalten.»[152]

Der Schweizer Schriftsteller Peter Stamm antwortet auf die Frage «Wie haben Sie zu Ihrem unterkühlten Ton gefunden?» lapidar: «durch Streichen».[153]

Das Rezept ist ganz einfach: weglassen in der Rede, streichen im Text, Satzkonstruktionen vereinfachen, Schachtelsätze vermeiden, Nebensätze kritisch beurteilen. «Wenn ich in einer Sprechsprache schreibe, ist es immer leichter nachzuerzählen als in einer gestelzten Schreibsprache.»[154]

Streichen kann man in erster Linie Füllwörter wie: jederzeit, grundsätzlich, äusserst, in dieser Form, relativ, wesentlich, zudem, ebenso, sogenannte, indes, mithin, durchaus, geradezu ...

Die Ausbildungsunterlage des MAZ sagt dazu:

«Ein Satz als Sinneinheit will sofort im Gedächtnis Platz haben. Unser Kurzzeitgedächtnis fasst 3 Sekunden, 7 bis 14 Wörter. Das sei unsere Grenze für leichtverständliche Sätze.»[155]

Die Obergrenze des Erwünschten bei der Depeschenagentur sind 20 Wörter pro Satz. Also: zählen, kürzen, aus einem Satz zwei Sätze machen.

Ad 2 *Auf die Zielgruppe abgestimmt*

Wenn wir eine Botschaft vermitteln wollen, so ist das erste Kriterium ihre Verständlichkeit. Das dabei verwendete Vokabular hängt von der Zielgruppe ab. In kaum einem andern Bereich in der Kommunikation wird so viel gesündigt.

Neulich hat bei der ARD ein Kinderreporter den deutschen Wirtschaftsminister zum Thema Finanzkrise interviewt. Der erste Satz des Ministers: «Man muss primär die Randbedingungen verbessern.» Bei einer Publikumsveranstaltung verwendet ein Referent dauernd das Wort Paradigmawechsel. An einer Veranstaltung mittelständischer Unternehmungen präsentierte ein Professor auf einer PowerPoint Chart die Aussage: «Zukünftige moderne Eliten müssen ihre Expertise transzendieren und mit Differenzierungserfahrungen rechnen.»[156] Die Beispiele könnten beliebig fortgesetzt werden.

Der Gesellschaftskolumnist Helmut-Maria Glogger hat diese Unfähigkeit zur zielgruppengerechten Sprache pointiert auf die Schippe genommen:

«Mit ihrem Gegacker von Derivaten, Hedging, Trusts oder wie die Seifenblasen sonst so heissen! Mit diesem Manager-Dummdeutsch von Synergien, Win-Win, Bestpractice oder wie ihre aufgeblasenen Schrott-Ballons sonst genannt werden. Und jetzt? Na logisch! Jetzt wisst ihr wieder alles besser. Dabei seid ihr in Wahrheit nicht besser als jeder Hütchenspieler an der Ecke.»[157]

Ad 3 *Modewörter vermeiden*

Es ist bei der Wortwahl wie bei jeder andern Mode. Ein neuer Begriff taucht auf, sagen wir «Vision». Zuerst wird er von einer kleinen Avantgarde verwendet. Dann kommt die Inflation. Und dann die bedauernswerten Nachzügler. Wie diese Männer, die heute noch die knallfarbigen Krawatten mit kopulierenden Elefanten tragen, die vor 20 Jahren einmal Mode waren.

Der inflationäre Gebrauch eines Modewortes entwertet den Begriff, selbst wenn er einen Sinn hat und klar definiert ist. Ein typisches Beispiel ist wohl das Wort «Nachhaltigkeit», das heute von jedem Fussballtrainer verwendet wird, obwohl es kaum ein kurzlebigeres Geschäft gibt.

Ein anderes Modewort, das gegenwärtig in die inflationäre Phase eintritt, ist «Authentizität».

Die am schwersten ausrottbare Mode ist die Verwendung von Anglizismen. Es hat sich etwas gebessert, seitdem Untersuchungen gezeigt haben, dass die Zielgruppen den Inhalt englischer Slogans kaum verstehen oder gar missverstehen: «Drive alive» – «Die Fahrt überleben»; «Stimulate your sense» – «Befriedige dich selbst». Deshalb heisst es jetzt: «Hier spielt Bern» und nicht mehr «We will light the fire».

Bei den SBB hatten wir erst Ruhe, nachdem wir dem Wert «schweizerisch» die erste Priorität gegeben hatten. Noch heute ärgere ich mich über die Rail Cities. Immerhin konnten wir den Vorschlag eines führenden Brand-Experten, die SBB in Swiss Rail umzufirmieren, abwehren.

Ad 4   *Zurückhaltung mit abstrakten Begriffen*

Abstrakt ist ein Begriff, wenn er keinen bestimmten «Gegenstand widerspiegelt, ... sondern irgendeine Eigenschaft von Gegenständen, die gedanklich getrennt wurden».[158]

«Tisch» ist ein konkreter, «Verantwortung» ein abstrakter Begriff. «Tisch» löst im Hirn ein Bild aus, bei «Verantwortung» geschieht nichts. «Öffentlicher Verkehr» ist abstrakt, «Eisenbahn» löst ein Bild aus.

«Es braucht eine viel längere Zeit, bis unser Gehirn Worte wie Polyäthylen, Semantik, peripher, optimal oder innovativ dekodiert. Abstrakte Worte sind für unser Gehirn richtig harte Nüsse. Das müssen übrigens keine Fremdworte sein. Auch abstrakte deutsche Worte wie gesund, glücklich oder bemerkenswert sind schwer zu knacken ... Wer sich hauptsächlich durch abstrakte Worte ausdrückt, läuft Gefahr, missverstanden zu werden. Abstrakte Worte lassen die Möglichkeit zu unterschiedlichen Interpretationen offen. Somit sind sie der Grundstein für Konflikte und Streit ... Die abstrakte Sprache ist die Sprache aller Politiker, Bürokraten, Diplomaten, Banker und Versicherer.»[159]

Auch die Ausbildungsgrundlage des MAZ (siehe oben) befasst sich mit dieser Problematik.

«Die bildleeren, abstrakten, geblähten, ‹unechten› Substantive Verantwortung, Selbstbeherrschung, überhaupt alle Wörter auf -ung, -heit, -keit, -tät, -ion, -ismus; auch viele auf -nis und -sal, auf -tum und -schaft, die lebenden Leichname Zurschaustellung, Ingangsetzung, Inaugenscheinnahme.»[160]

Man kommt um den Gebrauch abstrakter Begriffe nicht herum, sollte sie aber so zurückhaltend wie möglich verwenden. Wenn man Publikationen kritisch liest, stellt man fest, wie stark in dieser Beziehung gesündigt wird.

Bei der Euro 2008 begleiteten wir ein spannendes Projekt, die Euroschools. In Österreich und der Schweiz wurden 53 Regionen ausgewählt, denen je ein Uefa-Land zugeteilt wurde, so z. B. Deutschland der Region Genf. Interessierte Schulen setzten sich im Unterricht mit diesem Land auseinander und spielten in den Farben des Landes Fussball nach speziell definierten Regeln. Um die Schulen für das Projekt zu gewinnen, wurde ein aufwendiger Prospekt erstellt, der von Begriffen wie interkultureller Dialog, Fair Play, Stereotyp, Diversität nur so strotzte. Das mag mit ein Grund gewesen sein, dass es nicht einfach war, genügend Schulklassen für das Projekt zu begeistern.

«Artenvielfalt» ist ein abstraktes Wort, aber immerhin nachvollziehbar. Es ist unverständlich, dass nun für eben diesen Sachverhalt der Begriff «Biodiversität» forciert wird. Wer will sich da wichtig machen und merkt nicht, dass darunter die zentrale Botschaft leidet?

Ad 5   *Bilder erzeugen*

Vor einigen Jahrzehnten ermöglichte der neu auf den Markt gekommene «Prokischreiber» mündliche Ausführungen visuell zu unterstützen. Seine Einführung wurde immer wieder mit dem Satz «ein Bild wirkt mehr als tausend Worte» unterstützt.

Heute bezweifle ich das. Eine Aussage, die alle Sphären des Gehirns anspricht und damit Bilder erzeugt, ist unter Umständen viel einprägsamer als irgendein Bild. Wir kommen um abstrakte Begriffe nicht herum. Umso wichtiger ist es, diese mit einer bildhaften Sprache zu umschreiben wie z. B. in der klassischen Rhetorik mit der Metapher.

Die Neurolinguistik untersucht, was Sprache im Hirn auslöst. Bei der Verwendung eines abstrakten Wortes passiert überhaupt nichts. Bei folgenden Wortkategorien werden immer stärkere Impulse ausgelöst: Bildwörter (Fisch), Aktionswörter (Hammer), Handlungswörter (machen), Emo-Wörter (Kuss). Fazit: «Alles, was keine Emotionen auslöst, ist wertlos.»[161]

Private Equity Manager ist ein abstrakter Begriff. Der deutsche Politiker Müntefering hat dafür das Wort «Heuschrecke» geprägt. Wenn ich «Heuschrecke» höre, dann sehe ich sie, auch die abgefressenen Felder. Ein anderes epochales Bild ist der «Wendehals», mit der die überraschende Wendigkeit früherer DDR-Funktionäre bezeichnet wird. Ein schönes Bild zum abstrakten Spruch, dass jede Krise auch eine Chance ist: «Je stärker der Wind, desto stärker der Baum.» Oder wenn über eine Grossbank gesagt wird: «Die ist wie der Vatikan, der hat auch 400 Jahre lang gebraucht, bis er akzeptiert hat, dass sich die Erde um die Sonne dreht.» Schön auch folgendes Bild: «Die Massnahmen zur Rettung der Banken wirken, wie wenn einem Alkoholiker eine Extradosis Schnaps verabreicht wird, damit er nicht mehr zittert.»

Die Verwendung bildhafter Sprache ist nicht ohne Gefahren. Vor abgegriffenen Bildern (löchrig wie Emmentaler) sollte man sich hüten, ebenso vor Übertreibungen. Der ehemalige deutsche Finanzminister ist bekannt für seine bildhafte Sprache. «Wenn es auf den Finanzmärkten brennt, muss gelöscht werden, auch wenn es sich um Brandstiftung handelt.» Seine Attacken gegen die Schweiz mit den Bildern «Zuckerbrot und Peitsche» und «Kavallerie» waren wohl überzogen, aber auch die anschliessenden Reaktionen aus der Schweiz, z. B. der Vergleich mit der Gestapo.

Bildhafte Sprache fällt selten vom Himmel. Man findet sie durch eigene kreative Leistung, durch Abkupfern (eine erspriessliche Quelle für schöne Bilder ist *Der Spiegel*) und durch systematisches Hinterfragen.

2006 fand in Dübendorf das Konzert der Rolling Stones statt. Für die SBB war das ein wichtiger Test im Hinblick auf die Euro 2008. Das Verkehrskonzept war ein durchschlagender Erfolg.

Es gibt viele Möglichkeiten, dies in einer Botschaft zu formulieren:

- Der Marktanteil des öffentlichen Verkehrs betrug 95 Prozent
- 95 Prozent der Besucher sind mit dem öffentlichen Verkehr angereist
- Nur jeder Zwanzigste ist mit dem Auto angereist
- 67 000 Menschen haben das Konzert besucht. Auf dem Parkplatz standen 1200 Autos

Marktanteil, Prozent, öffentlicher Verkehr: Das sind abstrakte Begriffe. Das Beispiel zeigt, dass man sie vermeiden kann. Die vierte Version erzeugt Bilder und ist deshalb die wirkungsvollste. Das Beispiel illustriert, weshalb Kommunikation Knochenarbeit ist.

Ad 6 *Wenige Adjektive – Vorsicht bei Superlativen*
Auch die übermässige Verwendung von Adjektiven ist zur Mode geworden. Makelloser Marktsalat, kuhfrische Kutteln …
Deshalb die Empfehlung des MAZ: «Möglichst viele Adjektive streichen.»[162]
Dasselbe gilt für Superlative: super, mega, äusserst, toll …

Ad 7 *Aktiv vor passiv*
Das MAZ schreibt vom ärgerlichen Passiv – das Lieblingsinstrument der Bürokraten. Das Passiv sollte nur in zwei Fällen benutzt werden: Wenn die Leideform wirklich ein Erleiden ausdrückt (Der Briefträger wurde zum 13. Mal gebissen) oder wenn die handelnde Person keinen interessiert (Das Museum wird um 18 Uhr geschlossen).

Unschön: Der Vertrag wurde vom Direktor unterzeichnet.
Besser: Der Direktor unterzeichnete den Vertrag.

Arbeiten Sie mit dieser Checkliste. Stellen Sie sich eine bekannte Person ohne Fachkenntnisse vor, der Sie einen Sachverhalt erklären müssen. Von einem Fernsehmann habe ich die Anleitung für den ultimativen Check gelernt: «Versteht es Frau Abgottspon?»

2.3.4 **Grundsätze**

Wer sich an die oben erläuterte Checkliste «Umgang mit den Medien» und die folgende Checkliste hält, sollte vor grösseren Kommunikationspannen verschont bleiben.

> **Checkliste externe Kommunikation**
> 1. Inhalt vor Verpackung
> 2. Gepflegtes Understatement
> 3. Der Wahrheit verpflichtet
> 4. Bewusstes Erwartungsmanagement
> 5. Vorbereitung ist alles
> 6. An die eigenen Mitarbeiter denken

Ad 1 *Inhalt vor Verpackung*

Etwas Gutes ist leicht zu kommunizieren. Wenn etwas schlecht ist, nützt meist auch die professionellste Kommunikation nicht viel. Deshalb muss sich jede Institution primär darauf konzentrieren, gute Arbeit und gute Produkte zu erzeugen.

Im Vorfeld der Euro 2008 hat das zuständige Departement einen neuen Wachtbefehl erlassen, wonach das Gewehr im Wachtdienst durchzuladen sei. Es gab keinen äusseren Anlass, diesen Befehl zu ändern. Offenbar war man sich im Klaren, dass die Sache delikat war. Deshalb hat man sehr zurückhaltend kommuniziert. Man merkte die Absicht und war verstimmt: Das galt für die Medien, welche die Angelegenheit hochkochten. Auch bei der Euro 2008 wurden wir mit der Frage konfrontiert, wie wir es beim Armeeeinsatz mit der geladenen Waffe halten würden. Nach einer Anzahl ungewollter Schussabgaben wurde der Befehl kleinlaut zurückgezogen. Dieser Fall hat mit Kommunikation nichts zu tun. Der Entscheid war ganz einfach schlecht.

Die Cisalpino und mit ihr die SBB hatten offensichtlich ein gravierendes Imageproblem. Da kann die beste Kommunikationsagentur nichts dagegen tun. Der einzig mögliche Weg zur Lösung dieses Problems ist, diese Züge wieder zuverlässig fahren zu lassen. Das ist keine Aufgabe der Kommunikation.

Die Stimmung in den Schweizer Medien war im Vorfeld der Euro 2008 schlecht. Es wurde der Eindruck vermittelt, dass uns eine Invasion prügelnder Hooligans bevorstand, wir zur Zielscheibe des internationalen Terrorismus würden, von der Uefa gnadenlos abgezockt, Fussball ohnehin nur für die VIPs gespielt würde, die Hotelpreise explodierten und vor allem: Wo eigentlich ist die Euphorie vor dem Grossanlass? Und zu guter Letzt würden wir nicht einmal das Bier unserer Wahl trinken können. Nach einem Auftritt in der «Rundschau» erhielt ich andertags eine E-Mail: Was macht ihr, wenn neben dem Bundeshaus ein Meteorit einschlägt?

Es kam der Moment, in dem wir uns gesagt haben, «die Karawane zieht weiter». Wir wussten, entweder kommt die Sache gut, dann werden die Medien ihre dicksten Schlagzeilen auspacken, oder es geht schief, und wir werden gnadenlos verrissen. Es kam gut.

Also: Konzentrieren Sie sich primär auf eine gute Arbeit, dann ist Kommunikation ganz einfach.

Ad 2   *Gepflegtes Understatement*
Die Herausforderung der Kommunikation ist, Fakten so überzeugend darzustellen, dass sich der positive Kommentar recht eigentlich aufdrängt. Eigenbeurteilungen sollte man hingegen unterlassen.

Die Host City Bern verteilte nach der Euro 2008 eine Medienmitteilung mit dem Titel «Die Host City Bern ist rundum zufrieden.» Die *Neue Zürcher Zeitung* titelte anderntags «Schulterklopfen in der Host City Bern».[163]

Eine Unternehmung kommentierte ihr Halbjahresergebnis mit dem Titel «Unternehmungsergebnis durch hohen Handelserfolg geprägt». Die *Neue Zürcher Zeitung* am andern Tag: «Kontinuierlich schwacher Cashflow».[164]

Daraus lernen wir: Die Kommunikationsfachleute verstehen sich oft als Verschönerungsvereine. Und die Medienschaffenden sind nicht dumm. Sie können sogar Erfolgsrechnungen und Bilanzen lesen. Und schliesslich: Man kann Zeit sparen bei der Suche nach einem Titel für eine Medienmitteilung. Eine neutrale Formulierung reicht völlig, die Medien titeln sowieso eigenständig.

Die wirkliche Herausforderung ist, die Information so aufzuarbeiten, dass der Medienschaffende zum enthusiastischen Titel greift, z. B.: «Sonova gelingt einfach alles.»[165]

Ad 3   *Der Wahrheit verpflichtet*
Die Aussage «Man muss nicht alles sagen, was wahr ist, aber alles, was man sagt, muss wahr sein» wird Egon Bahr zugeschrieben.

Daraus folgt der kategorische Imperativ: nie lügen. Wenn man dieses Gebot anhand von praktischen Beispielen testet, zeigt sich allerdings, dass es auch hier Grauzonen gibt. Der Präsident des Verwaltungsrates der UBS hat an der Generalversammlung im Herbst 2008 ein relativ positives Bild gezeichnet. Und dies, obwohl die Bank damals schon mit dem Bund in Verhandlungen um ein staatliches Rettungspaket stand. Ein Kommentator kam zum Schluss, er habe zwar nicht das korrekte Bild der Lage gezeichnet, es hätte aber auch nicht eine «glatte Lüge» vorgelegen. Angesichts der streng vertraulichen Verhandlungen sei das tolerierbar gewesen, eine Notlüge quasi.

Verschweigen ist nicht Lügen. Es gibt unternehmerische Situationen, in denen Vertraulichkeit oberstes Gebot ist, z. B. um einen laufenden Prozess einer Firmenfusion nicht zu gefährden. Auf konkrete Fragen kann man in solchen Situationen mit einer Floskel («jeder spricht mit jedem») antworten. Eine ganz andere Qualität hat der Tatbestand des Vertuschens, d. h. des Unterschlagens von Informationen. Damit kann man direkt ins mediale Fadenkreuz gelangen. Noch gravierender kann es sein, wenn man unter dem Druck der Medien nur scheibchenweise Informationen preisgibt (Salamitaktik). Man läuft so Gefahr, in eine Kampagne zu laufen.

Die Unfallserie der SBB 1994 führte zu einer grossen medialen Aufmerksamkeit gegenüber allen Vorfällen bei den SBB. Selbst Bagatellunfälle waren von Interesse. Schon bei einer leichten Kollision im Rangierbahnhof hatten wir zu entscheiden, ob die Medien darüber informiert werden sollten oder nicht. Ich kam damals zur Überzeugung, dass es in solchen Fällen in der Grauzone besser ist, offen und transparent zu informieren.

Sonst geht es so wie im Fall der britischen Innenministerin. Diese erfuhr, dass Tausende illegaler Ausländer in privaten britischen Sicherheitsdiensten arbeiteten. Einer davon bewachte gar den gepanzerten Dienstwagen des Premierministers. Die Kommunikationsberater empfahlen, die peinliche Nachricht nicht publik zu machen. Natürlich wurde sie trotzdem den Medien zugespielt. Diese hatten nun eine doppelte Geschichte: den Vorfall selber und den Versuch seiner Vertuschung. Deshalb: lieber mit dem Unangenehmen an die Öffentlichkeit treten, als zur doppelten Zielscheibe werden.

Ad 4   *Bewusstes Erwartungsmanagement*
Erwartungen werden entweder durch Zielsetzungen oder Prognosen geweckt. Wenn Erwartungen publiziert werden, muss man sich bewusst sein, dass eine übertroffene Erwartung gut ist, eine nicht erfüllte schlecht, und das unabhängig vom Niveau der Prognose. Wenn eine Firma öffentlich eine Umsatzrendite von 12 Prozent prognostiziert und 10,3 Prozent erreicht, ist das ein Misserfolg, selbst wenn die Rendite gegenüber dem Vorjahr deutlich gesteigert werden konnte. Offensichtlich ist die Versuchung gross, der Gemeinde der Finanzanalysten zwecks Pflege der Kurse ehrgeizige Erwartungen zu verkünden. Dieses Denken ist extrem kurzfristig. Die Realität holt die Erwartung oft schnell ein, und die Unternehmung wird umgehend an der Börse abgestraft. So musste der Chef eines grossen Medienunternehmens in Deutschland kleinlaut eingestehen: «Es war vielleicht auch nicht immer klug, die wirklich ehrgeizigen Ziele an die Öffentlichkeit zu tragen. Insbesondere die Verkündung des Kursszieles von 40 Euro hätte ich besser lassen sollen.»[166]
   Deshalb: den Ball flach halten.

Den Insiderapéro mit den Eisenbahnjournalisten im Januar 2004 haben wir der Einführung der Bahn 2000 am 12. Dezember 2004 gewidmet. Ich habe darauf hingewiesen, dass eine derart fundamentale Fahrplanumstellung kaum ohne gewisse betriebliche Schwierigkeiten über die Bühne gehen könne. Ein Journalist titelte am anderen Tag «Gibt es ein Chaos?». Diese Frage beschäftigte die Medien während des ganzen Jahres. In Umfragen zeigte sich, dass eine Mehrheit überzeugt war, dass es zu grösseren Schwierigkeiten kommen würde. Der mediale Aufmerksamkeitsspie-

gel stieg im Vorfeld des Einführungstermins rasant an. Am 11. und 12. Dezember herrschte ein eigentlicher Medienhype. Was wir kaum zu träumen wagten, trat ein: Die Umstellung verlief ohne das geringste Problem. Das hat den bekannten Journalisten Peter Rothenbühler zu folgendem Kommentar veranlasst:

«Sie haben uns Journalisten gezwungen, ein geliebtes Paradigma aufzugeben. In unseren Vorträgen vor Rotary Clubs sagten wir immer, wenn die Zuhörer mehr positive Geschichten wünschten: Sie wollen doch nicht wirklich, dass wir über Züge schreiben, die pünktlich abfahren, ha, ha, ha ... Wir Journalisten werden fortan erzählen, dass es Good News gibt, die fast so gut sind wie Bad News.»[167]

Ad 5 *Vorbereitung ist alles*
Kommunikation setzt kontinuierliches antizipatives Denken voraus, und das ist harte Arbeit. Der oberste Grundsatz ist, sich nie überraschen lassen. Routine ist gefährlich. Die Bedeutung der Kommunikation ist so überragend, dass man nichts dem Zufall überlassen darf.

Ad 6 *An die eigenen Mitarbeiter denken*
Keine Zielgruppe verfolgt die externe Kommunikation einer Institution mit mehr Interesse als die eigenen Mitarbeitenden. Die externe Kommunikation bietet vorzügliche Gelegenheiten, Botschaften an die eigenen Mitarbeitenden abzusetzen. Diesem Aspekt muss bei der Kommunikationsarbeit systematisch Rechnung getragen werden. Auch das bedingt intensive Vorbereitung.

3 DER PERSÖNLICHE AUFTRITT

Ich bin, eigentlich per Zufall, durch eine harte Schule gegangen. Im Abstimmungskampf für das Konzept Bahn 2000 im Jahr 1987 hatte ich an vielen Debatten in meiner engeren Heimat aufzutreten. Weil das Gebiet durch eine neue Bahnstrecke durchschnitten werden sollte, war die Stimmung geladen. Die Säle waren überfüllt, das Klima gereizt. Kein einziger Befürworter meldete sich je zu Wort. Da lernte ich, vom akademischen Ross zu steigen und die Argumente auf wenige, zentrale Botschaften zu verdichten.

3.1 Image und Reputation

Unser ganzes Leben ist Kommunikation, verbal und nonverbal. Auch hier gilt die fundamentale Gleichung: Perception is Reality. Das Echo individueller Kommunikation sind Image und Reputation. Jeder und jede hat in ihrem Beziehungsnetz ein Image und eine Reputation. «Jeder hat ein Image, und jedes Image kann aufgebaut, erneuert, verwandelt und gepflegt werden; zugleich ist es flüchtig, sensibel und leicht zu korrumpieren.»[168] Dieses Bild ist facettenreich und enthält unbeschränkt viele Dimensionen: guter Golfer, Langweiler, Wolkenschieber, Sprücheklopfer, macht Probleme, löst Probleme, Integrator...

Reputation ist demgegenüber eine eindimensionale Grösse. Die Reputation einer Person (synonym: ihr Ruf, ihre Glaubwürdigkeit, ihre Vertrauenswürdigkeit) variiert zwischen gut, neutral und schlecht.

Das Ziel individueller Kommunikation ist ein positives Image und eine gute Reputation, denn «Aufmerksamkeit ist alles. Das ist der wertvollste Rohstoff. Wer sich Aufmerksamkeit und einen guten Ruf erarbeitet, wird das auch kommerzialisieren können.»[169] Zum Erreichen dieses Ziels braucht es erstens Sensibilität gegenüber dem Thema, zweitens das Bewusstsein gegenüber dem eigenen Image und drittens das Arbeiten an seiner Reputation.

Ein *Image* hängt im Wesentlichen von folgenden Faktoren ab:

- Erscheinung

«Man hat nur eine Chance für den ersten Eindruck», sagt man, und das ist eine fundamentale Wahrheit. Auch dass dieser Eindruck in einem Bruchteil einer Sekunde entsteht. Entscheidend sind für diesen ersten Eindruck der Gesichtsausdruck (ängstlich, wütend, freundlich, neutral), die Haltung und die Kleidung.

«An Tagungen mit führenden Tieren aus Marketing und Unternehmungsleitung mache ich mir einen Sport daraus, genau hinzusehen: Mit welcher Stimme reden die Leute, wie gehen sie, in welcher Haltung stehen sie herum? Und muss leider sagen: Sinnlich überwältigt bin ich selten. Entweder ist da zu viel Gebeugtheit, zu viel Erdanziehung – oder zu viel forciertes Getue.»[170]

Die äussere Erscheinung kann einer ganzen Berufsgruppe ein negatives Image anhängen. Die deutsche Lehrerin Karin Brose sagte über ihre Kolleginnen und Kollegen: «Lehrer gelten ja als die am schlechtesten angezogene Berufsgruppe überhaupt.»[171]

Ein Jahr später wurde das Thema auch in der Schweiz aufgegriffen: «Kleider machen Lehrer», titelt die *Neue Zürcher Zeitung* und führt auch gleich den illustrativen Begriff «Textilkompetenz» ein.[172] Das ist erstaunlich und deutet auf eine Wende hin. Zu lange hat man dieses Thema als zu persönlich angeschaut und weitgehend tabuisiert. Das ist fahrlässig, wenn man sich vor Augen hält, wie wichtig die persönliche Erscheinung für den ersten und oft auch bleibenden Eindruck ist.

An einer Sitzung des Verwaltungsrates der SBB präsentierte die Geschäftsleitung einen Kandidaten für einen wichtigen Posten. Als er ins Sitzungszimmer trat, war ich verblüfft, so hatte ich ihn noch nie gesehen: dunkler Nadelstreifenanzug, knallgrünes Hemd und farbige Krawatte. Die Diskussion mit ihm verlief harzig, es brauchte mein engagiertes Votum, um den Kandidaten durchzubringen. Beim Mittagessen sagte mir einer der Verwaltungsräte: «Mit diesem Al Capone setze ich mich nicht an den gleichen Tisch.»

Was also heisst Textilkompetenz? Wer folgende Regeln beachtet, wird nicht zu schlecht liegen: Schmuddelig ist verboten. Bevor man sich etwas anzieht, überlegt man sich, wo man an diesem Tag überall auftritt, und trifft dann die Entscheidung zielgruppengerecht. Und man lege sich einen individuellen Stil zu.

Verhaltensforscher haben experimentell bewiesen, wie gross der Einfluss des Gesichtsausdrucks auf den ersten Eindruck ist. Den signifikant grössten (positiven) Einfluss hat ein freundlicher Ausdruck.

Im Rahmen des «Gastgeberkonzepts» haben wir bei der Euro 2008 über 100 000 Menschen der sogenannten Servicekette auf den Grossanlass trainiert. Neben der Vermittlung von Wissen und Verhaltensregeln ging es uns darum, die Gäste mit einem Lächeln zu begrüssen. Das führte zwar zu einigen hämischen Kommentaren in den Medien, die Botschaft kam aber an – und wirkte: Die Messung von Imagekomponenten vor und nach dem Anlass zeigte signifikante Ausschläge in die gute Richtung.

◆ **Die emotionale Ausstrahlung**
Dafür gibt es das Wort «Präsenz»: wach, interessiert, neugierig. Das Gegenteil davon ist «Teflon», Indifferenz, Langeweile.

◆ **Die Stimme**
Die deutsche Familienministerin Ursula von der Leyen antwortete auf die Frage, welche Fehler Frauen im Beruf machen würden: «Ich kann ihnen nur sagen, woran ich als Allererstes gearbeitet habe: an meiner Stimme. Die wird nämlich gern mal schrill, wenn ich mich mal aufrege.»[173] Unzweifelhaft hat das sonore Organ von Präsident Obama massgebend zu seinem Image beigetragen.

◆ **Das Handeln**
Grundsätzlich wirkt jedes Handeln auf das Image, in gewissen Fällen auch das Unterlassen von Handlungen. Oft haben Handlungen symbolischen Charakter und wirken sich in solchen Fällen besonders aus. Wer sich bewusst um sein Image kümmert, braucht daher Sensibilität für Symbole und symbolhaftes Handeln.

Es ist immer wieder erstaunlich, wie unsensibel damit umgegangen wird. Die Chefs der drei amerikanischen Autofirmen flogen in ihren Privatjets einzeln von Detroit nach Washington, um dort um staatliche Überlebenshilfe zu betteln. Aber nur ein Mal. Der ehemalige Verwaltungsratspräsident der grössten Schweizer Bank genoss während der tiefsten Finanzkrise den Opernball in Wien (was eine Sonntagszeitung genüsslich auf der Front illustrierte). Ein anderer Chef einer Schweizer Bank, die sich mit Bescheidenheit und Bodenständigkeit positioniert, flog mit einem Privatjet an den Final der Fussball-Europameisterschaft. Wenn dazu noch andere Symbole kommen, wie in diesem Fall eine mehrere Millionen Franken schwere Villa und ein Millionengehalt, das nicht publiziert wird, dann ist die Glaubwürdigkeit schnell dahin.

Die Liste fragwürdiger Symbolik ist lang: protzige Firmensitze, exzessiver Dienstwagengebrauch, Golfturniere während einer Arbeitswoche, Firmenseminare in Fünfsternehotels…

Ein drastisches Beispiel, wie ein über Jahre sorgfältig aufgebautes und gepflegtes Image innert Stunden zerstört wurde, ist die Geschichte von Tiger Woods. Dabei zeigte sich, dass zwischen diesem Image und der Realität ein eklatanter Widerspruch bestand. Wehe, wenn die Medien dahinterkommen. Der Fall demonstriert auch, wie heikel personenbezogenes Sponsoring und Werbung sind.

Die *Reputation* hängt in erster Linie von folgenden Faktoren ab:

- Sachverstand

Die Conditio sine qua non. Es braucht profanes Sachwissen, und zwar im Detail und die Kenntnis von Zusammenhängen.

- Überzeugung

Nur wer von seinem Anliegen überzeugt ist und diese Überzeugung nach aussen vermitteln kann, wird es erfolgreich vertreten können. Da geht es nicht nur um rationale Faktoren, sondern ebenso sehr um emotionale Signale. Das wird auch mit dem Modebegriff «authentisch» umschrieben: echt, unverfälscht, wahrhaftig, individuell und nicht künstlich, kopiert oder abgehoben.

- Resultate

Ein Fussballtrainer mag alle Qualitäten haben, wenn er dreimal nacheinander verliert, wird die Trainerfrage gestellt. In der Wirtschaft ist es zwar nicht so brutal, aber auch hier gilt: Wer die Resultate nicht bringt, steht auf verlorenem Posten.

- Übereinstimmung von Wort und Tat

Im Internetzeitalter gibt es kein Vergessen mehr. Darum prüfe man sein Wort und sei vor allem mit Ankündigungen vorsichtig.

- Sprache

Offenbar waren sich schon die alten Griechen bewusst, wie entscheidend der persönliche Auftritt ist. In ihrem Lehrgebäude stand die Rhetorik im Zentrum. «Die Sprache (ist) das wichtigste Organon der menschlichen Handlungsorientierung und Weltbewältigung … und (enthält) eine vorgängige Auslegung der Wirklichkeit. … Das passende Wort ist das sicherste Zeichen für das richtige Denken.»[174] Oder etwas banaler: Nur wer verstanden wird, ist glaubwürdig.

Die Checkliste Sprache ist auch für die individuelle Kommunikation essenziell.

Image und Reputation können erheblich differieren. Der CEO der grössten Schweizer Bank hat eine hohe Reputation, obwohl er als «extrem mürrischer, ungehobelter lonely wolf» gilt. Seine Reputation beruht auf ausserordentlicher Sachkenntnis. «Man kann ihm in Sachfragen kein X für ein U vormachen … er kennt jede Abteilung einer Bank aus dem Effeff und findet die Fehler in einer Präsentation sofort.»[175]

Grundsätzlich gilt: «Glaubwürdigkeit mag keine exakte Wissenschaft sein. Aber kaufen kann man sie nicht. Nur verlieren. Und aufbauen muss man sie über viele Jahre.»[176]

3.2 Instrumente der individuellen Kommunikation

3.2.1 Persönliche Kontakte

Jeder persönliche Kontakt ist ein Akt der Kommunikation. Diese Kontakte lassen sich in unzählige Kategorien einteilen. In unserem Kontext ist die Unterscheidung beruflich/privat und formell/informell entscheidend. Die Gesamtheit dieser Kontakte bildet ein Beziehungsnetz oder mit dem modischen Begriff ein Netzwerk. Networking ist eine Art Zauberwort geworden, der Schlüssel zur persönlichen Karriere. Mittlerweile geht man nicht mehr an einen Apéro, sondern an den Networkingapéro. Da muss man nur aufpassen, dass man nicht das Image verpasst kriegt, mehr Zeit an Networkinganlässen zu verbringen als an der Arbeit.

In der Tat gehört das persönliche Beziehungsnetz zum Working Capital eines Managers. Dazu muss man unablässig an seinem persönlichen Beziehungsnetz bauen und bestehende Beziehungen pflegen. Man sollte sich aber hüten, dabei nur auf seinen eigenen Nutzen zu achten. Im Netzwerk spielen persönliche Sympathien eine wesentliche Rolle, und man darf sich ruhig von diesem Kriterium leiten lassen. Entscheidend ist jedenfalls nicht die Grösse eines Netzwerkes, sondern die Position in diesem Netzwerk oder, mit einem andern Wort: die Reputation.

Ich habe in all meinen Tätigkeiten immer auf informelle Netzwerke geachtet. Von besonderer Bedeutung waren sie im Projekt der Euro 2008. Mit dem Präsidenten des Fussballverbandes habe ich mich beispielsweise regelmässig um 7 Uhr in einem Café getroffen. Das bot für uns beide einen maximalen Nutzen für unser grosses Projekt bei gleichzeitig minimaler zeitlicher Belastung.

3.2.2 Schriftverkehr

Der Schriftverkehr wurde mit den neuen Medien generell intensiver, mit allen Vor- und Nachteilen. Ein imagebewusster Mensch wird dabei vor allem auf die Form und Höflichkeit achten. Er denke auch immer an den bereits zitierten Satz des heiligen Benedikt von Nursia: «Kann er einem Bruder nichts geben, dann gebe er ihm wenigstens eine freundliche Antwort.»[177] Zur Höflichkeit gehört der schriftliche Dank und oft auch eine schriftliche Rückmeldung.

Sie kennen alle die Situation, in der Sie sich masslos über einen Vorgang ärgern und Ihrem Ärger mit einem Schriftstück Luft machen wollen. Ich hatte mir zur Gewohnheit gemacht, ein solches Schreiben vor dem Absenden dem Kommunikationschef zur Begutachtung vorzulegen. Das hat in den meisten Fällen dazu geführt, dass ich den Brief oder die E-Mail nicht abgeschickt habe. Ich kann dieses Verfahren nur empfehlen. Es hilft jedenfalls, den Ärger verrauchen zu lassen.

Der Brief sei am Aussterben, hört man allenthalben. Das heisst, dass ein handgeschriebener Brief eine besondere Bedeutung hat.

Ich habe in meinem Leben Tausende Karten geschrieben. Z. B. auf geharnischten Protest, weil bei den SBB wieder einmal etwas nicht korrekt funktioniert hatte. Eine handschriftliche Entschuldigung und die Versicherung, dass man die Lehren ziehen wolle, ein beigelegter Gutschein: eine Sache von einer Minute. Damit kann man den Empfänger doppelt überraschen: erstens durch die Unmittelbarkeit der Reaktion und zweitens durch ihre persönliche Form. Noch heute begegne ich Menschen, die mir sagen, wie sehr sie durch eine meiner persönlichen Karten überrascht wurden.

3.2.3 Präsentation oder Rede

Die Rede stand im Zentrum der griechischen Rhetorik. Sie hat vier Arbeitsstadien des Redners unterschieden:[178]

1. Inventio: kreative Phase der Stofffindung
2. Dispositio: Anordnung des Stoffes
3. Pronunciatio: Aussprache und Aufführung
4. Memoria: Einprägen der Rede

Aus heutiger Sicht erstaunt das Gewicht der beiden letzten Punkte. Die alten Griechen haben offensichtlich verstanden, wie der Imagetransfer bei einer Präsentation abläuft. Geradezu modern muten ihre Empfehlungen für den Punkt Memoria an. Entweder Auswendiglernen oder Visualisieren, und das geht so: Man solle sich ein Haus vorstellen, man tritt in einen Vorraum ein, dort befinden sich drei Regale mit den drei Abschnitten des Einleitungsteils, dann kommt das Hauptzimmer und so weiter.

Wir sind im deutschsprachigen Raum im Vergleich zum englischen und französischen nicht nur in Bezug auf die Sprache weniger sensibel, auch die Rede oder das Präsentieren gehört nicht zur Priorität in unseren Lehrplänen. In den USA beginnt man schon im Kindergarten mit regelmässigem Präsentieren und schult damit sein Selbstvertrauen. Ich hielt meinen ersten Vortrag vor der Matura. Das wird heute besser sein, aber von regelmässigem Üben mit Feedback sind wir noch weit entfernt. Man wird damit zur Autodidaktik gezwungen, es sei denn, man belege entsprechende Kurse. Eine Präsentation kann über ein Projekt oder gar eine Laufbahn entscheiden, es ist daher allen zu empfehlen, hier zu investieren.

Eine gute Rede packt, regt an und ist unterhaltend. Alle haben wir schon erlebt, wie während einer schlechten Rede die Gedanken abwandern, ein untrügliches Zeichen, dass es dem Redner nicht gelungen ist, die Zuhörer in seinen Bann zu ziehen.

Gute Rede	Schlechte Rede
Frei vorgetragen	Kleben am Blatt
Roter Faden	Kein roter Faden
Gute Geschichten	Abstrakte Sprache
Eine Prise Humor	Hand in der Hosentasche
Mit dem Publikum sprechen	Zu viele, zu komplizierte Charts (Schaubilder)
Klare Botschaften	Keine Kongruenz zwischen Rede und Charts
Präsenz	

Abbildung 5: Gute Rede – Schlechte Rede

Die Länge der Checkliste für die Vorbereitung einer Rede zeigt, dass hinter einer guten Rede viel Arbeit steckt.

Checkliste Vorbereitung einer Rede
1. Zielpublikum
2. Art der Rede
3. Sprache
4. Redezeit
5. Inhalt
6. Story-Line
7. Geschichten
8. Präsentationstechnik und Ausfertigung der Unterlagen
9. Üben und mentale Vorbereitung
10. Technischer Check

Ad 1 *Zielpublikum*
Der erste Schritt zu einer guten Rede befasst sich mit dem Zielpublikum. Ideal ist, wenn eine Namensliste mit einigen persönlichen Daten zur Verfügung steht. Jedenfalls sollten möglichst viele Informationen über den Zuhörerkreis gesammelt werden. Aufgrund der vorhandenen Informationen kann man sich in den Zuhörerkreis versetzen. Was sind die Grundkenntnisse und die Erwartungen?

Ich war als stolzer Vater an der Promotionsfeier unseres Sohnes. Natürlich gab es da ein Referat. Nach dem Anlass fragte ich meinen Sohn, was er davon gehalten habe. «Weisst du», sagte er, «da will man sowieso nur seinen Schein und dann zum Apéro.» Man darf sich also keine Illusionen machen.

Ad 2 *Art der Rede*
Die alten Griechen haben drei Redetypen unterschieden. Heute sind es wesentlich mehr (die Liste ist nicht vollständig): Tischrede, Stegreifrede, Dankesrede, Gratulationsrede, Abdankungsrede, Jubiläumsrede, unterhaltende Rede zu einem Anlass, Überzeugungsrede (über ein geschäftliches Vorhaben), politische Rede.

Diese Reden unterscheiden sich nach ihrem Formalisierungsgrad und ihrer Bedeutung. Es empfiehlt sich, eine Rede nach ihrer Bedeutung in einen Ein-, Zwei- oder Dreisterntyp einzuteilen. Entsprechend ist der Vorbereitungsaufwand zu variieren.

Ad 3 *Sprache*
Das ist der schweizerische Punkt in dieser Checkliste, und er wird oft vergessen, obwohl er für die Vorbereitung relevant ist: Dialekt oder Hochdeutsch?

Ad 4 *Redezeit*
Dieser Punkt ist oft vorgegeben. Wenn nicht, muss man ihn abklären oder selber, unter Berücksichtigung des Zielpublikums und der Art der Rede, eine Zeit festlegen. Normalerweise sind 45 Minuten das Maximum.

Ad 5 *Inhalt*
Auch der Inhalt ist oft vorgegeben, in andern Fällen besteht die Freiheit der Wahl eines Themas. Dann sollte man sich durch die Charakteristik des Zielpublikums leiten lassen und an den alten Spruch denken: «Der Köder muss dem Fisch schmecken, nicht dem Fischer.»

Ad 6 *Die Story-Line*
Jeder Redner muss sich bewusst sein, dass er nur sehr wenige Botschaften mit bleibendem Erinnerungswert vermitteln kann. Und deshalb steht hier zuerst die Frage: Welche Botschaft(en) will ich beim Zielpublikum anbringen?

Die Gliederung des Inhalts ist eine Frage der Didaktik und Logik. Für das Zielpublikum muss der rote Faden erkennbar sein. Besonderes Augenmerk muss auf den Einstieg und den Schluss gelegt werden. Beim Einstieg ging es schon in der klassischen Rhetorik darum, den Hörer in eine gewisse Stimmung zu versetzen.

Trotz der oben geschilderten, nicht eben komfortablen Lage eines Redners während einer Diplomfeier lasse ich mich immer wieder für solche Anlässe engagieren. Ich beginne meine Ausführungen dann bisweilen gerade mit dieser persönlichen Geschichte, was zu einem ersten Lacher führt und die Aufmerksamkeit erhöht.

Beim Einstieg muss man flexibel bleiben. Schön ist, wenn man eine Tagesaktualität mit seinem Thema in Verbindung bringen kann. Allenfalls kann man sich auch auf einen Vorredner beziehen. Besonderen Wert muss man auf den ersten Satz legen. Ende 2009 hat sich erstmals ein österreichischer Regierungschef in der Hofburg vor

Hunderten Notablen mit einer «Rede an die Nation» über den Stand der Republik geäussert. Die Boulevardmedien haben dem Ereignis viel Raum gegeben und – offenbar beeindruckt – den ersten Satz der Rede zitiert: «Alle sieben Minuten kommt in Österreich ein Kind zur Welt.»

Der Schluss einer Rede hinterlässt den letzten, oft entscheidenden Eindruck, deshalb muss er mit besonderer Sorgfalt komponiert werden. Ideal ist eine packende und einprägsame Zusammenfassung der zentralen Botschaft.

Ad 7   *Geschichten*

«Was machen langfristig erfolgreiche Manager anders als ihre Kollegen ...: sie erzählen Geschichten ...»[179] Und: «Das Bedürfnis nach gut erzählten Geschichten eint die Menschheit seit Tausenden von Jahren», meint der Vorstandsvorsitzende der Axel Springer AG.[180]

Woher kommen die guten Geschichten? Zuhören, zusehen, lesen, am besten aber selber erleben. Dazu braucht es die Sensibilität, die gute Geschichte zu erkennen.

Während der Euro 2008 ging ich am Nachmittag immer auf die Piste. Ich versuchte mir ein persönliches Bild aller Anlässe im Land zu machen und besuchte die Zeltlager der Holländer, die Public Viewings in vielen Städten, die Fanzonen und natürlich alle Stadien. Dabei ging ich die Wege der Fans zu Fuss. So auch beim Eröffnungsspiel in Basel. Vor den Eingängen hatten sich grosse Menschentrauben gebildet, und es war nicht klar, wo man am besten anstehen sollte. Ich reihte mich ein, schaute auf die Uhr und wartete. Die Stimmung war grossartig, und die Wartezeit verstrich im Nu. Nach 20 Minuten war ich im Stadion. Bei der Pressekonferenz am nächsten Tag wurde die Situation an den Eingängen kritisiert. Aufgrund des Erlebten konnte ich mit meiner persönlichen Geschichte kontern: «Ich war selber auf dem Platz und war nach 20 Minuten im Stadion. Das ist für ein Eröffnungsspiel an einer Euro kein schlechter Wert. Diese Situation lässt sich noch verbessern, und das werden wir tun.»

Präsident Obama ist ein grossartiger Redner und Geschichtenerzähler. In seiner Rede in Chicago nach der Wahl hat er eine Geschichte über seinen Vater eingeflochten. In seiner Inaugurationsrede die ergreifende Geschichte der 106-jährigen Ann Nixon Cooper.

Ad 8   *Präsentationstechnik und Ausfertigung der Unterlagen*

Das Spektrum der möglichen Präsentationstechniken ist breit. Sie reicht von der freien Rede über den PowerPoint-Vortrag bis zum ausformulierten Manuskript.

Der Entscheid über die Präsentationstechnik hängt vom Zielpublikum und der Redegattung ab. Die informelle Tischrede wird frei gehalten, die Präsentation eines Projektes in der Regel mit einer PowerPoint-Präsentation, die Ansprache an einer Diplomfeier mit Stichworten oder einem Manuskript.

Zur Norm hat sich die PowerPoint-Präsentation entwickelt, die dank der vielen Gestaltungsmöglichkeiten oft das ideale Instrument ist. Eine PowerPoint-Präsentation hat den Vorteil, dass man kein Manuskript braucht und nicht am Rednerpult kleben bleibt. Die Gefahr liegt im Instrument selbst. Die Technik ist so ausgereift, dass man oft zu viel in die Charts packt und zu viele Charts präsentiert.

Weil die PowerPoint-Präsentation heute die Norm ist, sollte man bei geeigneter Gelegenheit darauf verzichten und wieder einmal «nature» sprechen. Man stellt fest, dass man damit ein Auditorium positiv überrascht. Es gibt auch Auftritte, bei denen eine Projektion gar nicht möglich ist, z.B. wenn man im Freien spricht.

Wenn kein PowerPoint eingesetzt wird, muss zwischen den Varianten freie Rede, Unterstützung mit Stichworten oder Rede ab Manuskript entschieden werden.

Die höchste Stufe ist die freie Rede. Für die «kleine Rede» wie zum Beispiel eine Tischrede muss man sich dafür die Stichworte einprägen. Für eine umfangreichere Rede stehen die beiden Methoden aus der klassischen Rhetorik zur Verfügung, das Auswendiglernen oder das Visualisieren.

Im Vorfeld der Euro 2008 habe ich viele Referate gehalten und dafür eine Standard-PowerPoint-Präsentation verwendet. PowerPoint war ein vorzügliches Präsentationsinstrument, konnte man doch viele eindrückliche Bilder zeigen, zum Beispiel die komplexe Projektstruktur. Einmal passierte es wieder: Die Präsentation funktionierte nicht, obwohl sich das halbe Auditorium darum bemühte. So wurde ich zur freien Rede gezwungen und stellte dabei fest, dass ich die Bilder der PowerPoint-Präsentation vor meinem inneren Auge ablaufen lassen konnte. Das Publikum bestand aus holländischen Geschäftsfrauen, die den Auftritt überraschend und unschweizerisch fanden.

In den meisten Fällen wird man seine Rede mit Stichworten unterstützen. Wenn ein Rednerpult zur Verfügung steht, schreibe ich diese in Grossschrift auf A4-Blätter und markiere wichtige Wörter oder Passagen mit Leuchtfarbe. Ohne Auflagemöglichkeit auf einem Pult sollte man für die Stichworte A6-Karten verwenden.

Vermeiden sollte man das Ablesen einer Rede von einem Manuskript. Wenn der Anlass so offiziell ist, dass man glaubt, auf ein Manuskript nicht verzichten zu können, so muss man den Text praktisch auswendig lernen. Vorlesen verhindert den Augenkontakt mit dem Publikum und nimmt der Rede die Spontaneität und einen grossen Teil der Wirkung. Daher lohnt es sich selbst dann, wenn man ein Manuskript verfasst hat (z.B. für die Presse), dieses in Stichworte zurückzuübersetzen.

Für eine Rede in Dialekt sollte man kein ausformuliertes Manuskript in Schriftsprache verwenden.

Als regelmässiger Gast der Radiosendung «Trio Literal» habe ich jeweils ein Buch vorgestellt. Dabei wurde in Dialekt gesprochen. Vor einem Radiomikrofon kann man problemlos einen Text ablesen. Ich habe dafür ein Manuskript in Schriftsprache, aber in einer Dialektsyntax verfasst.

Bei der Ausfertigung muss man den Faktor Zeit immer wieder beurteilen. Je freier man spricht, desto schwieriger ist die Prognose der Redezeit. Es gehört zur Qualität einer Rede, dass man sich an die vorgegebene Zeit hält, vor allem wenn diese in einem Programm steht. Es ist daher zu empfehlen, eine Uhr aufs Rednerpult zu legen.

Ad 9 *Üben und mentale Vorbereitung*
Es kommt auf die Bedeutung einer Rede an. Für einen Dreisterneauftritt muss man viel investieren. Man spricht die Rede, misst mit der Stoppuhr und wiederholt den Vorgang viele Male. Das führt dazu, dass man viele Passagen praktisch auswendig lernt und man den «Spickzettel» faktisch gar nicht mehr braucht. Für besonders bedeutende Anlässe organisiert man sich dafür ein kritisches Probepublikum.

Im unmittelbaren Vorfeld der Rede stellt man sich mental auf die Situation auf dem Podium ein, indem man die Situation visualisiert und sich in Stimmung bringt.

Meist macht man die gleichen Fehler. Deshalb habe ich mir eine persönliche Checkliste erstellt, die ich vor einem Auftritt immer durchgehe:

- langsam sprechen und Pausen machen
- Artikulation (Konsonanten)
- rundum Augenkontakt
- einen halben Meter hinter dem Rednerpult stehen
- Umgang mit schwierigen Menschen: freundlich, nicht rechthaberisch, Debatten vermeiden, sich nicht ärgern, höchstens wundern, Aggression beherrschen

Auf dem Weg zum Veranstaltungsort sollte man sich nicht stressen lassen und am Veranstaltungsort frühzeitig eintreffen. So bleibt genügend Zeit für den technischen Check.

Meist fahre ich mit dem Zug an den Ort meines Auftritts. Dann schotte ich mich ab, gehe nochmals die Unterlagen durch, visualisiere meinen Auftritt und halte das Referat in meinen Gedanken. Wenn keine Reise erforderlich ist, mache ich einen langen Spaziergang. Dabei ist mir schon passiert, dass mich Bekannte angesprochen und gefragt haben, mit wem ich eigentlich spreche.

Ad 10 *Technischer Check*
Bei PowerPoint-Präsentationen ist ein technischer Check unabdingbar. Funktioniert die Anlage? Sind die PowerPoint Charts korrekt übertragen worden (vor allem die Animation der Charts)? Sind die Charts während der Rede auf einem Bildschirm gut einsehbar?

Man lernt nie aus. Kürzlich habe ich in der Aula einer grossen Universität gesprochen und erst auf dem Podium festgestellt, dass der Bildschirm neben dem Rednerpult schwarz war. Die Leinwand war direkt hinter meinem Rücken, glücklicherweise hatte ich ein Handout meiner Charts dabei, so musste ich dem Publikum nicht allzu oft den Rücken zuwenden.

3.2.4 Debatte

Die öffentliche Debatte, auf einem Podium, auf einer Zeitungsredaktion oder in einem audiovisuellen Medium bringt mit dem oder den Diskussionspartnern eine weitere Dimension ins Spiel. Die Situation ist ähnlich wie bei einer Verhandlung (s. Kapitel 8). Wer in einer Debatte bestehen will, muss sich in die Position des Gegenspielers versetzen können, muss seine Ziele klar formulieren und die Argumentation beherrschen.

> **Checkliste Debatte**
> 1. Die Anordnung der Debatte
> 2. Die Position des Gegenspielers/der Gegenspieler
> 3. Faktensammlung
> 4. Botschaft(en)
> 5. Beispiele, Geschichten
> 6. Argumente und Gegenargumente
> 7. Einstiegs- und Schlussvotum
> 8. Mentale Vorbereitung

Ad 1 *Die Anordnung der Debatte*

Wer moderiert? Wer sind die Diskussionsteilnehmer? Wer ist das Zielpublikum? Sind Medien an der Diskussion dabei?

Diese Punkte muss man prüfen, bevor man für eine Debatte zusagt. Dabei sollte man auf ein gewisses Gleichgewicht der einzelnen Positionen achten. Der Leiter der Diskussion sollte neutral sein. Über das Zielpublikum, insbesondere wenn es in die Diskussion einbezogen wird, sollte man möglichst viel wissen.

Vor der Euro 2008 war ich zu einem Podiumsgespräch geladen, organisiert von der International Football Arena. Weder unser Kommunikationsdienst noch ich selber haben dem Anlass besondere Bedeutung zugemessen, und ich bin ohne grosse Vorbereitung angetreten. Ich kannte ja das Dossier, dachte ich. Erst auf dem Podium wurde mir bewusst, wie einseitig die Teilnehmer zusammengesetzt waren und dass der Moderator alles andere als neutral war. Im Publikum sass dann noch der CEO von Chelsea, der mir vorwarf, wir seien in keiner Weise auf eine Invasion englischer Fans vorbereitet. Und natürlich war auch die Presse dabei. Ich kam flach heraus, wie man so sagt, hatte aber wieder etwas gelernt.

Ad 2 — *Die Position des Gegenspielers/der Gegenspieler*
Man muss möglichst viel über die Teilnehmer einer Diskussion wissen. Der Leitgedanke heisst auch hier: sich nie überraschen lassen!

Zu meiner SBB-Zeit hatte ich manchen Strauss mit einem Nationalrat ausgefochten, der die spezielle Angewohnheit hatte, während einer Debatte konkrete Geschichten über mangelhafte Bahngütertransporte zu erzählen. Die konnten wir jeweils erst nachträglich überprüfen, wobei es sich oft herausstellte, dass die Vorfälle nicht ganz korrekt geschildert waren. Wenn das nächste Mal wieder eine neue Geschichte kam, habe ich reagiert: «Herr Nationalrat, Sie wissen, dass ich auf diese Geschichte nicht reagieren kann, weil ich sie nicht kenne. Aber die letzte Geschichte, die Sie erzählt haben, die hat sich in der Realität wie folgt abgespielt: …»

Ad 3 — *Faktensammlung*
Das erste Gebot in einer Debatte ist: Man muss absolut präzise sein. Nicht «etwa 100 Franken», sondern «112 Franken 70 Rappen». Deshalb muss man sämtliche relevanten Fakten zusammentragen und memorieren.

2005 fand eine Volksabstimmung über den Sonntagsverkauf in den Bahnhöfen statt. Diese Abstimmung war für die SBB enorm wichtig, es ging um viel Umsatz, aber auch um die Belebung der Bahnhöfe am Sonntag. Die Gegner waren eine unheilige Allianz von Gewerkschaften und Kirchen, die den Abstimmungskampf mit viel Polemik führten. Die Faktensammlung für diese Auseinandersetzung war umfangreich, enthielt alle Gesetzesbestimmungen, die aktuellen Ladenöffnungszeiten, die Schalteröffnungszeiten, Zahlen über das in diesen Geschäften beschäftigte Personal, Zahlen über Eisenbahner, die regelmässig am Sonntag arbeiten, die Zusammensetzung der Geschäfte in den Bahnhöfen und noch vieles mehr. Und das alles musste auch auf Französisch gelernt werden.

Noch viel umfangreicher war die Faktensammlung zur Euro 2008. Ticketpreise, Bierpreise, Hotelpreise in der Schweiz und in Österreich, Grösse der Stadien, Grösse der Fanzonen, Gebühren für Public Viewing … Als mir in einer «Rundschau» vorgehalten wurde, es gebe in den Stadien kaum Platz für Schweizer Fans, konnte ich präzise antworten: «Für Schweiz gegen Portugal gibt es in Basel 40 000 Plätze, 24 000 davon stehen Schweizern zur Verfügung.» Auch für die Euro 2008 musste ein umfangreiches Vokabular mit französischen Begriffen erstellt und gelernt werden.

Ad 4 — *Botschaft(en)*

Alles, was oben über die Botschaft gesagt wurde, gilt auch hier.

Im Abstimmungskampf über die Sonntagsverkäufe in den Bahnhöfen haben wir folgende Botschaft formuliert:

«Attraktive Bahnhöfe sind Visitenkarten für Städte und die Bahn. Attraktive Bahnhöfe sind belebt und sicher. Sie sind belebt, wenn dort Restaurants und Geschäfte offen sind, und zwar an sieben Tagen die Woche.»

In der Debatte gilt ein grundsätzliches Prinzip der Kommunikation ganz besonders: Man muss die zentrale Botschaft bei jeder sich bietenden Gelegenheit repetieren.

Ad 5 — *Beispiele, Geschichten*

Es ist wie bei der Rede: Die muss man sich suchen.

Vor der Abstimmung über die Sonntagsverkäufe habe ich mir einige grosse Bahnhöfe im Detail angeschaut. Ich kannte die Bahnhöfe eigentlich gut, war aber doch erstaunt, wie viel ich noch entdeckt habe. Ich habe mir dann einen Souvenirshop im Bahnhof Zürich als Beispiel genommen und ihn mit Souvenirläden in Tourismusregionen verglichen.

Folgende Geschichte habe ich immer wieder erzählt: «Ich war kürzlich an einem Abend im Zentralbahnhof Brüssel. Der Zugang durch lange, gelbgrau gekachelte Gänge mit allerlei zwielichtigen Gestalten, der Bahnhof düster, unbelebt, keine einzige Frau, unheimlich, angsteinflössend. Dann Ankunft in Basel: hell, freundlich, belebt, einladende Cafés und Restaurants …»

Ad 6 — *Argumente und Gegenargumente*

Das Argument begründet und unterstützt die eigene Position, das Gegenargument zerpflückt die Gegenposition. Voraussetzung ist, dass man die Argumente der Gegenpartei kennt. Dabei sollte man sich einen alten dialektischen Grundsatz zu eigen machen: zuerst die Position der Gegenpartei stärken und sie anschliessend infrage stellen.

Das zentrale Gegenargument bei der Abstimmung über den Sonntagsverkauf in den Bahnhöfen: «Es geht nicht um eine Liberalisierung des Sonntagsverkaufes, sondern um 25 Bahnhöfe und 5 Flughäfen. Insgesamt sind davon 650 Arbeitsplätze betroffen. Im Vergleich dazu arbeiten gut 15 000 Eisenbahner regelmässig am Sonntag.»

Ad 7   *Einstiegs- und Schlussvotum*
Diese beiden Voten sind von besonderer Wichtigkeit. Und man kann sie vorbereiten.

Ich bin in die Debatten um die Sonntagsverkäufe in den Bahnhöfen mit der Feststellung eingestiegen, die Bahnhöfe seien das Tor zur Bahn und die Visitenkarte der Städte. Anschliessend habe ich die Geschichte «Bahnhof Brüssel/Bahnhof Basel» erzählt.

Das Schlussvotum: «Wir haben in der Schweiz eine schöne Bahn, eine gute Bahn. Zu einer guten Bahn gehören attraktive Bahnhöfe. Stimmen Sie ja, damit das so bleibt.»

Ad 8   *Mentale Vorbereitung*
Eine öffentliche Debatte mit kontroversen Standpunkten ist ein Kampf um Positionen, um Sympathie und Anhängerschaft. Hier ist eine intensive mentale Vorbereitung noch wichtiger als vor einer Rede.

Eine Debatte in der «Arena» des Schweizer Fernsehens gehörte zu den grössten Herausforderungen in meinem beruflichen Leben. Vor allem in der Frühzeit dieses Formats, als die Konfiguration noch «eins gegen eins» war. Ich habe mir dafür einen festen Rhythmus angeeignet. Die Anfrage kam meist am Dienstag. Wenn wir zusagten, habe ich als Erstes sämtliche Termine am Freitag aus meiner Agenda entfernt. Dienstag und Mittwoch habe ich Fakten gesammelt und sammeln lassen. Freitag früh sass ich an meinem grossen Tisch mit Stapeln von Papier. Ich ordnete diese Papiere und begann, die Botschaften, Argumente und Gegenargumente zu formulieren. Ich verdichtete diese Informationen, bis sie von Hand geschrieben auf einem A4-Blatt Platz hatten. (Später habe ich dafür Mind Maps verwendet.) Wenn ich so weit war, ging ich nach Hause und machte einen längeren Waldlauf. Auf der Zugfahrt zum Fernsehstudio memorierte ich nochmals die Fakten und meine Zusammenfassung. Im Studio, kurz vor dem Aufleuchten der roten Lampe, stellte ich mir vor, ich sei in einer steilen Felswand an der Schlüsselstelle. Dann war ich bereit.

Die Abstimmung über die Sonntagsverkäufe in den Bahnhöfen gewannen wir in extremis mit etwa 25 000 Stimmen Vorsprung.

Es ist bei der Kommunikation wie bei den meisten Dingen im Leben. Ein gewisses Talent braucht es. Entscheidend ist aber der Fleiss.

Sich selber managen

10

Ich habe in meinem beruflichen Leben viele turbulente Phasen erlebt, nie aber war die zeitliche Beanspruchung so intensiv wie während der Euro 2008. Für dreieinhalb Wochen war der Rhythmus für das ganze Team vorgegeben: Beginn mit dem täglichen Lagerapport um 7 Uhr, 9 Uhr Telefonkonferenz mit den österreichischen Kollegen, 11.30 Uhr Mediabrief. Dazwischen wurden Medien ausgewertet, Probleme bearbeitet, getextet… Am Nachmittag gingen wir «an die Front», in die Host Cities, zu den Public Viewings, in die Fan Camps und die Fanzonen. Am Abend tauschten die Damen im Team ihre Arbeitskleidung gegen das kleine Schwarze und betreuten die VIP-Gäste. Es wurde meist Morgen, bis wir ins Bett kamen.

Es war für uns alle eine grossartige Zeit, trotz der chronischen Müdigkeit gegen Ende des Anlasses. Wir haben gelernt, dass auch eine extrem hohe Belastung nicht Stress ist, sondern Lust, wenn das Umfeld stimmt. Die Stimmung war hervorragend, das Projekt lief bestens, und wir wussten, dass der Hype nach dem Final vorüber sein würde und wir uns erholen konnten.

Auf der andern Seite hören wir von Suiziden bei France Télécom und im Silicon Valley, die auf Stress zurückgeführt werden. Burn-out ist zum ständigen Thema geworden.

Zunächst eine terminologische Vorbemerkung. Ich verwende hier Belastung als neutralen Begriff; Belastung kann sich positiv oder negativ auswirken. Die negative Auswirkung einer Belastung bedeutet für mich Stress. Entscheidend ist, wie wir mit Belastung umgehen. Der erste Schritt ist, sich bewusst zu werden, dass Belastung ein persönliches Schlüsselthema ist, mit dem man systematisch umgehen muss.

Aus meiner persönlichen Erfahrung kann ich vier Thesen zum Umgang mit Belastungen formulieren:

1. Die Belastung in unserer Arbeitswelt nimmt laufend zu.
2. Der Mensch hält viel mehr aus, als er annimmt.
3. Der Umgang mit Belastung ist lernbar. Lernen heisst Ziele setzen, reflektieren, korrigieren.
4. Man kann sich das Leben erleichtern, wenn man unveränderliche Randbedingungen klaglos akzeptiert und verpassten Chancen nicht nachtrauert.

In Kapitel 4 habe ich den Regelkreis als Instrument auf dem Weg zur Perfektion beschrieben. Systematisches Lernen beruht immer auf einem Regelkreis. «Ich bin überzeugt, dass wir die Leistungsmöglichkeiten unseres Gehirns massiv unterschätzen. Die Lernfähigkeit bleibt nämlich bis ins hohe Alter erhalten. Das Hauptproblem ist, dass wir das Gehirn mit zunehmendem Alter immer weniger stimulieren.»[181]

Über den Umgang mit solchen Regelkreisen kann man beim Spitzensport besonders viel lernen. In vielerlei Hinsicht ist eine anspruchsvolle Managementaufgabe ja auch eine Art Spitzensport. Der Spitzensportler hat gegenüber dem Manager allerdings einen Vorteil: Er hat einen Coach, der mit ihm arbeitet. In Ermangelung eines solchen sind wir gezwungen, uns regelmässig auf einer Metaebene zu bewegen, wie die Psychologen so schön sagen, und möglichst objektiv auf uns hinunterzuschauen.

Ein Spitzensportler weiss, dass er Täter ist und nicht Opfer. Wenn er seine Leistung nicht erbringt und deshalb sein Training laufend erhöht, kommt er unweigerlich in den Zustand des Übertrainings. Seine Leistungen werden noch schwächer. Dafür wird ihn niemand bedauern, er ist selber schuld. Wer im Management Probleme verdrängt und stattdessen immer mehr arbeitet, kommt in einen Zustand, der Burn-out genannt wird. Entscheidend für die persönliche Hygiene ist, immer Täter zu bleiben. Wir sind für unser Schicksal selber verantwortlich.

Der Regelkreis «Persönliche Belastung»

Auch der persönliche Regelkreis bezeichnet einen permanenten Prozess, in dem erzielte Ergebnisse mit vorgegebenen Regelgrössen (Zielen) verglichen, Abweichungen analysiert und anschliessend Korrekturen eingeleitet werden.

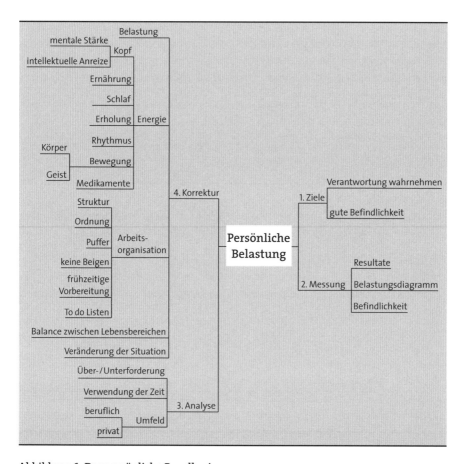

Abbildung 6: Der persönliche Regelkreis

1.1 Ziele

Wir wollen unsere Verantwortungen gut wahrnehmen und uns dabei wohlfühlen. Diese Verpflichtungen ergeben sich im Rahmen unserer Aufgaben in einer Institution und der privaten Verantwortungen, Ziele und Wünsche. Entscheidend ist, sich über diese Ziele im Klaren zu sein.

1.2 Messung

Die Erfüllung der Verantwortung misst sich anhand der erbrachten Resultate.

Bei der Auseinandersetzung mit persönlicher Belastung geht es immer um den Umgang mit der Zeit. Deshalb müssen wir wissen, wofür wir wie viel Zeit einsetzen.

Jeden Montagmorgen habe ich als Erstes auf einer Tabelle mit 52 Spalten aufgelistet, wofür ich meine Zeit während der vergangenen Woche eingesetzt habe, und meine Tätigkeiten in folgende Kategorien aufgeteilt: Geschäftsleitung, Verwaltungsrat, Arbeitsgruppen Verwaltungsrat, Kader, Divisionen, Mitarbeitende, Gewerkschaften, Bundesamt/Departement/Parlament, Kantone, Kunden Güterverkehr, Verband öffentlicher Verkehr, Privatbahnen, Internationaler Verband, andere Bahnen, «Brüssel», Verwaltungsrat SNCF, Medien, Auftritte. Das Ausfüllen dieser Strichliste war eine Sache von einer Minute, führte aber bereits zu einer kurzen Reflexion über die Verwendung der Zeit. Ende Jahr habe ich die Striche zusammengezählt und hatte damit eine recht gute Übersicht.

Die Befindlichkeit ist einerseits ein subjektives Gefühl, anderseits gilt es auf Signale des Körpers zu achten. Der Spitzensportler sucht permanent seinen Weg zwischen zu viel oder zu wenig Training. Er hat gelernt, äusserst sensibel auf seine Körpersignale zu achten. Erfahrungsgemäss reagieren insbesondere der Kopf und der Magen, oft auch der Rücken auf Stress. Man weiss, dass man nicht jeden Tag gleich gut drauf ist, Höhen und Tiefen gehören zum Alltag. Andauernde Unlustgefühle oder Angstzustände sollte man aber sehr ernst nehmen.

1.3 Analyse

Wie in jeder Lageanalyse (s. Kapitel 3) ist der Ausgangspunkt eine Differenz zwischen einem Sollzustand und der Realität. Die Schlüsselfrage ist «warum?».

Für Daniel Goleman, den Protagonisten der «Emotionalen Intelligenz», ist Self-Awareness (vorurteilsfreie Wahrnehmung seiner selbst) eine Schlüsselkompetenz und Accurate self-assessment (ehrliche Selbsteinschätzung) das Instrument dazu.[182] Erfahrungsgemäss ist Selbstkritik in unserer Kultur keine ausgesprochene Stärke. Ohne Fähigkeit zur Selbstanalyse funktioniert aber der Regelkreis nicht. Wer sich auf die Metaebene begibt, muss sich auf Ehrlichkeit sich selbst gegenüber einstellen, wohl wissend, dass das ein schmerzlicher Prozess sein kann.

Eine der häufigsten Ursachen für Differenzen zwischen den Zielen und der Realität ist eine Über- oder eine Unterforderung. Beide Zustände sind problematisch. Es erfordert Mut und Ehrlichkeit, sich eine Überforderung einzugestehen.

Das Belastungsdiagramm über die Verwendung der Zeit gibt möglicherweise Hinweise über Disproportionalitäten: Kategorien, für die offensichtlich zu viel Zeit eingesetzt wurde, oder andere, die zu wenig bearbeitet wurden. Besonders kümmern sollte man sich um die «fakultativen» Belastungen durch Anlässe, die für die Erfüllung der Primärziele nicht notwendig sind.

Das berufliche wie das private Umfeld sind mögliche Quellen für eine unbefriedigende Situation. Es gibt persönliche Inkompatibilitäten, die leistungshemmend wirken. Da kommt ein zweiter opferzentrierter Begriff ins Spiel: das Mobbing. Keine Frage, das Phänomen existiert und ist auf solche persönlichen Inkompatibilitäten zurückzuführen. In vielen Fällen ist aber eine Überforderung der Ausgangspunkt für die Verdüsterung eines Beziehungsfeldes. Wenn auf die Dauer keine oder zu wenig Resultate gebracht werden, so führt das zu einer gewissen emotionalen Aufladung. Das hat mit Mobbing direkt nichts zu tun.

Spannungen im privaten Bereich können vielfältigste Auswirkungen auf die Leistungsfähigkeit haben. Die Ursache solcher Konflikte ist oft auch eine übermässige Belastung im Beruf mit Auswirkungen auf das private Leben. Die dadurch ausgelösten Wechselwirkungen können verhängnisvoll sein.

1.4 Korrektur

Das Arsenal möglicher Korrekturmassnahmen ist überraschend gross.

◆ **Belastung verändern**

Wer wegen Stresssymptomen zum Arzt geht, dem wird aller Voraussicht nach empfohlen, kürzerzutreten. «Kardiologe N.N. rät diesen Patienten, mittels einer ein- bis zweimonatigen Pause aus der Leistungsspirale auszusteigen und so die Stresshormone abzubauen ... Danach müssen sie ihre Arbeitsdichte dringend überdenken und den Lebensstil ändern.»[183] Das kann allerdings eine unbefriedigende Situation noch akzentuieren. Die aktuelle Lebenssituation lässt in vielen Fällen eine dauernde Entlastung kaum zu. Deshalb ist der bewusste Umgang mit Belastung so wichtig, weil damit die Probleme frühzeitig erkannt und mit geeigneten Massnahmen bekämpft werden können.

Wer die Verwendung seiner Zeit verfolgt und analysiert, wird feststellen, dass Optimierungsmöglichkeiten bestehen. Oft betreffen diese den «fakultativen Bereich». Man staunt, wie unendlich viele sogenannte Networkinganlässe existieren und wie gut diese besucht sind. Da kann es doch mit der generellen Überbelastung nicht so weit her sein. Auch diese Zeit geht im Übrigen dem privaten Bereich ab.

Manchmal kann eine Stresssituation auch mit kurzfristigen Massnahmen entspannt werden.

Ich habe immer aufmerksam auf die Signale meines Körpers geachtet. Auch bei mir waren Kopfweh und Magenschmerzen, einige Male auch Rückenschmerzen, untrügliche Zeichen. Dazu kam eine generelle Angespanntheit, ein Druck und eigentümlicherweise meist ein von aussen praktisch unsichtbares Zittern im Augenlid. In solchen Situationen habe ich rasch reagiert. Schon nur die Agenda einen halben Tag frei spielen und einen gemütlichen Spaziergang in der Natur machen, hat wahre Wunder bewirkt.

Wenn Sie plötzlich Schweinegrippe haben, so fehlen Sie auch am Arbeitsplatz und können Ihre Termine nicht mehr wahrnehmen. Was ist da ein halber oder ganzer Tag zum Stressabbau dagegen?

- Den Energiehaushalt pflegen

Die persönliche Energie ist das, was uns antreibt. Woher sie kommt und was sie genau beeinflusst, ist ein Rätsel. Wir wissen nur, dass wir gute und weniger gute Tage haben. Wir können aber ein Gespür dafür entwickeln, was den Energiehaushalt positiv oder negativ beeinflusst, und das sind viele Faktoren.

Es beginnt mit dem *Kopf*. Das ist der wohl grösste Unterschied zwischen einem Manager und einem Spitzensportler. Der Manager ist von seiner ganzen Ausbildung her auf Intellekt und Ratio konditioniert. Der Sportler hingegen lernt schon früh, dass Erfolg und Misserfolg zum grossen Teil von seiner mentalen Stärke abhängen und dass Emotionen eine entscheidende Rolle spielen. Ohne Zweifel sind diese Faktoren auch im Management wesentlich. James E. Loehr, einer der erfolgreichsten Sportpsychologen der Welt, hat das in seinem Buch *Die neue mentale Stärke* eindrücklich und praxisnah dargestellt.[184] «Mentale Stärke ist die Fähigkeit, Ihr gesamtes Potenzial an Talent und Technik im Wettkampf umzusetzen.» Und vor allem: «Mentale Stärke ist lernbar.»[185] Seine Empfehlungen bezüglich dieses Lernprozesses sind nicht nur für Sportler, sondern für alle Lebenslagen anwendbar.

Der Kopf oder präziser das Hirn braucht aber auch intellektuelle Anreize. Psychologen haben herausgefunden, dass Neugier der wichtigste Faktor für die Zufriedenheit ist. Ich habe schon an anderer Stelle dieses Buches darauf hingewiesen: lesen, zuhören, sehen, sich austauschen. Wie ein Schwamm sollte man Neues und Unbekanntes aufnehmen.

Über *Ernährung* wird breit diskutiert. Das Thema ist nicht ganz einfach. Essen und Trinken befriedigen ja nicht nur physiologische Bedürfnisse, sondern haben auch eine eminent soziale Funktion. Da muss man den sinnvollen Mittelweg finden, zwischen Körnlipickerei und Völlerei. Das vielleicht wichtigste Thema in diesem Zusammenhang ist der Alkohol.

Ich trinke gerne Bier und guten Wein, seitdem ich Schottland bereist habe auch ab und zu einen Single Malt. Seit Jahren halte ich mich aber ziemlich strikte an einige Regeln. Keinen Alkohol am Mittag, an einem Apéro meistens auch nicht. Im Januar und Februar trinke ich keinen Alkohol. Beim Wein halte ich mich an die Devise: Qualität statt Quantität.

Der *Schlaf* bietet selbst für die Wissenschaft immer noch viele Rätsel. Klar ist, dass Schlaf lebensnotwendig ist. Sehr wahrscheinlich ist, dass es einen Zusammenhang zwischen Schlaf und Energielevel gibt. Und schliesslich ist bekannt, dass das Bedürfnis nach Schlaf individuell verschieden ist. Erstaunlich übrigens, dass ausgerechnet der unglaublich tatkräftige Napoleon ein ausgesprochen hohes Schlafbedürfnis hatte und in der Regel acht Stunden schlief.

Auch hier hilft ein Blick auf den Spitzensport. Dort ist eine Schlafdauer von acht Stunden ein Minimum. Daraus kann man wohl schliessen, dass eine permanente und massive Unterschreitung dieses Masses sich negativ auf die Leistungsfähigkeit auswirkt.

Natürlich habe auch ich nicht durchschnittlich acht Stunden geschlafen. Während der Euro 2008 waren es höchstens vier Stunden, das konnte ich aber später ausführlich ausgleichen. In «normalen» Perioden habe ich darauf geachtet, nicht weniger als sechs Stunden zu schlafen und am Wochenende zu kompensieren. Ausgezeichnete Erfahrungen habe ich mit dem Kraftnickerchen, dem Power Nap, gemacht. Wenn ich über Mittag keine Termine hatte, habe ich mich im Büro für 15 Minuten auf den Boden gelegt und geschlafen. Einmal kam die Assistentin herein, sah nur meine Füsse neben dem Pult und erschrak. Zum Jahresende schenkten mir die engeren Mitarbeitenden eine schöne Liege, was die Qualität des Power Nap noch erhöht hat.

Für jeden Spitzensportler ist *Erholung* ebenso wichtig wie das Training. Er lernt, dass man auch Erholung trainieren und planen muss. Ohne genügende und effektive Erholung findet keine Regenerierung statt, und das hat fatale Folgen. Welche Erholung den grössten Effekt hat, muss man selber herausfinden. Man sollte sich dabei auch der Frage stellen, ob das Leistungsprinzip auch in der Freizeit der zentrale Motor sein soll und ob das der Erholung dient.

Ich bin in meiner Freizeit immer in die Berge gegangen und klettere heute noch. Jahrelang bin ich gelaufen, mehrere Marathons bis zum Jungfraumarathon, selbst als ich schon SBB-Chef war. Trainiert habe ich immer am Morgen früh. Es kam der Moment, in dem ich mich bewusst vom Leistungsprinzip abgewandt und bei den Trainings keine Uhr mehr getragen habe. Frappiert hat mich immer der Unterschied zwischen den Laufszenen in den USA und in der Schweiz. Mit Sicherheit sind die gelaufenen Kilometerzeiten hierzulande viel besser als in den Staaten. Aber die Verbissenheit ist bei uns weit stärker spürbar. Während in Amerika die Läufe einem Happening gleichen, sind sie hier eine todernste Angelegenheit. Man müsste einmal untersuchen, warum in der Gesellschaft, in welcher der Leistungsdruck so viel höher ist, mit der Freizeit viel lockerer umgegangen wird.

Der Sportler lernt, auch kurze Pausen bewusst zur Erholung zu nutzen, nach zwei Games im Tennis oder zwischen den Disziplinen im Zehnkampf. Auch diese Fähigkeit sollte man sich aneignen. Ich meine das gar nicht pro domo, aber der Zug ist tatsächlich ein Ort, wo man sich hervorragend erholen kann. Von der schlichten Musse (wo haben wir die sonst noch?) bis zum Power Nap ist dort alles möglich.

Auch beim *Rhythmus* kommt die Anleihe aus dem Spitzensport. Jeder Spitzensportler trainiert in kurz-, mittel- und längerfristigen Zyklen und setzt somit optimale Anreize. Gleichförmige Belastung führt zu schlechterer Befindlichkeit, ganz gleich ob diese Belastung höher oder tiefer ist. Versuchen Sie, die Spitzenbelastung zu erhöhen, dafür ab und zu etwas zurückzufahren.

Bewegung von Körper und Geist ist ein überragend wichtiger Faktor für den Energiehaushalt. Den Worten des 83-jährigen Schriftstellers Martin Walser ist nichts mehr beizufügen: «Der Kopf ist genau so zu trainieren, wie der Bizeps. Du musst täglich trainieren, die Zehen wie das Gehirn. Es geht immer nur um eins: Bewegung! Nichts ist so schlimm wie Bewegungslosigkeit. Stillstand ist der Tod.»[186]

Der Gebrauch von *Medikamenten* ist seit Langem ein Diskussionspunkt. Das wird sich in Zukunft noch akzentuieren, sind doch Medikamente zur Steigerung der Hirnleistung (Hirn-Doping) hochaktuell.

Im Vorfeld meines ersten grösseren Interviews am Fernsehen fragte mich der Interviewer: «Haben Sie etwas genommen?» Ich verneinte, worauf er erwiderte: «Ich auch nicht, aber etwa die Hälfte bei uns nimmt etwas.» Ich bin konsequent geblieben und bin heute noch überzeugt: einmal bei einer wichtigen Gelegenheit etwas nehmen, und schon ist man abhängig.

◆ Gute Arbeitsorganisation

Die Erreichung der Ziele hängt sowohl von der *Effektivität* als auch von der *Effizienz* ab. Effektivität heisst, die für die Zielerreichung richtigen Dinge zu tun. Effizienz bedeutet, diese Dinge mit einem minimalen Aufwand zu erledigen. Effizienz im Management erfordert eine Kombination von Geschwindigkeit und Qualität. Man muss schnell lesen, schnell denken, schnell schreiben können. Und ein gutes Gedächtnis haben. Das kann man trainieren, aber ein gewisses Talent dafür ist unabdingbar. Ganz anders die Effektivität. Hier gibt es eine Reihe von recht banalen Rezepten zur Steigerung.

Die Agenda jedes Managers ist zu einem wesentlichen Teil fremdbestimmt. In den – hoffentlich möglichst grossen – frei verfügbaren Teil sollte man klare *Strukturen* bringen. Strukturen geben Halt und verhindern die dauernde Ablenkung. Diese Ablenkung ist ein fundamentales Problem: «Fluch der Unterbrechung – Vor lauter Anrufen, E-Mails und Internet kommen viele nicht mehr zum Arbeiten. Jetzt wird nach Gegenmitteln geforscht.»[187] Ich habe in der Tat auch schon mit Firmen zu tun gehabt, die ein Projekt zur besseren Strukturierung ihres E-Mail-Verkehrs laufen hatten. Man muss nicht dauernd online sein. Sein Handy kann man, wenn man eine wichtige Person ist und konzentriert arbeiten will, einem Assistenten abgeben. Und sonst einfach abschalten. Wenn man einen regelmässigen Sitzungsrhythmus hat, dann sollte man die Vorbereitungszeit ebenfalls in die Agenda einplanen (und sich dabei nicht stören lassen).

Ordnung im Hirn und in den elektronischen und physischen Ablagen ist ein wichtiges Mittel für die Effektivität.

Ich habe, entgegen der Schulmeinung, immer eigene Dossiers geführt und praktisch immer gewusst, wo ich was finde. Das hat mich unabhängig und sehr schnell gemacht.

In einer Agenda sollten (in der Praxis meist wöchentliche) *Pufferzeiten* eingeplant werden. Schon das Wissen, dass man über eine Zeitreserve verfügt, hilft, Stress zu vermeiden. Diese Puffer sollten in eine Zeit gelegt werden, in der man wenn immer möglich nicht gestört wird. Dafür gibt es drei Möglichkeiten: am frühen Morgen, am späteren Abend oder am Samstag.

Ich habe 25 Jahre lang am Samstag gearbeitet. Auch da hatte ich meine Struktur. Zuerst besuchte ich mit meiner Frau ein Café. Das war unsere beste Zeit für Gespräche. Dann ging ich in mein Büro. Zur Motivation kaufte ich mir unterwegs meist noch einige CDs, die ich allein im Büro mit maximaler Lautstärke hören konnte. Im Büro beendete ich die Büroarbeit der vergangenen Woche, arbeitete Korrespondenz ab und ordnete die Dossiers. Dann befasste ich mich mit der kommenden Woche. Und schliesslich arbeitete ich an Grundsatzthemen und bereitete Auftritte vor. So um 16 Uhr war ich fertig. Ich habe immer wieder gestaunt, wie viel man in dieser relativ kurzen Zeit erledigen kann, wenn man ungestört ist. Ich bin nach Hause gegangen mit dem wunderbaren Gefühl, den vollen Überblick zu haben, und habe mich riesig aufs Wochenende gefreut. Im Nachhinein bin ich allerdings froh, dass die Kinder damals am Samstag noch Schule hatten.

Die *Beige* ist ein Begriff mit Symbolcharakter. Es gibt Beigen in Form von Papierhaufen und unerledigten E-Mails. Die Beige steht für Unordnung und Unerledigtes. Sie macht nervös und ist daher ein überaus häufiger Stressgenerator. Ich habe tatsächlich schon Büros gesehen, wo kaum noch ein Quadratmeter nicht von Papier belegt war. Wer in solchen Büros arbeitet, ist weder effektiv noch effizient. Deshalb: Puffer benutzen, um die Beigen abzutragen. Oft sind alte Weisheiten immer noch aktuell. Wie heisst es doch so schön: «Verschiebe nicht auf morgen, was du heute kannst besorgen.»

Von vielen Ereignissen kennt man den Termin schon lange und kann sich *frühzeitig* darauf *vorbereiten*. Es gibt zwar Leute, die sagen, sie seien nur unter Druck produktiv. In den meisten Fällen ist das eine Schutzbehauptung für mangelnde Disziplin. Vielfach passiert genau das Gegenteil. Die Zeit wird knapp, ich müsste noch andere Dinge tun, die Rede ist noch immer nicht geschrieben, und dieser Zustand lähmt. Und generiert Stress. Wenn ich mich aber frühzeitig auf ein Ereignis vorbereite, brauche ich nicht mehr Zeit, bin aber viel kreativer und lockerer. Es ist einzig und allein eine Frage der *Disziplin*.

Das vielleicht wichtigste Arbeitsinstrument eines Managers ist die *To-do-Liste*. Sie ist *das* Mittel, um Wichtiges von Unwichtigem zu unterscheiden. Selbst für den

Präsidenten der USA: «Blaupausen liegen bereits vor, für jedes Ministerium: To-do-Listen, Arbeitspläne also, unterteilt in Sofort-, 100-Tage- und Jahresziele.»[188] Diese Listen sind so anzufertigen, dass sie immer sichtbar sind. Sie sind die Leuchttürme, die uns bei aller Ablenkung daran mahnen, welche Ziele erreicht werden müssen.

Wenn ich am Samstagnachmittag mein Büro verliess, hatte ich die To-do-Liste für die nächste Woche zusammengestellt. Am Montagmorgen begrüsste sie mich als Erstes in meinem Büro und begleitete mich dann jeden Tag. Am nächsten Samstag fand die persönliche Rechenschaftsablage wieder statt. Eine Gemeindepräsidentin hat mir einmal erklärt, sie formuliere am Kopf ihrer To-do-Liste immer zwei Punkte, die sie schon erledigt habe. Es sei einfach ein gutes Gefühl, diese Punkte abgestrichen zu sehen.

Wie in Kapitel 4 erläutert, habe ich im Vorfeld der Euro 2008 nach jeder Aktualisierung des Projektreportings meine Watchliste überarbeitet. Das war mein wichtigstes persönliches Führungsinstrument für diesen Grossanlass.

Auch Selbstüberlistung hilft offenbar bisweilen, Stress zu vermeiden.

◆ **Balance zwischen den Lebensbereichen**
Der Begriff Work-Life-Balance ist zu Recht etwas diskreditiert, weil er zwei verschiedene Welten getrennt festlegt. Work ist eben auch Life, und die berufliche und private Welt durchdringen sich gegenseitig. Richtig ist, dass man permanent um sein persönliches Gleichgewicht ringen muss, und zwar in Abstimmung mit Partner(in) und Familie. Auch hier ist das Bewusstsein über die Problematik und die offene Aussprache darüber der erste Schritt. Dabei geht es um Akzeptanz und Kompromisse.

◆ **Veränderung der Situation**
Das ist die radikalste aller Massnahmen. Es gibt viele Gründe, die berufliche Situation grundsätzlich zu verändern: berufliches Weiterkommen, die Einsicht in eine permanente Überforderung, persönliche Inkompatibilitäten, der Entschluss, kürzer zu treten. Auch hier sollte man sich von der Devise leiten lassen: Täter sein, nicht Opfer. Selbstbestimmung ist ein befreiender Akt.

2 IHR SCHLÜSSEL ZUM ERFOLG

Auf den knappsten Nenner gebracht: Ihr Erfolg hängt von vier Faktoren ab:

1. Ihrer Energie
2. Ihrer Begeisterungsfähigkeit
3. Ihrer Neugier
4. Ihrem Willen und Ihrer Fähigkeit zu lernen

Nachwort

Nachwort

Just an dem Tag, als ich diesen Text erstmals in seiner Gesamtheit ausdruckte, las ich in der *Neuen Zürcher Zeitung* einen Artikel «Rückbesinnung auf bewährte militärische Führungsprinzipien» über neue konzeptionelle Überlegungen der US Army. «Fälschlicherweise habe man zu lange geglaubt, mit einem Verbund elektronisch vernetzter Aufklärungs-, Führungs-, Waffen- und Kommunikationssysteme Friktionen jederzeit rasch eliminieren zu können.» Es gelte «Abstand von der damit verbundenen Planungsgläubigkeit zu nehmen, welche die Illusion geweckt habe, Kriege in allen Phasen unter Kontrolle halten zu können». Man habe sich bei diesen Erkenntnissen von den Gedankengängen Carl von Clausewitz' anregen lassen.[189]

Die zeitliche und materielle Koinzidenz mit dem, was in diesem Buch geschrieben steht, ist frappant. Erleben wir nicht in vielen Bereichen die exakt gleiche Entwicklung? Die immer komplexeren ökonometrischen Modelle versagen vor dem Phänomen der Diskontinuität. Die von den besten Mathematikern entwickelten Risikomodelle der Banken sind grandios gescheitert.

Verabschieden wir uns also endgültig von der Illusion, diese so komplexe Welt mit mathematischen Modellen, gigantischen Informationssystemen oder dem Engineering von sozialen Systemen meistern zu können. Natürlich brauchen wir komplexe Informationssysteme, aber im Verbund mit dem Einsatz von Heuristiken («Anweisungen zum näherungsweisen Lösen von Problemen») und gesundem Menschenverstand in einem endlosen Prozess des Versuchs und Irrtums. Ich hoffe, dass dieses Buch mit seinen Checklisten dazu beitragen kann.

Ich habe zu danken: Hans-Peter Thür, Verlagsleiter von NZZ Libro, der mich schon im ersten Gespräch vom akademischen Konzept weg und hin zu einem wesentlich praxisnäheren Ansatz gesteuert hat. Der Lektorin Ingrid Kunz Graf, deren hohe Ansprüche mich gefordert haben und die sehr wesentlich zum Resultat beigetragen hat. Meinen Söhnen David, der ein Schlüsselkapitel kritisch begleitet hat, und Xaver für seine computertechnische Unterstützung. Hektor Leibundgut, der mit Management nichts am Hut hat, aber sehr klug ist und viel vom Schreiben versteht. Seine kritischen Bemerkungen waren sehr wertvoll. Vor allem aber meiner Gattin Verena, die angeregt, unterstützt und gelesen hat.

Anmerkungen

Anmerkungen

1. Malik, Fredmund: Management, das A und O des Handwerks. Frankfurt 2005, 12.
2. Kotler, Philip, et al.: Grundlagen des Marketing, München 2007, 118.
3. Das Magazin 44/2009, 39.
4. Die Weltwoche 6/2007, 38.
5. Ferdinand Dudenhöfer in: persönlich 9/2004, 30.
6. Ebd.
7. Folio 11/2004, 71 ff.
8. Baumann, Claude/Rutsch, Werner E.: Swiss Banking – wie weiter. Zürich 2008, 133.
9. Oetinger, Bolko von (Hrsg.): Clausewitz – Strategie Denken. München 2001.
10. Ebd., 2.
11. Ebd., 152.
12. Taleb, Nassim Nicholas: Der schwarze Schwan. München 2008.
13. Ebd., 208.
14. Oetinger, Bolko von (Hrsg.): Clausewitz – Strategie Denken. München 2001, 97.
15. Taleb, Nassim Nicholas: Der schwarze Schwan. München 2008, 256.
16. Oetinger, Bolko von (Hrsg.): Clausewitz – Strategie Denken. München 2001, 152.
17. Ebd., 89.
18. Ebd., 171.
19. Ebd., 106.
20. Jack Welch in: Business Week, November 28, 2005, 41.
21. NZZ 136/2006.
22. Der Spiegel 26/2009, 68.
23. NZZ 16/2009.
24. Oetinger, Bolko von (Hrsg.): Clausewitz – Strategie Denken. München 2001, 137 ff.
25. Drucker, Peter: The Daily Drucker. New York 2004, 311.
26. Baumann, Claude/Rutsch, Werner E.: Swiss Banking – wie weiter. Zürich 2008, 124.
27. Bei einer strategischen Investition werden bewusst Verluste in Kauf genommen, um in einen Markt einzutreten oder einen Konkurrenten zu eliminieren.
28. Jürgen Dormann in: The Dormann Letters, ABB, ohne Datum.
29. Oswald Grübel, Interview in: Sonntags-Zeitung 22.11.2009.
30. Drucker, Peter: The Daily Drucker. New York 2004, 350.
31. Malik, Fredmund: Führen, leisten, leben. Stuttgart 2003, 193.
32. Drucker, Peter: The Daily Drucker, New York 2004, 359.
33. Ebd., 359.
34. Ebd., 354.
35. Der Spiegel 51/2009, 78.
36. Drucker, Peter: The Daily Drucker. New York 2004, 46.
37. Malik, Fredmund: Führen, leisten, leben. Stuttgart 2003, 197.
38. Jürgen Dormann in: NZZ 16/2007.
39. Drucker, Peter: The Daily Drucker. New York 2004, 7.
40. Malik, Fredmund: Führen, leisten, leben. Stuttgart 2003, 192.
41. Facts 27/2006, 38.
42. Der Spiegel 19/2007, 76.
43. NZZ-Folio «Entscheiden», 3/2009, 3.
44. Drucker, Peter: The Daily Drucker. New York 2004, 311.
45. Munter, Werner: Vom Sicherheitsdenken zum Risikomanagement, in: NZZ 290/2001.
46. Gary Klein in: Focus 01/2006, 43.
47. Schlink, Bernhard: Die Heimkehr. Zürich 2006, 79 f.
48. Weibel, Benedikt: Bayes'sche Entscheidungstheorie. Bern 1978.
49. Franklin, Benjamin (Brief v. 8.4.1779), zitiert nach: Gigerenzer, Gerd: Bauchentscheidungen. München 2006, 13.
50. Drucker, Peter: The Daily Drucker. New York 2004, 117.
51. Ebd., 314.
52. Ebd.
53. Malik, Fredmund: Führen, leisten, leben. Stuttgart 2003, 202 ff.

54 Drucker, Peter: The Daily Drucker. New York 2004, 272.
55 Taleb, Nassim Nicholas: Der schwarze Schwan. München 2008, 197.
56 Drucker, Peter: The Daily Drucker. New York 2004, 112.
57 Taleb, Nassim Nicholas: Der schwarze Schwan. München 2008, 171.
58 Ebd., 208.
59 Ebd., 256.
60 Oetinger, Bolko von (Hrsg.): Clausewitz – Strategie Denken. München 2001, 97.
61 Taleb, Nassim Nicholas: Der schwarze Schwan. München 2008, 253.
62 Ebd., 255.
63 Ebd., 256 f.
64 Peter von Matt: Vorwort zu: Kuntz, Joëlle: Schweizer Geschichte einmal anders. Altstätten 2008.
65 Taleb, Nassim Nicholas: Der schwarze Schwan. München 2008, 256.
66 Ebd., 275.
67 Taleb, Nassim Nicholas: Der schwarze Schwan. München 2008, 256.
68 Ebd., 90.
69 Werbewoche, Zürich, 18.8.2005.
70 David Aaker in: persönlich, Zeitschrift für Unternehmungsführung, Marketing, Kommunikation, 10/2008, 50.
71 Zweig, Stefan: Joseph Fouché. Frankfurt a. M. 1952, 107.
72 Hofstede, Geert/Hofstede, Gert-Jan: Cultures and Organizations: Software of the Mind, New York 2004.
73 Gladwell, Malcolm: Überflieger. Frankfurt a. M. 2009, 196 ff.
74 Ebd., 199 ff.
75 Taleb, Nassim Nicholas: Der schwarze Schwan. München 2008, 251 f.
76 strategy + business issue 24, 22 ff.
77 Baumann, Claude/Rutsch, Werner E.: Swiss Banking – wie weiter. Zürich 2008, 134.
78 Planta, Elli: Der kulturelle Spagat der UBS, Interview in: Der Bund 28.7.2009.
79 NZZ 181/2005.
80 Carsten Schloter in: Migros-Magazin 47/2007.
81 Gladwell, Malcolm: Überflieger. Frankfurt a. M. 2009, 157.
82 Oetinger, Bolko von (Hrsg.): Clausewitz – Strategie Denken. München 2001, 68.
83 Morrell, Margot/Capparell, Stephanie: Shackletons Führungskunst – Was Manager von dem grossen Polarforscher lernen können. Hamburg 2003.
84 Willms, Johannes: Napoleon, eine Biografie. München 2005.
85 Steidle, Basilius (Hrsg.): Die Benediktus-Regel: lateinisch-deutsch. Beuron 1980.
86 Ebd., 63.
87 Ebd., 65.
88 Ebd., 65.
89 Ebd., 65.
90 Ebd., 67.
91 Ebd., 67.
92 Ebd., 67.
93 Ebd., 121.
94 NZZ 226/2009.
95 Bower, Marvin: Developing Leaders in a Business, in: McKinsey Quarterly 4/1997, 4 ff.
96 Domek, Johanna: Benediktinische Impulse. Münsterschwarzach 2005, 3.
97 Oetinger, Bolko von (Hrsg.): Clausewitz – Strategie Denken. München 2001, 63.
98 Goleman, Daniel: Working with Emotional Intelligence. New York 1998, 33.
99 Tex G. Hall in: Die Weltwoche 7/2004, 73.
100 Loehr, James E.: Die neue mentale Stärke. München 1998.
101 Marcuse, Herbert: Der eindimensionale Mensch. Studien zur Ideologie der fortgeschrittenen Industriegesellschaft. Frankfurt a. M. 2004. Die Studie erschien erstmals 1964.
102 Schmid, Birgit: Hoi Chef, in: Das Magazin 25/2007, 14.
103 Ebd.
104 Der Spiegel 2/2010, 131.
105 Loehr, James E.: Die neue mentale Stärke. München 1998, 44.
106 Morrell, Margot/Capparell, Stephanie: Shackletons Führungskunst – Was Manager von dem grossen Polarforscher lernen können. Hamburg 2003, 20.

107 Drucker, Peter: The Daily Drucker. New York, 2004, 20.
108 Colin Powell, Interview in: Focus 01/2006, 33.
109 Drucker, Peter: The Daily Drucker. New York 2004, 110.
110 Ebd., 112.
111 Der Spiegel 50/2009, 177.
112 Drucker, Peter: The Daily Drucker. New York 2004, 16.
113 Colin Powell, Interview in: Focus 01/2006, 33.
114 Der Spiegel 50/2009, 177.
115 Schmid, Birgit: Das Team ist ein Schwein, in: Das Magazin 44/2008, 14.
116 Drucker, Peter: The Daily Drucker. New York 2004, 311.
117 Elli Planta in: Die Weltwoche 49/2009, 60.
118 Jakob Kellenberger, Interview in: Cash 13/2003, 31.
119 Matthias Schranner in: Der Bund 19.3.2008.
120 Der Spiegel 24/2007, 80.
121 Der Bund 30.12.2009.
122 Der Spiegel 43/2009, 149.
123 Das Magazin 44/2009, 24.
124 Sturm, Jan-Egbert/Rupprecht, Sarah: Die zunehmende Macht der Medien, in: NZZ 149/2007.
125 Häusel, Hans-Georg: Warum Kunden kaufen – Emotional Boosting: Die hohe Kunst der Kaufverführung, Referat am 19. Tiroler Wirtschaftsforum, Innsbruck, 4.11.2009.
126 Sturm, Jan-Egbert/Rupprecht, Sarah: Die zunehmende Macht der Medien, in: NZZ 149/2007.
127 Ludwig Hasler in: persönlich 9/2006, 13.
128 MAZ – Die Schweizer Journalistenschule. Kurs «Medientexte schreiben» 2008.
129 Der Spiegel 8/2009, 54.
130 Frank A. Meyer in: Sonntag 8.3.2009.
131 Der Spiegel 52/2008, 73.
132 MAZ – Die Schweizer Journalistenschule. Kurs «Medientexte schreiben» 2008.
133 Kurt Zimmermann in: Die Weltwoche 37/2007, 31.
134 Taleb, Nassim Nicholas: Der schwarze Schwan. München 2008, 96.
135 http://www.presserat.ch/Documents/Erklaerung2008.pdf.
136 http://www.presserat.ch/code_d,htm Ziff. 4.
137 Kurt Zimmermann in: Die Weltwoche 39/2006, 29.
138 MAZ – Die Schweizer Journalistenschule. Kurs «Medientexte schreiben» 2008.
139 Charlotte Roche in: Der Spiegel 36/2009, 145.
140 Schweizer Journalist 10+11/2009, 75.
141 Kurt Zimmermann in: Die Weltwoche 26/2006, 23.
142 Nobel, Peter: Unternehmenskommunikation. Bern 2009, 5.
143 Ebd., 55 ff.
144 The Dormann Letters, hrsg. von der ABB, ohne Datum.
145 MAZ – Die Schweizer Journalistenschule. Kurs «Medientexte schreiben» 2008.
146 Rainer Baginski in: NZZ Folio 11/2004, 50.
147 Reins, Armin: Corporate Language. Mainz 2006.
148 Ebd., 9.
149 Köhler, Andrea: Wo sich die Sonne um die Erde dreht, in: NZZ 49/2008.
150 Der Spiegel 47/2007, 30.
151 Schweizerisches Zivilgesetzbuch ZGB, 1907, Art. 16, Abs. 2.
152 Imhof, Kurt: Als die Privatsphäre verloren ging, in: NZZ 231/2008.
153 Die Weltwoche, 14/2008, 54.
154 Reins, Armin: Corporate Language. Mainz 2006, 277.
155 MAZ – Die Schweizer Journalistenschule. Kurs «Medientexte schreiben» 2008.
156 Nassehi, Armin: Wie die Sehnsucht nach Werten neue Chancen schafft, Vortrag am 19. Tiroler Wirtschaftsforum, Innsbruck, 4.11.2009.
157 Blick am Abend 13.10.2008.
158 http://www.phillex.de/abstrbeg.htm.
159 Reins, Armin: Corporate Language. Mainz 2006, 34.
160 MAZ – Die Schweizer Journalistenschule. Kurs «Medientexte schreiben» 2008.
161 Häusel, Hans-Georg: Warum Kunden kaufen – Emotional Boosting: Die hohe

Kunst der Kaufverführung, Vortrag am 19. Tiroler Wirtschaftsforum, Innsbruck, 4.11.2009.
162 MAZ – Die Schweizer Journalistenschule, Kurs «Medientexte schreiben» 2008.
163 NZZ 152/2008.
164 NZZ 128/2008.
165 NZZ 262/2009.
166 Der Spiegel 51/2008, 84.
167 Die Weltwoche 51/2004, 31.
168 Thomas Macho in: NZZ Folio 11/2008, 24.
169 Chris Anderson in: Der Spiegel 30/2009, 80.
170 Ludwig Hasler in: persönlich, 9/2004, 11.
171 Karin Brose in: Der Spiegel 47/2008, 164.
172 NZZ 266/2009.
173 Der Spiegel 15/2009, 30.
174 Ueding, Gert: Klassische Rhetorik. München 2005, 19 ff.
175 Die Weltwoche 11/2009, 36.
176 Eric Sarasin in: Die Weltwoche 49/2009, 45.
177 Steidle, Basilius (Hrsg.): Die Benediktus-Regel: lateinisch-deutsch. Beuron 1980, 121.
178 Ueding, Gert: Klassische Rhetorik. München 2005, 19 ff.
179 Hasler, Ludwig: Die Erotik der Tapete. Frauenfeld 2005, 50.
180 Mathias Döpfner in: Der Spiegel 10/2009, 86.
181 Lutz Jäncke in: Die Weltwoche 38/2006, 67.
182 Goleman, Daniel: Working with Emotional Intelligence. New York 1998, 26 ff.
183 Escher Clauss, Sandra / Willmann, Brigitta: Die Kunst der Entlastung, in: Bilanz 19/2007, 81 ff.
184 Loehr, James E.: Die neue mentale Stärke. München 1998.
185 Ebd., 20.
186 Martin Walser in: Der Spiegel 11/2007, 170.
187 Das Magazin 50/2006, 14 ff.
188 Der Spiegel 46/2008, 126.
189 Bruno Lezzi in: NZZ 296/2009.

Anhang

Anhang 1

Kompass SBB

Wir sichern die Zukunft der SBB, indem wir unsere wirtschaftliche und gesellschaftliche Verantwortung ausgewogen wahrnehmen.

Wir sind erfolgreich, wenn
- zufriedene Kundinnen und Kunden unsere Angebote noch intensiver nutzen;
- engagierte und kompetente Mitarbeiterinnen und Mitarbeiter mit Stolz und Freude bei uns arbeiten;
- wir die Kosten im Griff haben und einen angemessenen Gewinn erzielen;
- Bund und Kantone für ihre Abgeltungen noch bessere Leistungen erhalten;
- wir die Synergien der Gesamtunternehmung und die Chancen der starken Marke nutzen.

Wir erfüllen unseren Leistungsauftrag, indem wir
- hohe Qualitätsstandards einhalten: sicher, sauber, pünktlich und komfortabel;
- unsere Angebote im Personen- und Güterverkehr weiter ausbauen und den Trassenverkauf – auch an Dritte – steigern;
- Interessenkonflikte um knappe Trassen aktiv angehen und frühzeitig nach Lösungen suchen;
- das schweizerische ÖV-System durch tragfähige Kooperationen mit unseren Partnern fördern;
- als nationale Systemführerin den Fahrplan entwickeln und die Trassen professionell vermarkten.

Wir verstehen uns als Schweizer Unternehmen, weil wir
- mit Bahn 2000 die einzelnen Regionen noch rascher, häufiger und direkter miteinander verbinden;
- gemeinsam mit unseren Partnern das schweizerische Schienennetz für 2020 planen und realisieren;
- im grenzüberschreitenden Regional- und Personenfernverkehr die neuen Chancen nutzen und die Schweiz noch besser an das umliegende Ausland anschliessen;
- den Binnen-, Import- und Exportgüterverkehr optimieren und die umweltfreundliche Versorgung der Schweiz durch ein anhaltendes Wachstum sicherstellen;
- uns im alpenquerenden Wagenladungs- und Kombiverkehr als stark wachsende europäische Qualitätsanbieterin etablieren und damit Lastwagen aus Agglomerationen und Bergtälern verdrängen;
- unsere Chancen als bedeutende Immobilienbesitzerin nutzen und die grossen Bahnhöfe noch stärker zu pulsierenden städtischen Zentren entwickeln.

Anhang 2

Projektstruktur Euro 2008

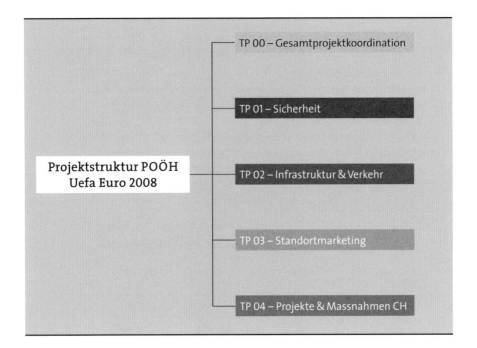

Anhang 3

Projektstruktur Euro 2008, Teilprojekt «Verkehr»

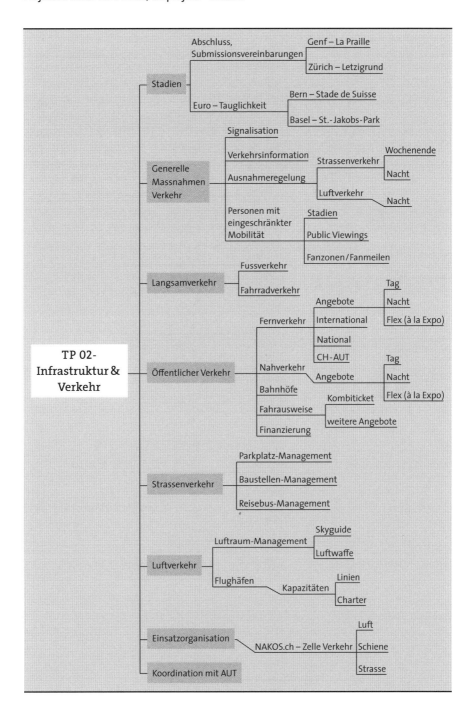

Anhang 4

Reporting

Schweizerische Eidgenossenschaft
Confédération suisse
Confederazione Svizzera
Confederaziun svizra

PROJEKTORGANISATION
ÖFFENTLICHE HAND

Beispiel

Periode	15. März. 08 - 31. März 08
Author	Sca / RVe/ IEm

Detailreporting TP 00 - Gesamtprojektkoordination Öffentliche Hand UEFA EURO 2008

Intern

Nr.	Beschrieb / Ausgangslage / Stand	Verantwortung / Koordination mit:	Massnahmen / nächste Schritte	Termine	Finanzen	Risikobeurteilung	Vorher	Aktuell
00.1	BR - & Parlamentsgeschäfte							
00.1.1	Botschaft Ass D Ei der Armee - Verabschiedung durch SR (18. Dez. 06) und NR (05. Mrz. 07) erfolgt. - 1. Bestellverfahren Kte/HC bis 08.08.07	GPKoord. TP 01, FST A, DSP	- Einleiten Bestellverfahren der militärischen Leistungen durch TP 01>> Geschäft geht in Verantwortung von TP 01 über.	1. Review per 08.08.07	Leistungen Armee insgesamt CHF 10.0 Mio. (bei TP 01)	Bedürfnisse der Kantone und HC übersteigen prognostizierten Bedarf.	●●●	●●● Abgeschlossen: Siehe TP 01 Nr. 01.2.4.2
00.1.3	Berichterstattung FinDel	GPKoord TP 01-04, plus HC	- ~~Schreiben BR an FinDel erfolgt (08.06.07)~~ - ~~Einladung erfolgt.~~ - ~~Sitzung erfolgt~~ - nächste Sitzung	~~Sitzung mit FinDel Aug. 07~~ 30.08.07, nm ~~22. Feb. 08~~ 25. April 08	---	---	●●●	●●●
00.2	Verträge / Vertragskontrolle - Laufende Kontrolle bei I. Emmengger	GPKoord IEm		laufend	---	---		
00.2.0	- Vb. Bund-Kte.-HC: Verrechenbare Leistungen HC zL Bund Unterschriften pol. Verantwortliche		Genehmigung Politischen Ausschuss Vereinbarungsunterzeichnung erfolgt	9. Dezember 06 31. Mai 2007	---	---	●●●	●●●

Detailreporting TP 00 Stand 31. März08

Anhang 5

Risikomap Bahn 2000

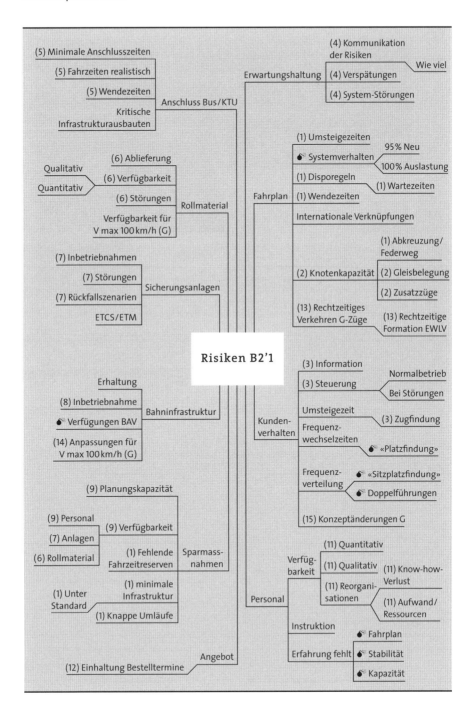

Anhang 6

Risikolandschaft

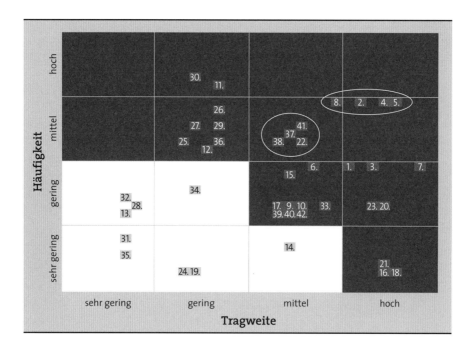

1 Fristen in Baurechtsverträgen
2 Unvollständige Dokumentation von Baurechts- oder Mietverträgen
3 Konkurs von Baurechtsnehmern
4 Rückbau von Arealen im Hafen
5 Sicherung Ertrag Landverzinsung Bund für HBL + HBS
6 Beteiligung Rheinhafengesellschaft Weil am Rhein
7 Ausgliederung Hafenparzellen ohne Kompensation
8 Infrastruktur im Hafen
9 Wesentliche Transaktionen
10 Fakturierung der Baurechtszinsen
11 Debitorenmanagement
12 Kreditorenmanagement
13 Lohnbuchhaltung
14 BIBO REGIO
15 Verkehrsregelung RVZ
16 Verkehrsführung Signalisation Strecke Basel-Birsfelden
17 Missachten oder Nichteinhalten der Fahrrinnentiefe
18 Sicherheitsmassnahmen auf fremden Schiffen (Mineralöl)
19 Bewilligungsverfahren (Sicherheit)
20 Feuer
21 Störfall beim Mineralölumschlag, Handel mit Düngemittel
22 Offener Hafen (öffentlicher Zugang Hafengebiet)
23 Pegelstand des Rheins
24 Kasse SIR
25 Entscheide betreffend der Herausgabe/Verweigerung von Dokumenten
26 Patent
27 Prüfungskommission
28 Gebühren (Schiffsmeldestelle)
29 Prüfungsverfahren (Datenschutz)
30 Schiffsregisterliche Entscheide der SRH/Ablehnung
31 Gebühren (Schiffsregister)
32 Anwendung von ZKR-Richtlinien
33 ZKR-Entscheide
34 Schifffahrtsgesetze CH und gleich ZKR
35 Verzeigungen
36 Rechtliche oder politische Entscheide (ausserhalb des SchRG)
37 Vertragswesen, juristische Beratung
38 Ausfall, Verfügbarkeit IT
39 Datensicherheit und -missbrauch
40 Personalqualifikation
41 Ausfall von Schlüsselpersonen
42 Fehlendes, individuelles Risikobewusstsein, deliktisches Verhalten

Anhang 7

Kommunikationskonzept für die Euro 2008 (Vs 02.07.07)

1 Die Ausgangslage

Die Euro 2008 wird der grösste Anlass, der je in der Schweiz stattgefunden hat. Er wird das Leben in der Schweiz während dreier Wochen dominieren und schon im Vorfeld auf ein enormes Interesse stossen. Während des Anlasses wird die Schweiz in noch nie da gewesenem Ausmass im Fokus der Weltöffentlichkeit stehen. Dies bietet die einzigartige Gelegenheit, unsere sprichwörtlichen Fähigkeiten (zuverlässig, sicher, korrekt ...) zu demonstrieren, aber auch weitverbreitete Klischees, wie jenes eines Hochpreislandes, zu korrigieren.

Die Euro 2008 wird zusammen mit Österreich organisiert. Die Projektorganisation ist komplex. Die Institutionen des Fussballs (Uefa, Euro 2008 SA, SFV, ÖFV) organisieren das Turnier. Sie sind damit etwas verkürzt gesagt für den Ablauf innerhalb der Stadien bzw. der Sicherheitszone um die Stadien verantwortlich. Für sämtliche darüber hinausgehenden Aktivitäten ist «die öffentliche Hand» verantwortlich. Dabei handelt es sich nicht um ein homogenes Gebilde, sondern um eine Vielzahl von Institutionen auf verschiedenen föderalen Ebenen.

Es ist eine grosse Herausforderung, die Aktivitäten all dieser autonomen Organisationen auf ein Ziel hin zu bündeln und die unzähligen Schnittstellen sauber zu regeln. Das gilt für die Projektarbeit generell, ganz besonders aber für die Kommunikation.

Es braucht daher ein *Kommunikationskonzept als Klammer*, innerhalb deren die verschiedenen Akteure ihre Kommunikationsaufgabe wahrnehmen.

2 Zielgruppen

Kriterien für eine Segmentierung:

- Inland/Ausland
- Die «Fussballgemeinde» – vom Fan bis zu den Sympathisanten
- Die Bevölkerung – von den «Wohlwollenden» bis zu den «Ablehnern»
- Die Bevölkerung der Host Cities
- Die Entscheidungsträger (insbesondere in der Politik)
- Die Medienschaffenden

3 Die Kommunikationsziele

Die Kommunikation steht im Dienste der übergeordneten obersten Ziele:

1. Eine perfekte Fussball-Europameisterschaft organisieren.
2. Um die Spiele herum ein fröhliches, friedliches, völkerverbindendes Fest ermöglichen.

Die Kommunikationsziele sind nach Phasen zu definieren:

Phase 1 bis Herbst 2007
Ziel: Vertrauen schaffen

Phase 2 bis Frühling 2008
Ziel: Sympathie gewinnen

Phase 3 Vorfeld der Veranstaltung
Ziel: Vorfreude wecken

Phase 4 die Spiele
Ziele:

- Inland: Wir erleben etwas Aussergewöhnliches und freuen uns darüber.
- Ausland: Die Schweiz überrascht: Die Menschen sind herzlich und hilfsbereit. Das Land ist gar nicht so teuer, wie man glaubte.

Phase 5 nach der Euro 2008
Ziel: Diese Euro 2008 hat dem Land etwas gebracht.

4 Die Botschaften

Phase 1
Das Projekt wird professionell geführt.
Die verschiedenen Träger stimmen ihre Aktivitäten gut miteinander ab.
Die Zusammenarbeit mit Österreich funktioniert gut.

Die Hauptprobleme sind:

- Gewährleistung der Sicherheit
- verkehrstechnische Bewältigung der Besucherströme
- die Organisation in den Host Cities

Die Euro 2008 ist ein Weltereignis. Wir haben Gelegenheit, uns in der Weltöffentlichkeit zu präsentieren. Wir werden so viele Besucher in der Schweiz haben wie noch nie. Es ist selbstverständlich, dass damit die Möglichkeiten, ein Ticket für einen Match zu erhalten, eng begrenzt sind. Dafür werden die Public Viewings viel Atmosphäre bringen.

Ab Phase 2 sind die Botschaften nach Zielgruppen zu differenzieren. Die «Gruppe der Kommunikationschefs» formuliert die entsprechenden Botschaften und ergänzt damit dieses Kommunikationskonzept.

5 Grundsätze der Kommunikation

- Proaktiv!
- Institutionalisierte Abstimmung zwischen allen Partnern – materiell und zeitlich.
- Jeder Partner führt einen eigenen Kommunikationsplan, hat aber Realtime-Zugriff auf die Pläne der Partner. Wenn möglich sind die Kommunikationsanlässe so auf der Zeitachse zu verteilen, dass keine Häufungen und dann wieder längere Pausen entstehen.
- Wenige definierte Anchor-Persons.
- Konflikte zwischen den Partnern sind in dieser Komplexität unausweichlich. Es ist so weit wie möglich zu vermeiden, diese in der Öffentlichkeit auszutragen.

6 Stolpersteine

Aus heutiger Sicht:

◆ **Gewalt im Fussball**

Es besteht die Gefahr, dass eine Eskalation die Stimmung schon während der ersten Phasen ins Negative kippen lässt.

◆ Uefa
Die Uefa hat ein Abzocker-Image. Fragen wie jene um die Quellensteuer sind ausserordentlich heikel.

Es ist Aufgabe der Kommunikationsverantwortlichen, mögliche künftige Stolpersteine systematisch zu antizipieren und Gegenstrategien zu entwickeln.

7 Verantwortung

Die Verantwortung liegt bei den einzelnen Partnern. Deren Kommunikationsverantwortliche bilden die «Gruppe der Kommunikationschefs». Diese Gruppe institutionalisiert mindestens einmal pro Woche einen Kontakt mit einer strukturierten Traktandenliste (allenfalls als Telefonkonferenz). Konflikte werden auf die Führungsstufe eskaliert.

Anhang 8

Kommunikationskonzept für den Final Draw der Euro 2008

1 Ausgangslage
- Die mediale Aufmerksamkeit nimmt zu.
- Die Stimmung in den Medien ist tendenziell kritisch
  - fehlende Euphorie
  - grosses Gewicht auf der Sicherheitsfrage
  - Geldmaschine Uefa
  - Verwendung öffentlicher Gelder
  - die Euro 08 bringt der Schweiz auch wirtschaftlich wenig.
- Der Final Draw läutet eine neue Phase des Projekts ein: Wenn man weiss, wer wo spielt, wird das Projekt konkret.
- Am Final Draw wird eine grosse Zahl von VIPs verschiedenster Bereiche (Regierungschefs, Stadtpräsidenten u. v. a.) teilnehmen. Sie alle sind potenzielle Interviewpartner.

2 Zielgruppen
- Medien
- Breite Öffentlichkeit
- Entscheidungsträger, vor allem in der Politik

3 Kommunikationsziele
1. Es ist bekannt, wer wo spielt. Damit wird die Euro 08 konkret.
2. Nach dem Final Draw steht die sportliche Dimension des Anlasses und der Gastgeber-Aspekt im Vordergrund.
3. Es soll verhindert werden, dass auch direkt nach der Auslosung wieder das Sicherheitsthema im Vordergrund steht. Auf das Thema Sicherheit wird nicht eingegangen und auf die Medienkonferenz vom 7.12.2007 verwiesen.

4	**Botschaften**
1. Der Spielplan
2. Sowohl die Euro 2008 SA wie auch die beiden Gastgeberländer sind im Bereich Sicherheit sehr gut vorbereitet. Gemeinsam mit den zuständigen Behörden in der Schweiz und Österreich werden wir nun den Spielplan analysieren und die entsprechenden Massnahmen definieren. Am 7.12.2007 wird von Bund und Kantonen über die Analyse des Final Draw und die entsprechenden Folgerungen in Bezug auf Sicherheit und Verkehr orientiert.
5	**Stolpersteine**
- Sicherheit: Hochrisikospiele
- Uefa: Ambush/Rechtsschutz (z.B. Fall Migros), Arroganz der Uefa
- Nicht konsistente Kommunikation der anwesenden VIPs
- Gewalt im Umfeld des Anlasses
6	**Kommunikationsplan**
Die Kommunikation verläuft in zwei Phasen:

1. Medienkonferenzen aller Beteiligter unmittelbar nach dem Final Draw

Sprecher für Uefa bzw. Euro 2008 SA: Stickler, Zloczower, Kallen, Schmölzer, Mutschler, Vögeli

Absprache mit allen Beteiligten

2. Medienkonferenz Sicherheit/Verkehr von Bund und Kantonen am 7.12.2007 |

Anhang 9

Passive Sprachregelung
Letzte zwei Runden der Super League 6.5. und 10.5.2008

Wenn nichts passiert
Wir sind froh über den friedlichen Abschluss der Fussballmeisterschaft. Nach den Vorfällen in der vergangenen Woche hat sich gezeigt, dass man in der Schweiz friedliche Fussballfeste feiern kann. Wir sind zuversichtlich, dass wir alle Massnahmen getroffen haben, damit die Euro 2008 ohne gravierende Zwischenfälle über die Bühne gehen kann.

Wenn etwas passiert
Wir bedauern, dass Chaoten es unmöglich gemacht haben, diese letzte, spannende Phase der Meisterschaft zu geniessen.

Trotzdem bleiben wir für die Euro 2008 zuversichtlich. Das Sicherheitssystem wird wesentlich umfassender sein. Es gibt zwei Sicherheitsringe um die Stadien. Die Stadiontore öffnen bereits drei Stunden vor dem Spiel. Damit wird genügend Zeit für die umfassenden Sicherheitschecks zur Verfügung stehen. Neben uniformierten Patrouillen werden auch polizeiliche Szenenkenner in Zivil im Einsatz stehen. Diese stammen aus den Ländern der Turniermannschaften und kennen ihre Risikofans.

Anhang 10

Projektorganisation öffentliche Hand Uefa Euro 2008

Medienmitteilung

Die Quellensteuerfrage ist geklärt

Während der Endrunde der Uefa Euro 2008 werden die Spieler zu einem einheitlichen Steuersatz von 20 Prozent besteuert. Diese Regelung entspricht dem Vorgehen anlässlich der Fifa-Weltmeisterschaft 2006 in Deutschland. Es wird für beide Länder zusammen ein Steuerertrag von 4 bis 8 Millionen Franken erwartet.

Der Bundesrat hat im Juni 2007 Bundesrat Samuel Schmid beauftragt, die noch offene und kontroverse Frage der Quellensteuer mit der Uefa zu regeln. Anlässlich eines Zusammentreffens mit dem Präsidenten der Uefa, Michel Platini, wurde das Thema auf höchster Ebene erörtert. Die Uefa erklärte sich bereit, eine Lösung mitzutragen, die im Wesentlichen dem Vorgehen anlässlich der Fifa-WM 2006 in Deutschland entspricht.

Eine von der Projektorganisation öffentliche Hand geleitete Arbeitsgruppe, bestehend aus Vertretern der eidgenössischen Steuerverwaltung, des Österreichischen Bundesministeriums für Finanzen sowie der Uefa, erarbeitete eine einvernehmliche Lösung. Die Uefa wird 20 Prozent des Gesamtbetrages der an jeden an der Endrunde der Uefa Euro 2008 teilnehmenden Landesverband gezahlten Spielerprämien zurückbehalten. Die Steuerverwaltung des Kantons Waadt übernimmt für die beiden Ausrichterstaaten die Funktion einer Abrechnungsstelle. Die Landesverbände werden der Abrechnungsstelle nach Abschluss der Uefa Euro 2008 detaillierte Aufstellungen vorlegen, welche über die an die jeweiligen Spieler gezahlten Vergütungen Auskunft geben. Die Uefa wird danach die zurückbehaltene Prämie dazu verwenden, die geschuldete Steuer der Abrechnungsstelle zu überweisen. Es wird mit einem Steuerertrag von rund 4 bis 8 Millionen Franken (für beide Länder) gerechnet.

Die Parteien stellen fest, dass diese Lösung keinen präjudiziellen Charakter für die Besteuerung von Spielerprämien anlässlich von Spielen im Rahmen der europäischen Klubwettbewerbe hat.

Anfragen an: Barbara Meier, Kommunikation Projektorganisation öffentliche Hand Uefa Euro 2008, Tel. +41 (0) 325 88 34

Bern, 11.2.2008

Register

Das Verzeichnis beschränkt sich auf die im Kontext des Buches wichtigen Begriffe.

A
Aktionsparameter 34, 62
- definieren 56, 57, 60
- bewerten 56, 61

Aktionsplan 34, 35, 37
Allianz 22, 26, 28, 31
Antizipation 35, 87–95, 97, 104, 138
Arbeitsorganisation 222, 227
Audit 60, 72, 92

B
Benchmarking 60, 73
Bericht 74, 75, 76, 144, 145
Bewegung 222, 227
Botschaft 185
Brainstorming 60, 89, 141
Brand 14, 30, 47, 193, 194, 195, 197
Burn-out 221, 222
Bürokratie 50, 101
Business Case 77, 78
Businessplan 32, 77, 78

C
Change Request 77, 81
Checks and Balances 120
Contingency-Plan 93
Controlling 34, 36
Corporate Governance 60, 120
Corporate Language 194

D
Dealbreaker 153, 155
Debatte 104, 109, 116, 204, 214, 215, 216, 217, 218
Delegationsprinzip 129, 130
Deskription 58, 60, 99, 100
Dezentralisierung 46, 47
Dialog 119, 130, 132, 139, 149, 161, 179, 180, 181, 182, 189
Dienstweg 43, 130, 140

Diskontinuität 87, 233
Diversifikation 22, 23, 92
Division 43, 45, 140, 223

E
Eliminationsverfahren 61, 62
Engineering 45, 233
Entscheiden 53–65
Equity 32, 199
Erholung 222, 226
Ernährung 222, 225
Erwartungsmanagement 72, 135, 201, 203

F
Fokussierung 23, 123
Führung 117–149
- Fachliche Führung 42, 47, 48
- Führungsdreieck 42, 129, 148, 179
- Führungsgespräch 148
- Führungshandbuch 122, 133–139
- Führungsinstrumente 140–149
- Führungsrhythmus 48, 140, 141, 147
- Führungsrichtlinien 8, 133, 139, 147
- Führungsstil 127–133
- Führungsteam 137, 140, 148
- Situative Führung 129

Fusion 26, 31, 32, 33, 48, 62, 110

G
Gemeinkosten 43, 50
Geschäftsbereich 22, 43, 45, 48, 156
Geschäftsfeld 22, 23, 24, 26, 28, 31, 45
Geschäftsmodell 29, 168
Gliederungsprinzipien 43

H
Hearing 60
Hierarchie 42, 79, 127, 129, 130, 179, 182
Hintergrundgespräch 84, 189
Hygienefaktoren 131, 133

I
Image 15, 91, 103, 111, 129, 165, 175, 193, 201, 204, 205, 206, 207, 208, 209, 251
Innovation 44, 49, 75–84
Interview 172, 175, 189

K
Kaderausbildung 146
Kennzahlen 60, 145, 146
Kernkompetenzen 34, 35
Key Performance Indices (KPIs) 71, 74, 145
Kohärenz 13, 14, 18
Kommunikation 163–218
- Externe Kommunikation 181, 182, 201, 204
- Interne Kommunikation 51, 74, 83, 161, 178, 179, 181, 183
- Kommunikationskonzept 33, 83, 160, 183, 184, 249, 250, 251
- Kommunikationsplanung 183
- Kommunikationspolitik 83, 182, 183, 184, 192
- Kommunikationsverhalten 130

Konfliktstrategie 153, 157, 160
Konstanz 14, 16, 72
Kontext 13
Kontinuität 34, 36
Kontrollspanne 42, 44, 49, 129
Krise 96–105
- Krisenkommunikation 99, 101, 103
- Krisenmanagement 98, 103
- Krisenstab 96, 98, 99, 100, 102, 132
- Plötzliche Krise 97, 102
- Schleichende Krise 97

L
Lageanalyse 30, 34, 37, 56, 57, 58, 60, 61, 64, 145, 153, 154, 184, 223
Last Point of Return 78, 80
Leadership 120, 135
Linie 42, 43, 77, 79, 90, 99
Liquidität 19, 25, 32, 36, 38, 146

M
Machtdistanz 109, 110, 111, 127, 128
Makrostruktur 42, 44, 45
Management Attention 77, 81
Managementkapazität 28, 32
Matrixorganisation 42, 48
Medien 166–176
- Medienkonferenz 187, 188, 189
- Medienmarkt 166, 167, 168, 172
- Medienmitteilung 100, 102, 165, 186, 187, 188, 195, 202, 253

Mentale Vorbereitung 210, 214, 215, 218
Messung 70, 71, 72, 73, 206, 222, 223
Mikrostruktur 42
Mindmapping 59
Monetäre Bewertung 63
Motivation 111, 131, 132, 134
- Motivatoren 131, 133, 134

Murphy's Law 87, 88, 91, 177

N
Nachricht 166, 167
Nichtinformation 182, 190
Notfallplan 93, 94

O
Opportunitäten 24, 88, 124
Organigramm 42, 43, 45, 48, 49, 181
Organisation 39–51
- Flache Organisation 42
- Organisatorische Einheit 42
- Tiefe Organisation 42, 49

Overhead 43, 44, 50

P/Q
Pattern Recognition 34, 56, 124, 125, 144, 145
Pendenzenkontrolle 143, 146
Perfektion 67–75
Personalentscheidung 136, 137
Persönliche Kontakte 208
Plan B 38, 81, 93, 94, 160
Positionierung 11–19, 24, 28, 30, 35, 184, 193, 195
- Psychologische Positionierung 14, 17

PR 190
Präsentation 74, 142, 147, 209, 212
- Präsentationstechnik 210, 212

Problem 55, 56, 57, 58
- Ill-defined 56, 59
- Well-defined 56

Projekt 75–84
- Projektleiter 77, 79, 81
- Projektorganisation 77, 79, 81, 83, 249, 253
- Projektstruktur 77, 79, 80, 213, 244, 245

Prozessorientierung 43
Public Affairs 182, 190, 191
Q & A 186

R

Rationaler Entscheidungsprozess 56–65
Rede 209, 210, 211, 212, 213, 214, 217, 218
Redundanz 93
Regelkreis 69–75, 93, 221, 222–229
Reorganisation 41, 44, 51, 115, 247
Reporting 70, 74, 77, 80, 81, 192, 229, 246
Reputation 15, 19, 32, 103, 111, 129, 204, 205, 207, 208
Risiko 88
- Risikobereitschaft 79, 109
- Risikofelder 81, 89
- Risikolandschaft 89, 90, 94, 95, 248
- Risikomanagement 34, 36, 77, 81, 82, 87, 88, 89, 91, 95, 98, 104
- Risk Report 89, 90, 93, 94, 95

Ressourcen 8, 22, 25, 28, 31, 32, 45, 46, 47, 129, 135, 247

S

Schlaf 222, 226
Schriftliche Information 179, 182
Schriftverkehr 208
Sitzung 140, 141, 142, 143, 144, 146
Sparte 43
Sponsoring 182, 190, 192, 193, 207
Sprache 145, 195, 196, 197, 198, 199, 207, 209, 210, 211
Sprachregelung 83, 182, 185, 186, 252
Stab 43, 44, 50, 98, 100
Statistische Analyse 59
Stellvertretung 145
Story-Line 210, 211
Strategie 20–38
- Strategiedesign 28, 31
- Strategieprozess 15, 19, 28, 33, 37, 76
- Strategiereview 37
- Strategisches Ziel 20, 30, 33

Strukturkosten 43, 50
SWOT 28, 30
Synergie 22, 33, 243

T

To-do-Liste 228, 229
Transparenz 17, 44, 48, 182
Turnaround 38

U

Übernahme 26, 33
Umsetzungsorganisation 35, 77, 82, 83
Understatement 201, 202
Unique Selling Proposition (USP) 14, 15, 35
Unternehmungskultur 18, 32, 33, 75, 83, 107–116, 183

V

Verantwortung 27, 41, 45, 46, 47, 48, 49, 51, 134, 135
Verhandeln 151–161
- Verhandlungstaktik 153, 155
- Verhandlungsziele 153, 155, 160

Verwaltung 43, 50
Vision 22, 23, 197

W

Web 49, 167, 168, 189
Werbung 165, 168, 182, 190, 192, 193, 195, 207
Werte 14, 17, 18, 110, 116, 126, 192
Wirtschaftliches Prinzip 13
Worst Case 63, 78, 89, 91, 94, 104, 157

Z

Zentralisierung 46, 47
Ziel 19, 57, 134
Zweistufiges Verfahren 63